山东省社会科学规划研究项目文丛·一般项目

青年学术丛书·法律

YOUTH ACADEMIC SERIES-LAW

程序控权与社会和谐

赵宝华 著

人民出版社

责任编辑:张　立
封面设计:肖　辉
版式设计:李欣欣
责任校对:方雅丽

图书在版编目(CIP)数据

程序控权与社会和谐/赵宝华 著. 一北京:人民出版社,2011.10
ISBN 978－7－01－010145－3

Ⅰ.①程…　Ⅱ.①赵…　Ⅲ.①行政权力-权力制约-研究　Ⅳ.①D035

中国版本图书馆 CIP 数据核字(2011)第 160419 号

程序控权与社会和谐
CHENGXU KONGQUAN YU SHEHUI HEXIE

赵宝华 著

人民出版社 出版发行
(100706　北京朝阳门内大街166号)

环球印刷(北京)有限公司印刷　新华书店经销

2011 年 10 月第 1 版　2011 年 10 月北京第 1 次印刷
开本:710 毫米×1000 毫米 1/16　印张:14.25
字数:240 千字　印数:0,001-3,000 册

ISBN 978－7－01－010145－3　定价:32.00 元

邮购地址 100706　北京朝阳门内大街166号
人民东方图书销售中心　电话 (010)65250042　65289539

序

　　有关和谐社会如何构建的论著已有不少,但宝华的《程序控权与社会和谐》一书却有自己的新意。新意在于他选择了一个独特的视角:程序控权。

　　制度的革新在确立了基本的价值目标之后,能否通过法律程序来实现这些价值目标,往往是制度革新能否成功的决定性因素。我国过去30多年的法制建设对市场经济的建立和发展产生的滞后性、被动性以及在确保社会稳定过程中所表现出来的焦虑症和恐乱症,都应归结于对程序法制建设的忽视与轻视。这说明,法律程序的价值还没有为决策者所接受,更不用说它能在整合社会过程中产生多大的作用。因此,我认为,经济发展中因此而产生的种种弊端能否在法治建设与和谐社会构建中得以避免,取决于我们能否理性地扬弃所奉行的实用主义,转而在追求结果的同时也关注过程的正当性。

　　我国目前正处于社会转型时期,一方面,无论是组织还是个人的行为失范、脱序现象相当严重,其所产生的破坏力量冲击着我们这个社会发展所需要的正常秩序,动摇着政府各项施政决策的合理性,进而威胁着政府权威的合宪性,对政府有效地驾驭社会已产生了严重的危害,对和谐社会的构建更是有害。因此,宜早地、渐进式地通过立法设定一套行政程序,让各种社会力量能进入一个预设的行政程序,通过参与让这种力量转化为推动政府决策合理性的外在力量。可以肯定地说,这种力量的转化能否成功,将决定着我们国家能否从传统的法制社会转向步入现代化的法治社会。另一方面,我国行政机关的行政权的扩张与市场经济体制的建立之间的张力始终存在,这种张力具有与社会发展相适应的合理性,但有时也会危及和谐社会正常发展。我国原有的以实体法为核心,以管理法为价值目标的行政法在缓解两者之间的张力方

1

面基本上已无所作为,而以控制行政权为基本价值目标的行政程序正是解决这一社会发展难题的最佳方案。

以一个客观中立的行政程序来整合社会的各种关系,对于行政机关来说可以提高其行政行为的社会可接受性程度,并保留随时反思行使行政权力的合理性。对于行政相对人来说,通过行政程序所提供的有限空间合法地抵抗行政权力的不法侵害,接受行政程序所产生的结果,无论这种结果对己是否有利,同时也可以免去事后受权力报复的后顾之忧。因此,在我国社会转型时期的现阶段,通过现代行政程序来整合社会的各种关系,确保社会和谐具有重要的战略意义。

宝华在浙江大学法学院跟我做了一年的访问学者。他勤奋好学,思想敏锐,在一年的访学中取得了不俗的成果。现在,他又将自己在访学过程中形成的思想写成专著,作为他的指导老师欣喜不已。

乐之为序。

章剑生

2010 年冬于杭州·归元书屋

目　录
contents

绪　论

一、政府与社会和谐的缘起

我们都向往社会的和谐,但实现和谐的关键是什么呢? 在和谐社会的构建中,由于政府是由国家机关及其工作人员(通俗讲即国家干部)组成的,而社会则是由人民群众构成的,因此在我国,人民同政府的关系表现为干群关系。所以干部与群众的和谐是社会和谐的晴雨表。由于干群和谐在构建和谐社会中的重要作用,所以探讨其成因就具有重大的现实意义。

社会和谐是人类有史以来不断追求的目标。无论是儒家的大同世界,还是空想社会主义者描述的乌托邦等未来社会,或者是共产党信奉的理想社会——共产主义社会,莫不与和谐社会有着千丝万缕的联系。

孔子设想的大同世界是:"大道之行也,天下为公,选贤与能,讲信修睦。故人不独亲其亲,不独子其子。使老有所终,壮有所用,幼有所长,鳏、寡、孤、独、废疾者皆有所养。男有分,女有归。货,恶其弃于地也,不必藏于己;力,恶其不出于身也,不必为己。是故谋闭而不兴,盗窃乱贼而不作;故外户而不闭。是谓大同。"[①]孔夫子所言的大同世界是农业社会的理想目标。讲信修睦和选贤任能,是其大同社会的两项重要特征,这也是实现社会和谐的基础。将贤与能的人士选拔到领导岗位上来,做领导的又讲求信誉,竭力与人民群众建立和睦的关系,这些都是实现社会和谐之举。

---

① 《礼记·礼运大同篇》。

马克思基于生产力巨大发展带来的社会深刻变化,为人类的未来理想社会设计了"人的解放"的标签。马克思在《共产党宣言》中,明确了未来共产主义社会的核心价值理念——"每个人的自由发展是一切人的自由发展的条件。"人的自由发展当然不能成为他人自由发展的障碍,所以,管理仍然是必要的。但由于人的素质已经极大提高,自觉配合管理和指挥就是自然之事,因此管理者与被管理者的和谐也得到了最大限度的实现。因此,未来社会的和谐是建立在人人因为有较高的素质而自觉维护社会秩序基础之上的,未来社会维持社会秩序的管理者与人民的关系是和谐的服务管理关系。

二、政府与社会和谐的本土资源

历史的经验告诉我们,历尽苦难和正在经受苦难的人民对未来的设想非常丰富,尤其对未来充满了憧憬。中国在1912年以前长达数千年的家天下专制统治制度治理下的社会,官民[①]之间的不和谐是主流,历代文人骚客皓首穷经,终未能找到实现官民和谐的理论突破口。官本位的过早形成,使得君王个人决定地方重要官员的任免、所有官员的升迁命运皆受制于上级的官制早在公元前3世纪就已经形成。[②] 尽管在唐朝以降,科举制度出现,但是官员的任免权仍然掌握在君王一人手中,直至1905年科举制度废除,不曾有变。横向上来看,当时的西方国家——罗马国家的官制还是共和体制,国家元首——执政官设两名,每年由百人团会议选举产生,并经元老院批准;其他重要官员的任职,如财务官、监察官、市政官、大法官以及保民官都是由平民大会或者是特里布斯大会等集体性的组织决定。[③]

中国自儒家孟子伊始,民本思想断断续续延续至今,其主张的"民为贵,君为轻,社稷次之"的思想是着重从教化的意义上,让君王执政不要太轻视老

---

① 本书适用的干群关系、政府与人民群众关系、政府与社会关系等词组具有相同的含义。中外历史上的官民关系、他国的官民关系在社会主义的中国表现为干部与群众之间的关系。同理,通常意义上的"官员"在社会主义的中国为"干部"或"领导干部"所代替。下同。

② 秦的以中央集权为特征的郡县制早已形成,公元前221年,秦统一六国,于是建立了中央集权的东方大国。

③ 参见由嵘主编:《外国法制史》,北京大学出版社2003年版,第74—78页。

百姓的利益。至于君王没有这种思想怎么办？当时的孟子并没有想出任何计策来，只是告诫百姓，你们等着吧，"五百年必有王者出"！可是，别说老百姓，就是孟子本人也活不到五百岁！因此民本思想从本质上看，确实对于监督王权是隔靴搔痒，不解决实质问题，仍然逃不出为君王专制制度涂脂抹粉的性质。

我国古代官制还有一个现象引人注意。就是与高薪养廉的思想恰恰相反，君王任命的地方官，所得俸禄（皇粮）很少，而且还要自己负担招募随员的报酬。据瞿同祖先生的考察，清雍正年间，州县官的名义薪俸和养廉银远不能满足其私人及公务费用，因为除了养家，他还需要支付其岗职所需的繁重费用。他要给他的幕友、长随支付报酬。解决办法就是靠"陋规"惯例来满足。比如新到任的县官常向书吏、代书、衙役们强索"礼金"；州县官该从担任里长或"催头"的百姓那里索取陋规费；还可以向为新年闹庆所需的祭品或娱乐提供商品或服务的店主们索取陋规费。① 这种陋规费与贪污受贿之间没有明显的界限，明知不合法，皇帝也不查办②而是默许。瞿同祖先生引述洪亮吉（1749—1809）的记述，洪年轻时看到，州县官们就能携带着足供几代人鲜衣美食的积蓄告老还乡。后来的年岁里，他看到这种积蓄已十倍于从前。因为州县官的薪俸一直没变，故这一记述暗示，州县官们榨取的陋规费与日俱增。这种惯例的长期存在，难怪有人说"一年清知府，十万雪花银"，难怪官民积怨日久，以致社会动荡不已。

我国历史上的历朝历代，都几乎有一个共同的规律：王朝建立之初，开国皇帝珍惜民力，与民一起休养生息，同时身体力行地告诫各级官员轻徭薄赋，倡行节俭之风，强调廉洁奉公，严厉惩办贪赃枉法之官吏。及至天下坐稳，"历时长久，惰性发作，到风气养成，虽大力无法扭转，且无法补救"，经济复苏以后，商品经济发展以后，官员只唯上的体制性弊病又开始发作。一人欺瞒众人不容易做到，相反如果众人欺瞒一人就非常容易做到，因为皇帝也是人，所

---

① 瞿同祖著：《清代地方政府》，法律出版社 2003 年版，第 53 页。

② 道光皇帝在一道诏书中将这一情况总结为："此次议存之款（陋规费），因其相沿已久，名为例禁，其实无人不取，无地不然。"（《清实录·宣宗》卷五，第 2 页 b）。另一份诏书中他写道："上司心知通省官吏莫不皆然，岂能概行纠劾，遂阳禁而阴纵之。"（同上书，第 19 页）。转引自瞿同祖《清代地方政府》，范忠信、晏锋译，法律出版社 2003 年版，第 47 页。

以，人亡政息将不可避免。"其兴也勃焉，其亡也忽焉"①的历史周期率一直持续到近代。

实际上，王朝新建是因为统治者立足未稳，也是因为连年战乱社会财富已经被消耗殆尽，君王的御辇尚且找不到同色的四匹马来拉，老百姓终日所得仅够糊口，官员没有贪腐的经济基础，因而，官民出现短暂的和谐。这是因为都穷，官员与老百姓同吃同住同劳动，官员多是经历过战乱和苦难，体谅百姓疾苦。因此官员也深得百姓爱戴。及至经济复苏，贸易兴盛，同时也就伴随着出生于和平盛世的人执掌权力，优裕的生活使仅靠道德维系的社会逐渐离心离德，朝纲松弛，法纪败坏渐成风气，官民和谐没有了基础，官员自我道德约束没有了环境制约，于是官逼民反此起彼伏，终至"其亡也忽焉"。

中国古代史从秦朝至清朝，一以贯之的两个突出的特点：第一是文化管制和思想禁锢，禁止与朝廷相左的任何思想在社会上流布。第二是组织管制，禁止任何有组织的民间团体存在，大一统的皇权国家中，家事国事天下事无所不包，无所不管。在官方威权统治下的民众在没达到忍耐极限的时候的隐忍，这种名义上的稳定叫不叫和谐呢？

三、政府与社会和谐的探索

什么是真正的政府与社会之间的关系和谐？过去我们常讲的，军爱民，民拥军。如何将此运用到政府与人民关系上呢？干部爱民如子，百姓将干部比作自己的父母；官爱民，民拥官！如果仅仅这样讲一讲，未尝不可。但是，这种提法似乎与封建社会的民本思想的提倡没有本质的不同，没有任何进步性可言，也不解决任何问题。更何况传统的家庭中的父母子女关系并不是真正的平等和充满温情的。唐明皇可以一日诛杀三个儿子而不为史官和士大夫所诟病；隋炀帝杨广害死隋文帝杨坚却留下千古骂名！真正的和谐是建立在政府具有公信力的基础上的，人民群众信赖政府及其干部，政府及其干部自觉维护自己的信誉，主动为自己失信于民的行为埋单！

① 《读黄炎培〈延安归来〉有感》，http://www.zjol.com.cn/05zjmj/system/2005/08/25/006281036.shtml（最后访问时间2010年12月20日）。

　　20 世纪 80 年代末 90 年代初,我们国家的思想理论界曾经历了一场比较激烈的辩论,主题就是"权"(权力)大,还是"法"(有立法权的国家机关所制定的规范性文件)大? 争论的结果是在中共十七大上,将我国政治体制改革的方向确定为扩大社会主义民主,建设社会主义法治国家,发展社会主义政治文明。1999 年最高国家权力机关还通过宪法修正案,将"依法治国,建设社会主义法治国家"充实到现行宪法之中。这场争论的结果,也就是说,将权力用法来规范和控制,权力的行使必须有法的依据,成为执政党的共识。今天,回顾那场争论,虽然说进步是主要的,中国几千年的官本位思想,第一次受到颠覆;但是,这仅仅是个开始,其不彻底性是明显的,因为从民主共和的真谛来讲,权力、法律,哪个都不大,唯有民大。中国国民党前主席吴伯雄也反复感知到了这一点。[①] 真正的政府与人民群众之间关系的和谐应当是以人民为本位,各级各类的干部都应当以服务于人民,满足人民某方面的需要为己任,从而形成这样的一种状态:干部真正像珍惜自己的眼珠一样珍视和爱护同人民的关系,自己所有工作都是以服务人民为宗旨;民众像关心自己亲生的"儿子"一样关心干部的利益,自觉地配合干部的行政行为。当然实现这样的状态绝不是一朝一夕的。实现这种状态,最关键的制度建构就是民众掌握干部的升迁任免之权,即掌握现任领导干部的"官运",使其"为人民服务"对于自己来说再也不仅仅是道德说教,而是法律职责。

　　但是,如何实现政府与人民群众之间关系的和谐呢? 让人民来监督政府,干部才不敢懈怠! 有效监督干部是否就实现和谐了呢? 但是,即使人民来监督政府,如果干部任免升迁的决定权仍然决于上,而不决于下;民众的满意度如何根本不影响干部的升职,那么干部是否不懈怠仍是不敢保证。况且,仅仅让人民来监督,怎样操作? 是由民众自觉地通过组织化制度建构形成民意,还是外在地由当权者把民众当成工具,发动起来以非程序化的途径(群众运动)偶尔为之? 方法不同,程序设计不同,直接关系到监督的成效。而正像"没有监督的权力必然腐败"一样,没有常态化、程序化的民众监督,政府和人民之间的关系永远不会有稳定的和谐。实际上,"让人民来监督"这种提法本质上就是治标不治本,更遑论缺乏组织的民众是否能起到真正的监督作用。

---

① 　王海平:"拜完中山,吴伯雄题'人民最大'",《东方早报》2008 年 5 月 28 日。

四、政府与社会和谐的本质

普适的民主观念告诉我们,干部与人民群众之间的关系是仆主关系,干部的任免升迁,他的"官运"应该掌握在人民群众手中。日本国宪法就将公务员称为人民的服务员。① 政府与人民群众和谐的关键是人民掌握控制行政权的力量,政府的组成建立是在人民群众普遍的信赖和拥护的基础之上。当年,毛泽东与黄炎培的"延安窑洞对",黄炎培先生提出"只有大政方针决之于公众,个人功业欲才不会发生",借以补充毛泽东的"让人民起来监督政府"的思想。这就是让组织起来的人民,通过组织(议会或者人民代表大会)的形式行使人民的权利、决定大政方针,以立法来控制行政权力。

新中国成立 60 年的实践教训表明,法治不仅能够控权,而且它的价值还在于为干部行使权力提供了一个公之于众的尺度,既便于干部行使权力时遵循,又便于人民以此标准对干部进行监督,进而为建立和谐的干群关系提供坚实的基础。

干群和谐的本质就是实现干群利益的一致性。如果干部与群众不能结成利益共同体,就不能建立双方的互信,进而双方之间就有了猜疑和隔阂,双方就不能平心静气地和平地坐下来议事,就不能沟通、协调各自立场,互谅互让。双方对立产生以后,一旦矛盾不能及时化解,就会导致冲突,冷战转化为热战,社会就会不稳定、不和谐,结果不是同归于尽就是两败俱伤。干群和谐的表现就是干部(公务员)的行政行为能够得到作为相对人的民众的拥护,民众对公务员提倡的行政指导行为自觉地配合,从而使行政目的和行政的高效率达致。

但是行政权力的本质就是不断扩张的。行政权力的扩张只有到达边界才有可能停住。这个边界需要有法律来加以规定,这是法治行政的根本。但我们又常说,徒法不能自行,再好的法律也要靠人来执行。有法可依只能表明行政权力的边界明显了。但如果对超越边界的行为不加以制裁,或者超越边界而致违法的成本远远小于守法的成本,那么,也不能够说我们就有了法治。因

---

① 《日本国宪法》第 15 条:"选定以及罢免公务员,是国民固有的权利。所有公务员,都是全体国民的服务员,而不是一部分国民的服务员。"

此,司法如果不能取得独立地位它就不能有效地对行政权力的行使进行司法监督,进而行政权的边界就会名存实亡。"一个巨大的权力如果被专横地行使,那将成为一个不能忍受的暴力。"①行使无边权力的官员如何能同无任何权利保障的民众实现和谐呢?

依法控制行政权力,立法上就是为行政权力行使设定边界;司法上就是完全独立地行使对行政行为的司法审查,并且司法判决能够得到行政机构的充分尊重和自觉履行。依法控制行政权力,在以往的自由竞争的时代,警察行政的时代要求使控权仅仅停留在对行政主体的侵益行政上,因而法律注重对相对人实体权利的保障;在当前社会时代,日益复杂的社会和公民权利的纵深化要求行政权力扩大到给付行政,要求政府积极履行义务,帮助公民实现自己的权利。实际上,合乎正义的社会制度,以及"这个社会发挥功能,有赖于妥善解决三个方面的问题:劳资关系的和谐维持、生产之供需和分配之指导、公共服务之提供","行政并非仅系国家实践法律与行政目的的手段,而是应作为国家福利目的之工具,来满足社会正义之需求"。② 为满足社会正义的需求,行政则须向不能对自己的生存负责的部分人提供生存照顾。为此,政府需要实施更积极的税收、财政等政策,以便掌控更多的社会公共资源,实现对社会更广泛地干预。

因而,仅仅注重对公民的实体权利保障越来越不能够满足时代的需要,因为日益扩大的行政权已经取得了超级的力量,它甚至取得了违反合理性使用自由裁量权进而影响到相对人利益实现的机会。所以赋予相对人程序权利,对行政主体科以行政程序义务,以实现程序法控制行政权力的作用,已成当务之急。

现代世界上的大势就是法律控权、道德控权、社会舆论控权,三管齐下!在赋予行政权广泛职能的同时,又将各种控权模式全部用上,使其相辅相成,以实现行政主体同相对人的基本利益平衡,从而,强化政府与人民群众和谐的利益基础,增强政府的公信力,更好地发展和完善而最终实现社会和谐。

---

① 王名扬著:《英国行政法》,北京大学出版社 2007 年版,第 117 页。
② 陈新民著:《公法学札记》,中国政法大学出版社 2001 年版,第 1051 页。

第一章　和谐社会的建设

第一节　和谐社会及其含义

和谐社会,如同先贤提出的"理想国"、"大同社会"等一样,都是人们对理想社会的称谓。我们每个人活着为的都是追求幸福生活,个人的幸福生活的实现确实取决于社会的稳定,特别是社会的和谐。因此,和谐社会就成为人们追求幸福生活的一部分。

和谐社会的内容是什么? 或者说和谐社会的根本特征是什么? 孔子大同理想所描绘的虽然是自然经济状态下的美好社会画图,但也不失为我们构建现代和谐社会的可贵借鉴:为公共利益之目的,乃是天下的大道。在西方,"和谐"源自希腊语 harmony,原意是将不同的事物连接或调和在一起,通常用于音乐,表示将不同的音调调和在一起成为音阶。毕达哥拉斯认为:"整个世界与宇宙的和谐就建立在对立面的联结和协调上,这一和谐有数的本性,并且是可以计算的……"。[①] 千百年来,社会的公平正义及人们关系的和谐有序,成为和谐社会的公认样态。

关于和谐社会的内容,权威表述为:"实现社会和谐,建设美好社会,始终是人类孜孜以求的一个社会理想,也是包括中国共产党在内的马克思主义政党不懈追求的一个社会理想。根据马克思主义基本原理和我国社会主义建设的实践经验,根据新世纪新阶段我国经济社会发展的新要求和我国社会出现

---

① ［俄］聂尔谢相茨著:《古希腊政治学说》,蔡拓译,商务印书馆 1991 年版,第 28 页。

的新趋势新特点,我们所要建设的社会主义和谐社会,应该是民主法治、公平正义、诚信友爱、充满活力、安定有序、人与自然和谐相处的社会"。① 按照胡锦涛总书记的讲话,和谐社会的要素包括上述六项。

一、民主法治

民主是共和政体的根本特征,民主和法治是内容和形式的关系,依法治理就是将民主,将人民当家作主上升为法律,上升为实体法,上升为程序法。因此,实质上,依法治理就是实行民主。

我们经常谈论的"民主"对于中国来说,确是一种舶来品。早在1848年徐继畬的《瀛环志略》就介绍了美英法存在的三种民主体制。1919年的"五四"新文化运动更是公开地要将"Democracy"请进来。此后的历届政府都体会到了民主意味着合法,所以都标榜自己是民主政府。但实质上的民主究竟是什么呢? 让我们首先来考察一下民主的真义。

(一)世界主流文化的民主含义

主流文化即掌握世界话语权的诸发达国家通行的文化之谓也。首先看美国。美国政治学家萨托利指出:"民主理论是由远自柏拉图和亚里士多德以来的一个论说主流形成的。但是,直到二战结束时,这一主流确实为'民主'提供了基本的共同特征"。② 他认为,现代民主只能是"被统治的民主",其关键并不在于被统治的多数亲自掌握和行使政治权力,而在于有效制约统治的少数,这样才能防止个人独裁;另一方面,民主目标的实现首要是公民的政治自由保障,只有如此才能有效地防止民主走向自己的反面——多数专制。在这里,他不仅指出民主的核心就是政治权力问题,而且明确了人民的定期参与公开公正和公平诚实的选举,自由的竞争选票,从而为通行于世界的民主提供了共同的标准。罗伯特·达尔将竞争和参与界定为"民主政治"的两个维度。

---

① 胡锦涛总书记于2005年2月19日在中共中央举办的省部级主要领导干部专题研讨班开班式上的讲话。http://cpc. people. com. cn/GB/64162/64165/77552/77575/5332121. html(最后访问时间2010年10月30日)。

② [美]乔·萨托利著:《民主新论》,冯克利、闫克文译,东方出版社1993年版,第3页。

在1942年,约瑟夫·熊彼特在《资本主义、社会主义与民主》一书中写道:民主政治的核心程序是被统治的人民通过竞争性的选举来挑选领袖。他认为:"民主的方法是为做出政治决定的一种制度安排,在这种制度安排中,个人通过竞取人民手中的选票而得到做出决定的权力"。①

同时我们也要看到,被世界及近现代中国人公认的中国民主先驱者——孙中山的民主思想。他在全面考察了西方民主制度以后,提出了将国家"政权"和"治权"加以区分的理论。他的理论是人民掌握制宪权、国家权力归属于人民,而治理国家的权力必须通过人民的委托由少数人来行使的世界主流民主理论的发展;同时他吸收中国传统吏治中的精华,将考试权、监察权与西方民主的三权并列,主张分工而非彼此抗衡制约,则是对世界民主的创新性贡献。

由此看来,民主的含义即是民主的政治体制。但是世界上现代民主的真正含义仅仅是民主政体吗?

柏拉图在《理想国》中写到,当时的五种典型政体中,以"哲学王"为首的贵族政体是良好政体的榜样。民主政体不能够保证德才兼备的人掌权,因而不是最佳政体。这种理想国在中国古代也是仁人志士所一贯向往的,所谓圣贤治国、"为政以德"等政治主张构成了儒家理想的"王道乐土"。但是这些理想终究还是被人称为"乌托邦"! 在西方自不必说,即使是在东方,推崇了几千年的圣贤治国理想也最终被现实中的家天下和世袭制所无情地取代。因为"哲学王"、"公天下"及圣贤没有客观的标准,其政体缺乏可操作性,所以是无法实现的。

民主政体不是最好的政体,但是它却是相对最具有操作性、最简单且能够得以实现的政体。在亚里士多德看来,最好的政体就是介于贵族政体和民主政体之间的共和政体,"应由公众来决定追求什么目的,但只有专家来选择和适用方法;选举范围应该广大以合于民主主义,但官职只留待有准备而精选的至善者"。② 在这里,他认识到了国家权力应当归属于人民,而被选举出来治理国家的人应当是公认的"至善者",即贤能之士。实际上,他的意图是借用民主制的形式,实现哲学王统治的理想。

---

① [美]塞缪尔·亨廷顿著:《第三波——20世纪后期民主化浪潮》,刘军宁译,上海三联书店1998年版,第5页。

② http://www.xiaoshuo.com/readbook/00121647_15879.html(最后访问时间2010年12月20日)。

及至商业文明又重新在欧洲大地兴起以后,代议制出现,古代的直接民主被以代议制为表现形式的间接民主所取代,而走向宪法规制的民主,就成为在法定程序之下的民主。正像熊彼特所指出的,在其他政治体制中,人们可以根据出身、抽签、财富、暴力、选任、学识、任命或考试成为领袖;民主政体的核心程序却是被统治的人民通过竞争性的选举来挑选自己的领袖。直接民主的高成本为代议制所消解,民主选举的不确定性为定期选举制、弹劾制、违宪审查制等制度的宪法规制减小到最低,在这里,新型的民主发展为共和式民主,兼采古代贵族政体和民主政体之长,避其所短。

法律制度化的民主定义在近代以后表现为宪政民主。宪法将共和制纳入其中,使依宪法建立的国家成为民主共和国家。宪政民主的主要特点在于:第一,国家根本权力归属于人民,由人民掌握制宪权;同时由人民通过选举将治理国家的权力委托给少数人行使。第二,当选的少数人掌握国家权力管理国家的合法性是人民授予的,因此,人民保留定期通过法律程序就是否同意其继续执政进行表决的权利,同时,政府的执政是有任期限制的;人民还通过其代表保留弹劾执政者的权利。人民通过宪法对政府权力加以限制,对人民自己的权利加以宣示和保障。第三,建立宪法审查制度,使司法独立,畅行法治。总之,宪政民主是宪政、法治、民主的统一。

作为一种国家制度,民主就是国家权力产生和运作的根本政治制度。现在世界上的主流民主思想是宪政民主,它的根本特征是限制国家权力,是将民主和共和有机地联合起来。将多数票决制的民主限制在宪法确定的共和体制内,一般的民意和简单的多数不能轻易改变宪法规定的共和体制。

(二)法律制度化民主成为世界主流文化的根本原因

方朝晖认为,社会制度是建立在一定社会关系基础之上的,当社会条件具备时,与之相契合的制度就能够起到进步作用。他说民主就是这样。为此他提出民主政治产生和得以发展要具备下列条件:血缘纽带的冲破、公共领域的形成、公民社会的诞生等横向条件;农业经济向商业经济的过渡、交通工具或者信息传播工具的发达、新型公共权威的形成等纵向条件。[①] 这些条件的大

---

① 方朝晖:"民主、市民社会与儒学社会政治思想的现代意义",《中国思想史研究通讯》第7辑。

部分历史上已经成为民主政治的背景条件,但是我们公认古希腊的雅典有当时世界上最发达的民主政治,但是他们并没有更为发达的交通工具或信息传播工具。同时,罗马共和式民主政治产生和发达的条件之上却形成了罗马帝制的专制制度。

所以,仅有经济基础是不够的,更何况这样的经济基础和社会条件也不是一天形成的、不是自然生成的。在这里还有一个更为重要的原因就是不同文化、不同民族的大交流,通过这种不断地交流,平等的、理性的公正的自然法意识得以产生,褊狭、夜郎自大、固步自封的保守意识被不断地冲破。

一种文化的活力,它不断发展和自我更新的能力取决于不同文化的不断冲突和融合,在斗争中这种文化才得以永葆生机活力,一俟条件具备就能大放异彩。如果某种文化几千年来没曾受到过外来异质文化的强烈地全面地冲击,就会固步自封、夜郎自大,在养尊处优中不断地丧失吸纳异质文化的能力,从而使自己不断自我复制,终成为政治经济文化等各方面环环紧扣的超级稳定结构。中国的农业文化即是如此。

欧洲的农业文化不断地受到来自亚洲西移的游牧文化的冲击,受到西亚北非商业文化的冲击和骚扰,受到地中海大西洋以海盗为主的海上民族的侵略和威胁,还在精神上经常受到伊斯兰教、犹太教等异教的威胁和冲击,于是寂寞穷苦的自然经济无法维持、老死不相往来的处世哲学无法存在、建立在愚昧无知基础之上的大一统封建专制无法立足,正所谓"树欲静而风不止",久而久之练就了金刚之躯,生命力得以不断增强,终长成今天这样领跑世界先进文化的栋梁之材。所以欧洲的地理环境、政治环境和历史文化氛围,促成了商业文明产生并获得极大的发展,与之相应意识形态也得到长足的进步。所有这些,虽然不是起根本的决定作用,但毫无疑问也当然成为民主政治产生和发展的重要条件。

孙中山先生总结其为实现民主而奋斗的一生,给我们留下了最重要启示:"世界大势,浩浩荡荡,顺之者昌,逆之者亡。"中国新时期改革开放的总设计师邓小平同志形象地教诸后人:"落后就要挨打。"在明确了世界主流文化中的民主含义之后,我们该如何去做呢?

承诺"依法治国,建设社会主义法治国家"的中国共产党人,承诺依法治为标准构建和谐中国,承诺以遵守世界大多数国家共同制定的世界法治秩序为己任,致力于构建和谐世界的中国共产党人,明确了世界主流文化中的民主含义之后,该如何安排今后中国的政治体制改革呢? 答案是肯定的,顺应世界潮流的发展方向也是肯定的。在民主问题上,我们必须要坚持世界上各发达国家民主的共同标准和共同特征。我们要坚决杜绝用中国封建时期传统的民本思想将民主模糊化,在世界民主主流意识以外开一个旁门左道,以回避或延缓宪政民主的政治制度构建。

由于各国的国情不同,历史条件也不同,因此,各国走向民主的具体方式和选择的路径也会有所不同。生搬硬套发达国家的经验是不行的,我们既要注意学习别国民主化方面好的经验,也要充分注意研究本国民主化道路的特点,要把这两点结合起来,并在此基础上加以建设和创新。

当前我们确实需要:第一,继续坚持和加强对世界的全面开放,特别是要注意研究和吸收法治和民主发达国家的经验和教训,主动地促进同代表世界先进文化的国家的交往。民主不是万能的,但是,在人类迄今发明和推行的所有政治制度中,民主是弊端最少的一种。也就是说,相对而言,民主是人类迄今最好的政治制度。[1] 温家宝总理在 2010 年 3 月 5 日全国十一届人大第三次会议上的讲话中就指出,"最重要的是民主,只有民主才不会出现人亡政息",为此要"切实保障人民当家做主的民主权利,特别是选举权、知情权、参与权、表达权和监督权"。台湾资深媒体人杨伟中评论说,温总理的民主言论谈得不少,同时基调不是突出"中国特色",而是认同"普世价值",他多次提到"民主是人类共同追求的价值观和共同创造的文明成果"等类似的观念。[2] 这表明中国高层是有决心以普世的理念推进民主的。第二,继续大力支持和鼓励商业文明的发展和建设,完善市场经济的法律规制体系,切实根据人民的要求推进民主政治建设。市场经济的发展推进城市化的发展,城市化的发展进一步促进中产阶层的进一步壮大,这都是有利于市民社会成长和壮大的。这种"陌生人"社会的发展,就更加内生民主和法治的需要,基于此,才能够逐步地扎实地推进政治体制民主化改革和民主制度化建设。

和谐社会的实现,无论是中国的和谐还是世界的和谐,都必须建立在各个社会关系主体都自觉遵守同一的法律秩序的基础之上,没有共同遵循的标准,

---

[1] 俞可平:"民主是个好东西",《学习时报》2006 年 12 月 27 日。

[2] 杨伟中:"温总理的感性与理性",http://blog. aedu. cn/ArticleShow_5688374_14480. html(最后访问时间 2010 年 10 月 30 日)。

没有人民民主,什么和谐也不会实现。民主是一种保障主权在民的政治制度,主要规范人们的政治生活,政治生活实现民主,就能够保障和促进经济民主及带动整个社会生活的民主;在有着数千年单一制国家传统的中国,确实如果没有中央政权的民主,那么基层政权的民主、经济单位的民主、城乡两委(村委和居民委)的群众自治性民主等等都不会真正得到实现。

二、 公平正义

(一)公平

公平就是公正,就是不偏袒。《管子·形势》:天公平而无私,故美恶莫不覆;地公平而无私,故大小莫不载。美国思想家安·兰德认为,公平其实就是交易的粉饰。什么是交易,两个需要的交换方式就是交易。什么是需要,本能利益的需求就是需要。公平理论是美国心理学家费斯廷格1965年提出的。该理论的基本要点是:人的工作积极性不仅与个人实际报酬多少有关,而且与人们对报酬的分配是否感到公平更为密切。人们总会自觉或不自觉地将自己付出的劳动代价及其所得到的报酬与他人进行比较,并对公平与否作出判断。公平感直接影响职工的工作动机和行为。因此,从某种意义上来讲,动机的激发过程实际上是人与人进行比较,作出公平与否的判断,并据以指导行为的过程。公平理论提出的基本观点是客观存在的。公平是指按照一定的社会标准(法律、道德、政策等)、正当的秩序合理地待人处事,是制度、系统、重要活动的重要道德品质。公平包含公民参与经济、政治和社会其他生活的机会公平、过程公平和结果分配公平。同样情况同等对待,不同情况区别对待。所以公平并不等于绝对平均。公平,这种主观价值判断的形成,却是有赖于公开这种程序性操作。只有将公平所依据的标准公开,取得利害关系人的充分知悉和认同,公平的主观判断才会形成。因此,许多国家都在尽可能加大公共服务和社会保障力度的同时,高度重视机会和过程的公平;特别是积极以法律将公民参与标准的形成和执行常态化、制度化,以形成人民普遍的公平感觉,使正义成为看得见的。

构筑一个公平正义的社会,需要全社会进行长期努力,要提高全体公民的文化、道德、法制等方面的素质,更要进行制度上的建构,控制权力自觉运行于制度轨道,使人们(包括权力的行使者)有渴求公平正义的意识、参与公平正义的能力和依法追求公平正义的行为。

(二)正义

根据《新华字典》,"义"的首要含义是指:"公正合宜的道理或举动",引申的含义为:"合乎正义或公益的"道理或行为。它的含义实质上是一种当事人的内心体验,认为合乎公共利益,有利于他人,有利于公众的道理或行动。因此,古往今来,正义几乎是同"义"相伴而生。

正义,自古以来都被当作人类社会孜孜以求的理想。在汉语里,正义即公正的道理,与公平、公道、正直、正当等相联。在西方语言中,"正义"一词源出于拉丁语 justitia,由拉丁语中"jus"演化而来。"jus"是个多义词,有公正、公平、正直、法、权利等多种含义。法文中的"droit"、德文中的"recht"、意大利文中的"diritto"等,都兼有正义、法、权利的含义。"正义"一词的使用也是由来已久的,在亚里士多德那里,它主要用于人的行为。正义被认为是引导人们避免彼此伤害和受害的互利的约定,正义被誉为"黄金法则"。柏拉图认为:"各尽其职就是正义",乌尔比安认为:"正义就是给每个人以应有权利的稳定的永恒的意义"。凯尔森认为:"正义是一种主观的价值判断"。既然正义是一种主观的价值判断,一种行为、状态,是否正义就涉及三个要素:人、社会和与人直接相关的事物。人是正义反映的主体,也是评价正义的主体;社会的形成归于人的产生和结合,社会对人的分工、分配起着重要作用,个人得不到与他人平等的地位、待遇,往往归结于社会的不正义(公平);而与人直接相关的事物,如地位、资格、自由等,其多寡优劣主导着人们的评价。在远古最原始的社会形成时,有了原始的劳动成果的分配,人们就开始了关于正义的讨论。至于何种行为与状态是正义的,用不同的标准、角度和站在不同的立场上,其观察和得出的结论往往是不同的。

在中国古代,正义指一种德行,即"己所不欲,勿施于人"、"己之所欲乃施之于人"。"正义"一词,在中国最早见于《荀子》:"不学问,无正义,以富利为隆,是俗人者也。"后来,人们就把父慈子孝、夫和妇从、兄友弟恭、君敬臣忠等被认为是正义的表现。① 这基本上是将那些自觉维护长幼尊卑有序的不平等

---

① 《三字经》十义:"父子恩,夫妇从,兄则友,弟则恭,长幼序,友与朋,君则敬,臣则忠,此十义,人所同。"

社会秩序的行为称为"正义"。"义士"就是指具有高尚的道德原则、有正义感、行为正当或公正的人,或者是支持正义、维护正义的人。同时,也将那些捐助钱粮铸成公用事业的人称为"义士"。他们的行为准则当然也是维护长幼尊卑的不平等的社会结构秩序。

在西方,比利时法学家佩雷尔曼说,不管人们出自何种目的,在何种场合使用"正义"的概念,正义总是意味着某种平等,即给予从某一特殊观点看来是平等的人,即属于同一范围或阶层的人同样的对待。① 二战后写作《正义论》的美国法学家罗尔斯明确地规定,他所谓的正义,其对象是社会的基本结构——即用来分配公民的基本权利义务、划分由社会合作产生的利益和负担的主要制度。他认为,正义原则要通过调节主要的社会制度,来从全社会的角度处理出发点方面的不平等,尽量排除社会历史和自然方面的偶然任意因素对于人们生活前景的影响。

> 罗尔斯的正义有两个原则:第一个原则是平等自由的原则,第二个原则是机会的公正平等原则和差别原则的结合。其中,第一个原则优先于第二个原则,而第二个原则中的机会公正平等原则又优先于差别原则。这两个原则的要义是平等地分配各种基本权利和义务,同时尽量平等地分配社会合作所产生的利益和负担,坚持各种职务和地位平等地向所有人开放,只允许那种能给最少受惠者带来补偿利益的不平等分配,任何人或团体除非以一种有利于最少受惠者的方式谋利,否则就不能获得一种比他人更好的生活。②

罗尔斯的论述全面总结和概括了商品经济社会的正义观。正义就是一种行为方式选择,而符合公平要求的行为方式就是正义的。因此,在现代文明中,正义往往与公平是交织在一起的。因为,建立在商品经济经济基础上社会结构必然的内在要求就是公平,因此体现公平的一切行为和社会存在都被认为是正义的。

---

① 张文显著:《法哲学范畴研究》,中国政法大学出版社 2001 年版,第 202 页。
② [美]约翰·罗尔斯:《正义论》,何怀宏、何包钢、廖申白译,中国社会科学出版社 1988 年版,第 6—7 页。

三、　诚信友爱

（一）诚信

诚信是指诚实信用,诚实信用原则是商品经济社会的黄金法则,甚至有商品经济就是信用经济的说法。我国古代就有"人无信而不利"、"一言既出,驷马难追"等训诫。诚实信用的一般含义是指,当事人在市场活动中应讲信用,恪守诺言,诚实不欺,在追求自己利益的同时不损害他人和社会利益,要求民事主体在民事活动中维持双方的利益以及当事人与社会利益的平衡。

诚实信用起源于罗马法。根据罗马法的诚信契约,债务人不仅要依据契约条件,而且要依据诚实观念完成契约规定的给付,以裁判官法的规定,当事人因误信有发生债的原因而承认债务,实际上该原因并不存在时,可以提起"诈欺之抗辩",以拒绝履行。根据市民法的规定,如果当事人因错误而履行该项债务时,可以提起不当得利之诉,请求他方返还已履行的财产。如果尚未履行,可以提起"无原因之诉",请求宣告其不受该债务的拘束。在19世纪以来的各法治发达国家,都相继在民法典中规定了诚实信用原则,作为契约的订立、履行和解释的一般原则,还扩及于一切权利的行使和一切义务的履行。

在摩肩接踵的商业街上,你是否会对兜售盗版光碟的行为投以不屑的目光?在各种各样的考试中,你是否会拒绝任何作弊的念头与请求?在人烟稀少的小路上,你是否会坦然接受陌生男子的热情相助?在自家门口,你是否会让一位素昧平生的人踏入你的家门?这种种情形确确实实在考验我们对诚实信用(或信任)的态度。在劳动合同法颁布以后,正式实施之前,不少企业积极寻找规避这部法律的方法。劳动法律师则办起了"企业管理者应对新劳动合同法策略"培训班,帮助老板钻这部法律的漏洞。老板和律师两相共谋、一拍即合,规避法律成为对双方都有利的双赢选择:对于律师来说,要价不菲的培训意味着可观的个人收入;对于企业来说,区区培训费相对于法律实施带来的成本根本算不了什么。① 老板省钱、律师赚钱……法律的实施却打了折扣。有学者这样说:"逃避纳税、投机经营,在我们的国度成了少数商人展示才智

---

① "绑在劳动合同法上的劳资博弈",《南方周末》2008年8月1日。

的窗口,但成熟民主国家的民众对此感到羞耻,不会在社交场合对此津津乐道。"适应市场经济和民主政治要求的以法律为权威的制度体系的构建,并不意味着万事大吉,构建诚信社会更为关键和根本的战略,是公民"心态"的改变。所以说,众人未有穷期,我们每位社会成员都任重而道远。①

(二)友爱

友爱,是指没有国度、民族、性别和年龄等差别的限制,彼此以"朋友"、"伙伴"相称,相互理解信任,相互支持帮助和志趣相近的人际关系双方或多方,在相互交际过程中自然流露出的亲切情感。同诚信一样,友爱也是在资产阶级反封建斗争中,针对社会生活中的各种各样的特权而提出来的革命口号。号召各社会阶层的友爱共处,同时也是倡导新型社会关系。这里的友爱和博爱具有相同的含义。

博爱是要人与人之间互相关心、互相帮助,它是一种特殊的爱,其对象是全人类。追溯上去,"博爱"语出唐朝韩愈《原道》"博爱之为仁",孙中山先生就常写这两个字送人,因为它是孙先生一生极好的概括和写照。博爱的实现,最基本的条件就是人人平等,博爱既是无私的,又是广大的。既能把这种爱给予亲人,给予朋友,也能把这爱给予不认识的人;甚至是在平时反目的敌人突遇困难时候也能援之以手。我们当前社会是需要倡导这种博爱精神的。因为我国的传统文化是推己及人的,人本精神缺乏。曾经看到一篇杂文,外国人在中国的见闻:他说中国人只对自己的熟人施以帮助;对自己不认识的人,别说在危难时提供帮助,即使是交谈,也不可能敞开心扉。中国人是不太管别人,或者说当别人根本不存在。别人也不是都不存在,中国人把别人分成三类:陌生人、熟人和领导。不存在的只是第一类人,请别忘了把其中的领导除掉。②我也深有同感,特别是在大城市。存在于数年,最近才被以极端的方式揭露出来的上海钓鱼执法,给心怀博爱思想,尚存普济众生一念的私家车司机上了一课。

与此相对,西方社会要好得多。好莱坞专业编剧,海外最有影响力的华人作家严歌苓曾写过一篇短文,描述自己身无分文在美国陌生的城市的际遇:

---

① 刘素林:"我们的诚信世界",《宝安风》2005 年第 5 期。
② 张结海:"外国人不喜欢我们的哪些行为",《读者》2005 年第 9 期。

"蹭"上地铁,黑人女士没讲任何条件就对她放行;午餐在意大利餐馆,意大利服务生对吃完饭说自己钱夹子被偷了的严歌苓表示同情,但让她留下了联系方式;回家途中的公交车上的一幕特别感人:司机得知严歌苓身无分文的表白后,礼貌地请她下车,这时一位白衣乞讨过活的盲人送给她自己仅有的4枚硬币,而且拒绝了她的答谢礼(价值10美元的圆珠笔);最后,计程车司机(锡克人)同情她没带现金的窘境,相信严歌苓明日付钱的承诺。文末,严歌苓说:"我总是依靠陌生人的善意"。① 我想,经过几个世纪的文艺复兴、启蒙运动等人本思想的宣传教育,西方民族已经养成了陌生人社会相处的共同遵循的普世的价值准则,并自觉地践行它! 我国没有经过系统的文化启蒙运动,封建社会长期自然经济养成的传统的狭隘的小农意识还没有根除。因此,在中国倡导友爱,不仅是当前建设和谐社会的需要,更是革除传统积弊,建设文明社会的需要。

博爱是人类成熟的表现,是人类智慧的结晶,是人类可持续发展的基石。它理所当然应当成为国民基础教育的指导思想。博爱是人与人交流共存的保障,是世界和平发展的中心议题。因此,它是公理,是共同的信念,不只是解决"何以为生",而是解决"为何而生"的人生观世界观的问题。博爱也是一种宽容,容许别人持有与你不同的思想和行为,博爱还是一种价值观,是耐力和毅力,是奉献,总之,博爱是一种崇高的爱。我们应当在社会中持久地高调宣扬这种爱,没有这种爱的社会,不可能称其为和谐社会。

四、 充满活力

充满活力的社会,是一个弥漫着创新意识和改革精神的社会,不是因循守旧、故步自封的社会。在这种社会里,人们要具有一种求异思维,崇尚革新和效率,只有如此,人们才有一个健康向上的生活追求,社会才能充满着生机和活力。

这样一个社会的构建,确实需要一个人民权利得到充分实现的制度保障。人们在破除了思想禁锢以后,不担心说错了话而获刑,在消除了思想犯的社会,在言论自由、出版自由、结社自由等各种政治自由有支付保障的社会,思想

---

① 转引自:《读者》2007年第24期,原刊于《爱人·品味》。

者能够在学术独立、学校自治的宽松环境下,才能够实现人们的自由思想,才能保持不断创新,从而建成充满生机和活力的社会。纵观人类历史上近代以来的四次(还有一说是"五次")科技革命,都发生在民主高度发展、人权得到充分保障的发达国家,其原因就在于他们早就建成了一个多元社会,一个政治多元、文化自由的社会。

这样一个社会的构建,在我国确实需要破除几千年来传统文化中的大一统观念、官本位观念。从秦王朝的焚书坑儒到清王朝的文字狱,再到近现代当局对左翼文化认识的迫害以及文化大革命对知识分子群体的残酷迫害,最高权力对民众的思想禁锢和愚民统治方式,在历朝历代几乎是花样翻新、层出不穷;从孔夫子梦想克己复礼,提出自己的保守政治理论起,一直到晚清时期,知识分子除了注释经典以外,几乎没有任何理论上的创新和新制度构建的思想创建,这确实根源于历朝历代的最高当局对异己思想的排斥;对持不同政见者甚至不惜满门抄斩、诛灭九族,①远远没有同时代西方中世纪晚期英王国等西欧封建王国对持不同政见者流放海外措施的宽容。这样的高压,难怪知识分子群体噤若寒蝉,一味地以忠君、维护大一统为己任,知识精英群体的创新精神缺失,难怪社会愚昧落后,贫穷挨打!

五、 安定有序

安定有序,就是追求社会稳定有秩序。在汉语中,秩序,在古代,和英文的order一样,都有"次序"、"常规"的含义。从广义上来讲,秩序与混乱、无序相对,指的是在自然和社会现象及其发展变化中的规则性、条理性。从静态上来看,秩序是指人或物处于一定的位置,有条理、有规则、不紊乱,从而表现出结构的恒定性和一致性,形成为一个统一的整体。就动态而言,秩序是指事物在发展变化的过程中表现出来的连续性、反复性和可预测性。

(一)规则意识和法律意识的养成是实现安定有序的前提

自然人或法人等组织体的行为以规则进行,这种循相对固定的规则行为

---

① 明成祖朱棣对一代名儒方孝孺,仅因为他反对朱棣非法夺取帝位,并采取非暴力不合作的态度,就对他满门抄斩,甚至诛灭十族(在传统的诛灭九族的基础上又加上门生和学生)。

的社会状态就构成秩序,构成安定有序的社会生活。人们的行为规则是自己根据其生活经验总结出来的,为保障其实施最初采用了诸如宗教规范、宗法规范等多种形式。如古代希伯来民族就用宗教规范的形式,借唯一真神上帝耶和华、以先知摩西之口创设"十诫";①释迦摩尼创建的佛教要求僧众时刻遵守"五戒"②普度众生;孔丘总结以往伦理创立儒家学说,以"三纲五常"的宗法规范规制人们的行为。后来随着社会生活的复杂化,人们之间的关系也渐趋复杂,特别是人们生活改善和变化越来越频繁,这就使原来的宗教规范或宗法规范不能保证经常的起作用,于是国家的力量就参加进来以维护人们的社会公共秩序。统治阶级将现实生活中已存的以风俗习惯、宗教规范或伦理道德等形式表现的行为规范,赋予国家意志的形式,制定为法律,以国家强制力保证其实施。

所以,规则是人们行为规范的普遍形式,法律只是规则的一种,它是经国家制定或认可的以国家强制力保证实施的特殊行为规则。法律同道德这种行为规则相比,它还具有确定性、一个国家国民不分地域、民族信仰的普适性、平等性、公开性,即可供人们研讨查询的成文性。人们的行为规则一旦采取了法律这种形式,社会生活各方面的管理就更加科学化和高效率,事实证明,法律至上的"法律统治"是相对于人治、相对于宗教统治最优良的统治方式。

中华数千年的文明,其文明结晶或曰中华民族的传统,虽然较早就产生了成文法,但是法律很早就臣服于政治权威。世袭的专制统治的过早确立,使得全社会几千年来逐渐形成崇拜和服从个人权威,不相信任何法律的民族价值观,因为掌握权力的人可以任意出入人罪、将任何法律规定玩乎股掌之上而不受制约、不负违法责任。历史上的明君如此:赵匡胤杯酒释兵权、李世民发动玄武门之变以武力篡夺王位继承权;所谓昏君就更是可想而知了。中国传统社会中的主要阶级和阶层,从事种植业为生的农业生产方式下的农民和地主阶级以其靠天吃饭的天性,成为专职君权的肥沃土壤,其代言人(知识分子)多以成为御用文人为人生的终极追求、以自觉维护专制君主的人治权威为己

---

① "十诫":神,偶,妄,安息日,孝,不杀,不奸,不偷,不作假证陷害人,不贪恋他人的所有物。
② "五戒":戒杀、戒盗、戒淫、戒妄语、戒饮酒。

任;历朝历代的贬抑商工阶层、①将手工业商业归为官办和国家垄断经营,使得中产阶级长期无法成长,因此对抗专制的经济条件、文化条件和政治条件极其缺乏,因此,中国并没有形成也没有出现"法律统治",及至 1912 年为止,中国的国家是某个家族统治的家天下,没有近代意义上的民族国家;清政府之下的中国还是宗法伦理统治的乡土中国,县及县以下完全循宗法而自治,县以上的各级城市则是皇帝家族的贵族专制,科举制从来也没能够对皇族统治构成威胁,因而举子入仕仅仅是皇族统治的陪衬。

无论怎么说,对于像中国这样后发的国家来说,现代化就意味着学习以近代以来形成的西方资产阶级文化为核心的现代文明成果,并结合自己的国情加以消化、理解吸收、最后达至创新。远东中华法系的古国日本在近代率先走了这样一条道路,现在已证明是成功了。中国正在这条路上艰难地行进。这是历史发展的客观规律昭示的一条发展的必由之路,也是正反面经验教训反复证明了的一条真理。在时下的中国,改革开放的大势已定,当务之急是全民族的法治意识启蒙,是将法治先进文化通过教化使之内化为民族精神的组成部分,唯其如此才能达致对先进文化的"消化",而后才是理解吸收,最高阶段是"创新"。

目前,影响对法治先进文化顺利"消化"的因素主要有,来自民族传统文化的因素:如旧的"三纲五常"在新时代的变种——特权意识尚存、普遍平等意识阙如、奴性意识十足、维权意识缺乏、重人情轻规则和法律、国家统治上重道德感召轻视法治规制等——任意泛滥得不到有效遏制;有来自经济基础方面的因素:如经济欠发达,人们在商品经济的生产生活方式中浸淫时日不多,没有平等意识、维权意识和法律意识的现实经济需要,靠天吃饭的寄生思想意识浓重;来自政治体制方面的因素:人民主权思想的贯彻在政体中还比较曲折和间接,人民权利实现的途径不直接也不多,人民监督国家的渠道不畅,国家治权掌握者各自在行使权力时缺乏相互制约和监督等。这些因素总的表现就是自觉地遵守法律规则的意识不强。

畅行法治,一方面要着眼于经济发展,以法治发生发展的载体——市场经

---

① 秦代时的"焚书坑儒"事件,其意义不在于贬抑儒家独尊法家,而在于不许文化界有任何"持不同政见者"存在。自此之后,历朝历代的持不同政见者都会死于非命甚至被诛灭九族,如要生存,只能远遁,像明末的李贽那样。

济的发展为根本,另一方面也要适时地加强教化,清除或消解影响法治发展、影响平等公正的规则意识普及的诸种阻碍因素,为法律意识的普及、法律信仰在全民族的形成而竭尽全力,也就是说要认真加强社会主义法治理念教育。2006年4月11日至13日,中央政法委在北京举办社会主义法治理念研讨班,中共中央政治局常委、中央政法委书记罗干出席并讲话。他向全国政法系统发出号召,深入开展社会主义法治理念教育,他认为社会主义法治理念的基本内涵可以概括为依法治国、执法为民、公平正义、服务大局、党的领导等五个方面。依法治国是社会主义法治的核心内容,执法为民是社会主义法治的本质要求,公平正义是社会主义法治的价值追求,服务大局是社会主义法治的重要使命,党的领导是社会主义法治的根本保证。这五个方面相辅相成,体现了党的领导、人民当家做主和依法治国的有机统一。要全面准确理解社会主义法治理念的本质要求和深刻内涵,并自觉坚持用社会主义法治理念指导实践。中央的指示不仅是针对政法系统的干警的,我们各行各业的公民和干部也应以此为契机,自觉接受社会主义法治理念教育,不断提高自己的法律意识,为促进社会主义法治社会的建成而努力奋斗。

依法治国是社会主义法治理念教育的核心,而依法治国的实现首先要求全民族特别是执法者、护法者依法办事意识的树立和加强。而如果没有规则意识的话,就更谈不上法律意识的树立。因为各行各业都有其规则,法律只是在行业或团体规则之上,各行各业、全体人民必须一体遵行的国家制定或认可的规则。

法律不是万能的,但没有法律是万万不行的。这是法治社会的基本构成要件,也是现代社会的根本要求。但是,要求立法机关对各行各业都制定国家法律、建立众多的执法机关、护法机关去主动执法显然是不可能的。一来国家公权力深入各行各业、深入社会生活越深,私权受到的制约和限制越多,人们会感到不自由,因而对公权力产生不信任甚至逆反心理,从而导致社会不和谐,甚至社会动荡,非暴力抗法频发,执法成本加大;二来法律众多,成本居高不下,导致法治的效用得不到实现,从而影响法律的权威,大量的违法行为得不到有效遏制。因此,泛法律主义是无法实现的,对法制建设也是有害的。于是,我们就需要发挥各种社会规范的作用,共同构建安定有序的和谐社会。

首先,要提倡各行各业将行业公认规则制定成职业道德行为规范,一方面用于宣传教育,加强自律;另一方面要完善机制,保障规则的执行。

在法治社会,人们之间的行为最终要依赖于必要的事前规则的规范和约束,而不可能决定于某些个人的意志,或者仅仅取决于人们的自律。法治社会实际上就是安定有序的规则社会。在任何一个社会团体之中,甚至在国家生活中都离不开规则的作用。任何规则都包括其形成、修改、遵守、执行和依据规则所进行的处罚。在一定团体或行业内部,经由一定的民主程序制定的规则必须得到遵守,因而也必须有中立的监督规则执行的机构,使得破坏规则的人必然受到惩戒,必然损害自己的利益;使得受害者得到来自侵害人的及时足额公正的补偿。同时,整个规则的运行机制还要设置启动修订的民主程序,使得从业者民众(即利害相关的人)能够通过参与正当的民主程序及时将不合时宜的陈规戒律加以修正或废止,使规则保持更新,符合时代进步的要求。在树立规则意识上,宣传教育和严格遵守规则,认真惩罚或奖励,两者不可偏废,也不可相互代替。

其次,要正确处理以地域为其效力范围的国家法律法规、地方法规和行业规范的关系。两者关系首先是共性,即规则或法律法规的制定、修正或废除都要经过民主的正当程序,它们对其管辖范围的人和事都是一律平等适用的,它们都是公示的成文的,都具有可操作性,是确定性的行为规则;它们的区别不仅是属地管辖和属人管辖的问题,而且涉及的护法和护规则的机关不同,也即强制力不同。

孔子说过,修身而后齐家,只有前项做好了,才有可能做好治国平天下等事业。套用我们先人的话,我认为,一个人首先要养成谨守规则的意识,在家守规则、在学校守纪律、在单位遵守规章,做事业讲求规则意识,他才能自觉地守法,才能有法律意识。因此,进行社会主义法治理念教育,对于所有公民都是必要的,而若真正使其见成效确实应该从使每个人都遵守起码的家庭规则、学校纪律、单位规章、行业规范等做起,只有这些做到了,他们才能具备法律意识,才有资格有机会当选为国家权力的执行者、国家法律的保护者。

(二)以人民群众利益为依归的秩序是社会安定的核心标准

人民当家做主,我们在建设社会主义时常常挂在嘴边,但是仅仅将它作为口号来提是远远不够的。新中国成立以来的若干沉痛的教训促使我们到了该认真研究人民当家做主的实现方式的时候了。

关于法治,亚里士多德的名言就是制定的良好的法律获得大多数民众的执行。这里包含两层意思：一是良法，即在制定过程中有民众参与、体现广泛民意的法律；二是得到大多数民众拥护和自觉执行的状态。这两者是相辅相成的，只有体现广泛民意的法律才能得到广泛的拥护和执行。何为制定的良好的法律？这就涉及实现人民当家做主的第一步，即国家的重大决策（重要法律的制定）必须建立在广泛民意的基础上。

　　近来各地报道的违法拆迁事件，都是被抗之法没有让利害相关人参与、更没有照顾到被拆迁人核心利益而至。所以，所谓"暴力抗法"的产生，甚至这种表述本身都是成问题的——不符合法治的原理的。真正符合民众利益的法律，一般不会有暴力抵抗发生，除非此处的抗法者正在实施危害社会和公共安全的犯罪。在拆迁事例中，拥有合法房产的业主，维护自己的合法房产（在自己的房产证没有经过正当程序予以撤销之前），抵制强制拆迁并不是正在实施危害社会或公共安全的犯罪！所以，安定有序的社会的建立，必须将这种秩序、将稳定建立在维护人民群众利益、充分实现人民当家做主的基础之上，在执法主体与民众（利害关系人）发生利益冲突后，以民众的利益为上！由于社会主义的法是人民群众的利益的体现，因此，在法大还是权大的问题上，始终应当坚持"民大"！各级领导干部除了维护人民群众的利益以外，不能有与此相左的其他利益需要维护。

　　这些事例不断触动学者的良知，北大宪法行政法专家四名和一位民法专家共五人联名投书全国人大常委会，质疑国务院拆迁条例的合法性，人大常委会法工委的人回应说，我们正在考虑修改该行政法规，不过现行的国务院拆迁条例在修改完善之前仍然是有效的！①

　　最近向好的事例也有报道。2009 年 11 月，广州市民积极参与垃圾焚烧厂的决策，市民意见和政府意向发生明显冲突。双方对峙月余之后，常务副市长公开表态：垃圾焚烧厂建在哪如何建，第一决策者是市民②。市府表态使官民争端出现了根本转机，而其中的"秘诀"很简单——就是政府决策尊重民意并承认公民参与的合法性。我认为，广州常务副市长的表态说明他正确看待

① 全国人大常委会："拆迁条例与物权法本质一致"，http://news. qq. com/a/20091226/001412. htm（最后访问时间 2010 年 1 月 10 日）。

② 南方都市报社论："高效推行垃圾分类可望走出决策僵局"，李文凯：《南方的立场》，南方日报出版社 2010 年版，第 214 页。

了自己手中的权力,人民委托的权力的运用当然不应当排除人民的具体参与!对此张千帆教授评述道:

> 事实上,公民参与不仅对人民自己好,对政府也同样是好事一件。一是公民参与确实促进决策理性,有助于防止非理性决策事后产生不可挽回的种种后果;如果市民反对的垃圾处理方案日后产生污染,引起市民频繁抗议乃至上访,而那个时候再拆除或搬迁成本又很高,政府岂不是在给自己找麻烦?与其如此,不如事先广泛征求意见并达成一个各方都能接受的理性处理方案。二是公民参与并影响决策不仅提高了政府决策的正当性和公信力,而且也有助于政府决策的贯彻执行,群众赞成的方案肯定比普遍反对的方案更容易执行。即便尊重民意的方案将来出了问题——这也不是不可能,因为民众也不是一贯正确的圣人,公民参与也为领导提供了一道“护身符”:这个方案当时是征求了大家意见并得到多数人同意的,因而责任也应该大家承担,现在出了问题请别拿我“开刀”。我总是觉得,在民主成熟的国家,官员权力固然小得多,但是官也比我们这里好当得多,因为责任有选民替他们担着呢,他们反而用不着成天为了“一票否决”而活得胆战心惊。①

六、 人与自然和谐相处

社会和谐,涉及两类关系和谐,一类是人与人之间的关系;一类是人与自然之间的关系。和谐社会应当是能够可持续发展的社会,可持续发展就要求人们在开发和利用大自然时候,必须遵循自然规律,不能竭泽而渔。维护生态平衡,保护物种多样性,本身就是保护人类生息繁衍的生态环境,就是可持续发展的思想。中央电视台 2010 年新年伊始,播送的几组数字,确实能说明我们和大自然和谐共处的紧迫性。

> 60 亿。1930 年全球人口达到 20 亿,2000 年达到了 60 亿。人口增

---

① 张千帆:“公民参与是广州之幸”,http://const123. fyfz. cn/blog/const123/index. aspx? blogid=549939(最后访问时间 2009 年 12 月 30 日)。

加后,必须扩大耕地面积,满足人类生存的基本需求,这就对自然生态系统及生物物种产生了最直接的威胁。

93%。有科学家对造成生态系统退化和生物多样性减少的人类活动进行了排序:过度开发占35%,毁林占30%,农业活动占28%,过度收获薪材占6%,生物工业占1%。其中前3项人类活动占93%,而这些破坏最直观的结果是造成了物种生态的破碎化,栖息地环境的岛屿化。

1000倍。近百年来,随着人类活动的加剧,物种正以超过正常1000倍的速度消失,其中在1990—2020年间,因砍伐森林而损失的物种,可能要占世界物种总数的5—25%,即每年将损失1.5万—5万个物种。

3万。我国拥有高等植物3万余种,其中在全世界裸子植物15科850种中,我国就有10科,约250种,是世界上裸子植物最多的国家。我国有脊椎动物6347种,占世界种数近14%。

55.7%。有调查表明,我国部分野生动植物种群数量稳中有升,其中55.7%为国家重点保护的物种,扬子鳄、朱鹮、海南坡鹿等珍稀濒危野生动物种群成倍增加,大熊猫数量增加了40%;野外大熊猫分布县比上次调查时增加了11个,达到45个,大熊猫栖息地面积增加了65.6%。①

粗放的经济发展模式,以无限度的消耗不可再生的自然资源为特征,环境污染导致农业生产衰退、生物多样性遭到破坏,甚至人的健康都因为地下水污染、空气污染以及酸雨等受到严重损害,如果还坚持先发展后治理,一方面污染的后果已经造成,挽回损失成本巨大;另一方面一些不可再生的资源已经永远不可挽回,如煤炭石油等能源、生物物种的灭绝导致的生物多样性破坏。近年来,由于过度排放导致的地球温室效应,致使海平面上升,厄尔尼诺现象频发,人类的生存环境正在面临恶化。保护环境,改变经济发展模式,在对待自然方面改变"人定胜天"的错误思想已经刻不容缓。

可喜的是近年来人们在这方面的努力已经开始出现转机。其中重要的表现就是"人与自然和谐相处"思想的提出。"人与自然和谐相处"理念建立在人与自然共生共荣共发展、人与自然双赢的理念上,强调"以人为本,以自然为根"和"以人为主导,以自然为基础"的思想,包括实现社会生产力与自然生

① 张春燕、郑圆:"数说多样性",《中国环境报》2010年1月20日。

产力相和谐、经济再生产与自然再生产相和谐、经济系统与生态系统相和谐、"人化自然"与"未人化自然"相和谐、环境保护和经济发展相和谐等内容。①

"人与自然和谐相处"的思想已在1992年联合国环境与发展大会通过的《里约宣言》中得到确认。这个思想主张人类热爱、尊重、保护、合理利用自然,通过道德和法律协调人与自然关系及人与人之间的关系,是当代新兴的环境道德和生态伦理的主流思想,也是传统的人类中心论与自然主义相互渗透、结合、优化的产物。

中国法学会环境资源法学会会长、武汉大学环境法研究所所长蔡守秋教授认为,环境道德既讲究科学,又讲究信仰;既遵循自然规律,又遵循社会规律;既从人的利益出发,又从非人生命体的利益出发;既为了人,又为了环境和大自然;既承认自然的价值需要人去评价,又承认自然或环境的内在价值。当代环境道德或生态伦理是既处理人与人的关系,又处理人与自然关系的伦理观,是跨越人域和自然域的伦理观,这样的伦理观不能不综合采取人道原理和自然原理。

理性对待大自然,遵循自然规律,科学利用自然资源,坚持可持续发展,给子孙后代留下发展的空间和蓝天碧水,这本身既体现了人与自然的和谐共处,又符合推己及人、推人及物的传统人伦道理,是宇宙的通理。

综上六个方面全面概括了和谐社会构建的内容。其中,公平正义是具有方向和目标意义的,是构建和谐社会的不懈追求;民主法治则是和谐社会建设的根本途径;而诚信友爱、充满活力、安定有序、人与自然和谐相处等等则都是和谐社会的样态或理想。无论如何,这六个方面都离不开官民和谐,没有官民和谐,则社会和谐的六个方面的内容无一能够实现。

第二节　构建和谐社会的根本问题
——政府公信力的构建

在中国构建和谐社会当然必须考虑中国国情,中国的国情首先是五千年中华文明积淀下来的、在社会治理方面的以官本位政治文化为主要特征。金

---

① 蔡守秋:"'人与自然和谐共处'是环境资源法学的基本理念",《中州学刊》2005年第5期。

观涛先生在《在历史表象的背后》一书中全面刻画了中国传统社会政治经济文化等各项制度环环紧扣形成的超级稳定的保守封建制度。

一、 中国传统社会的官本位政治文化

政治文化是社会成员在政治活动中产生并通过后天学习和社会传递形成的反映客观政治过程的观念意识,是客观政治过程在社会成员心理反应上的积累或积淀,是一定范围的社会成员普遍遵循的政治价值取向、共同信守的政治行为模式和广泛流传的政治态度作风。① 在我国历史和现实中,往往存在一种叫做"官本位"的政治文化意识。那么,何为"官本位"呢? "本"的原意是指草木的根或茎,引申义为根源、根本、根据、主干、中心等等。所谓"本位",则泛指一个事物的主体、根源,或者是一种标准、基础,是其他事物可以进行比照的基本坐标或参照系。因此,它也往往成为一种目标、一种追求。"官本位"就是一种以官为本,以官为贵,以官为尊等为主要内容的政治文化思想意识。"官本位"的提法来源于20世纪80年代,相对西方经济中的"金本位"而言的。"官本位"的基本特征表现为:以"官"意志为转移的利益特权,"唯上是从"的制度安排,以"官"为本的价值取向,以是否为官和官职大小评价社会地位的衡量标准。实际上,这种"官本位"的提法,只不过是当代人对长期存在于中国传统社会的一种政治文化现实的概括,是中国传统文化理念之一。

(一)儒家学说的以官为本

儒家学说长期以来被奉为封建社会的正统思想。那么儒家思想是如何看待官员的,或者说对当今的"官本位"思想的形成有哪些贡献。

首先,儒家极力推崇等级特权。孔丘说:"礼乐征伐自天子出,庶人不议",晋国铸刑鼎,孔丘认为这是严重破坏了"贵贱不愆"的等级秩序。"邦有道,贫且贱焉耻也"。② 老百姓不能议论礼乐征伐这样的国家大事;在有道的国家中,老百姓要安于贫贱。孔丘总是要求卑幼无条件地服从尊贵,"小人"

---

① 李向国:"'官本位'与'民本位'政治文化学研究的理论意义",《理论前沿》2007年第18期。
② 《论语·季氏》。

驯服地听命于"君子","未有小人而仁者也"。① 他总是要求下级无条件地服从上级,不许僭越,更不许犯上作乱。孔子竭力维持的周礼是明显的特权法,周礼规定,只有天子才能使用八佾的乐舞,鲁国季氏的身份是大夫,按规定只能用四佾,却用了八佾。孔子闻之大怒:"是可忍,孰不可忍也"。② 即使教化也不能改变等级,"君子学道则爱人,小人学道则易使也";③孟轲认为,"天下有道,大德役小德,大贤役小贤"。④ 不仅长幼尊卑有序是天下有道的表现,而且有大贤德之人役使小贤德之人是天经地义的。

其次,统治者应当成为道德的榜样,而且只有如此才能使邦有道,使民顺。"上好礼,则民莫敢不敬;上好义,则民莫敢不服;上好信,则民莫敢不用情"。⑤官本位是儒家"人治"思想的集中体现。士农工商的职业等级中,士为第一等级;封建士大夫就是学而优的知识分子,孔子鼓吹"学而优则仕"将做官作为出人头地的唯一出路。实际上,在等级森严的社会,也只有入仕这一条途径才能摆脱贫困、低贱的社会地位,过上幸福生活。

最后,号召整个社会尊官。宗周是氏族贵族的专政,文化也为氏族贵族专有,此所谓"学在官府"。《孟子·滕文公上》:"夏曰校,殷曰序,周曰序。学则三代共之,皆所以明伦也。"章学诚认为,古人治教未分、官师合一,以官为师、以吏为教,如"司徒敷五教,典乐教胄子"。⑥ 以官为师从而造就了整个社会崇尚官职的风气。几千年愚民统治的全能政府,让知识分子以御用文人作为自己的行为坐标,让老百姓的日常生活离不开官员的呵护,以致将基层的官员呼为"父母官"!

官等于公,等于正。不仅官员自己认为这是天经地义的,而且民众也在国家控制的媒体的教化下形成了这样的认识。只有升官,人才能有社会地位,甚至只有升官才能发财,其他致富之路都被堵死,形成一种"按政分配"的现象。民间纠纷,必须经官,才得评判。任何事情,只有有了官的肯定,才能去做;受到了官的表扬,就感到无上的光荣。离开官员,就好比被逐出化外,流放到未

① 《论语·宪问》。
② 《论语·八佾》。
③ 《论语·阳货》。
④ 《孟子·公孙丑下》。
⑤ 《论语·子路》。
⑥ 《文史通义·原学中》。

开化的野蛮之地,生死未卜! 由此可见,儒家学说就是将官本位,将官职大小、官阶大小作为衡量人身份等级、贤德仁爱的唯一尺度的始作俑者。在中国整个封建社会历史上,官本位观念一直是社会的主流价值观。隋唐时将九品以内的官员称为"流内",到了清代,将九品以外的官员称为"未入流"。

(二)官本位的经济基础

商品经济欠发达,社会化分工程度低,小农自然经济为主导致小农经济意识浓厚,是官本位存在的现实依据。纵观中国历史,从可考的周代开始到清王朝,为什么总是在王朝社会经济发展,生产力提高,特别是工商业繁荣以后却是王朝统治岌岌可危的时候? 我想这也从反面证实了官本位的统治方式只适应于生产力水平较低的自给自足的自然经济状态,高度集权的权力经济机构容纳不下商品经济的发展,富裕起来的商工业者资金流向受到控制,不能在工业方面扩大再生产,只能投资置业,大量购置地产成为豪强地主;投资官场,谋得更大的官职才能有稳定感,封妻荫子,获得社会的认同。① 在这方面,洪英俊教授的论述比较全面:

> 在分散的个体小农业经济条件下,人们之间缺乏联系,信息传递是纵向的,维护一定社会秩序的权威主要靠一定职位上的人来行使,通过相应的制度来规定,再影响人们的思想,形成一定的观念来强化。……农业生产是定居,生产区域的固守性造成社会结构的封闭性。……极度的分散需要高度的集中。因为:第一,在抵御自然压迫方面,个体农业要解决灌溉问题,兴修水利以及修筑某些工事解决运输(如疏通河道、开凿运河)需要政府权力来集中人力、物力进行;第二,在社会压迫方面,抵御北方游牧民族的入侵,也需要政府权力集中人力、物力来进行;第三,男耕女织的农业小生产彼此缺乏联系,形不成一种阶级力量,小生产自己不能代表自己,一定要别人来代表,要保护农民不受其他阶级的侵犯,也需要一种至高无上的政府权力。②

---

① 不仅白居易的《琵琶行》,而且《红楼梦》也把嫁作商人妇称为下嫁。可见商人的地位历朝历代都很低。
② 洪英俊、姚卿善:"'官本位'的经济根源及其启示",《华东交通大学学报》2005年第6期。

　　这也就是想我们常说的,小农经济要靠天吃饭;自给自足的分散的家庭经济需要凌驾于社会之上的超经济权力存在。不仅中国的农民需要皇帝、需要官员主宰自己,我们在世界历史商业看到,18世纪至19世纪的法国农民也是需要皇帝,需要超经济强制性的政治权力来保护自己、主宰自己的命运的。

　　更为重要的是,官本位是建立在官强民弱的基础之上的,一旦民强起来了,官本位就无用武之地了,建立在官本位基础之上的权力经济就支撑不下去了,于是社会大动荡开始了。由于没有代表先进生产力的先进文化出现,工商业者并没有自己文化上的代言人出现,封建保守文化的大一统高压的文化政策,使得代表平等思想观念的反封建启蒙思想无从发展甚至在萌芽时就惨遭灭门,所以启蒙运动无从谈起。在社会动乱以后,工商业凋敝,文明被破坏,经济倒退以后,和前朝几乎一样的强权政治又重新建立起来。虽然王朝换了主人,但官本位没有换,儒家思想作为社会的正统思想没有变。

　　官本位之所以长期存在还有一个重要原因就是官与民争利。社会上的优质或者主要经济资源都悉数被政府垄断,民间老百姓无权染指。农业社会最重要的资源就是水力资源,由于自然条件,大江大河的治理非民间力量所能完成,从大禹治水开始,用于灌溉的水资源就牢牢控制在国家手中。春秋战国时期食盐官营①出现,及至出现了铁器,在汉朝时期,盐铁专营导致最盈利的行业为国家所垄断,国家权力凭借超经济强制,统治阶级成为最富裕的社会力量。历朝历代不仅在建立王朝的时期,国家财产通过武力夺取的方式进行原始积累,而且统治时期也不遗余力地与民争利,所以长期保持国家政权具有雄厚的财力,除养活庞大的官僚队伍以外,还能够供养宦官、随从以及常备军,经常保持针对民间财力的优势地位,根本无法想象中世纪英国法国那样靠召开各阶层代表参加的国会向老百姓恳求批准征收新税,来支撑王室的统治。中国历朝历代的政府,从来不需要受制于民间财力!国家政府的强权来源于自己经营的产业,对民间征缴税收只是辅助,而且皇粮国税从来都是强制征缴,纳税人是没有发言权的。中国经过30年改革开放,社会生产力得到快速发展,城市化与工业化有巨大的进步,所创造的财富,国家得到了大头,企业得到了中头,劳动大众只得到小头。由中国社会科学文献出版社出版的2007年企

_____

① 时至今日的社会主义中国,仍然是食盐官营。

业蓝皮书《中国企业竞争力报告(2007)——盈利能力与竞争力》称:"在过去的十几年间,劳动者报酬占 GDP 的比例降低了 12 个百分点,而同期营业余额占 GDP 的比例却增加了 7.7 个百分点。"因此,议会的权利、民众有组织的力量在国家政治生活中始终强大不起来的根源就昭然若揭了。长期封建统治阶级的超经济强制下治国理政的手段让官本位获得现实依据,不由得老百姓不认同,不由得官本位不成为中华传统政治文明的重要政治特征之一,这仍然不同程度地影响着我们。

(三)官本位的政治治理制度设计

秦始皇时代设立郡县制,中央通过考课和监察以加强对地方政权的控制。秦汉郡县制,郡守于每年秋冬向中央朝廷申报一年的治状,县也同样要上集簿于郡,中央或郡即在这时各对其下属进行考核,有功者可受奖赏或升迁,有过者轻则贬秩,重则免官、服刑。和考课相辅而行的是监察制。中央派郡监或刺史以监郡,郡县也各派督邮或廷掾以监县或乡。刺史、督邮等可随时按劾有罪赃的守、令或其他官吏。由于自上而下的层层督课,使得中央政令能较为顺利地贯彻到最基层,保证了政令的划一性。郡县制代替了周朝的分封制,也即从地方分权演进为干强枝弱的中央集权制。秦汉以后,官制虽经各朝代名称上的变更,其各级官员自上而下任命的中央集权制度却一以贯之的传承下来。毛泽东就曾指出,"祖龙虽死魂犹在"、"历代皆行秦政制"。因此,王亚南先生在总结中国古代官僚问题的表象时,形象地概括说:"(中国)二千年的历史,一方面表现为同一形式的不同王朝的更迭,同时又表现为各王朝专制君主通过他们的文武官吏对农民实行剥削榨取的支配权力的转移"。此种结果,就只能是"王朝的不绝'再生产',再配合以官僚统治的不绝'再生产'",以至"同式政治形态的重复"。① 我国现在的高度集权的政治体制,与其说传承前苏联,不如说传承秦始皇!有厚重的传统政治文化的因素。

纵观中国历史,君权神授是虚妄的,枪杆子里面出政权才是客观真实。马上得天下的皇帝,凭借其强大的军事力量和掠夺得来的巨额财富,首先通过论功行赏建立强大的官僚机构。选拔、考核儒生以及官员任免和流动完全由皇

---

① 王亚南著:《中国官僚政治研究》,中国社会科学出版社 1981 年版,第 82 页。

帝为首的官僚机构来完成。这种无所不包的强大的权力,除了儒家道德伦理的监督外,没有任何外在的制度化的制约,更没有在民间形成有组织的力量来制约皇权,甚至在精神领域都没有挑战皇权的力量存在。① 高度集权的管理体制是官本位现象存在的重要原因。

(四)官本位的专制文化

思想文化领域的专制愚民统治,不断扼杀任何与官本位、与当朝统治者相左的思想和有组织力量,是导致官本位思想日益深入人们骨髓的直接原因。

焚书坑儒的意义并不仅仅在于禁止当时的儒生反对法家思想主导的严刑峻法,而且开创了官方以人身消灭方式剿灭非官方思想产生土壤的先例;开创了以屠杀来遏制或剥夺民间言论自由的先河。以后的朝代,屠杀和扼杀言论自由的文化专制传承下来并越加得到强化。及至明清朝代,扼杀言论自由竟至发展到文字狱泛滥的程度,对持不同政见者竟至发展到满门抄斩、株连九族甚至十族!② 几千年来(贯穿整个中国文明史),一大批著作家、思想家和有识之士,只是由于用自己的笔写下了不同的政治见解和言论,即遭当权者的无情棒杀。许多文字狱的受害者并非有意地贬损当政,往往因官场失意,受人排挤,而发了几句牢骚,或者施政方针不同,说了些风凉话。这些人中不乏地位有影响的一代名儒显贵,③但是当朝统治者为维护自己至高无上的威严,不惜从他们身上下手开刀,以儆效尤,终至人们除了愚忠和失语之外,不敢越雷池一步。在官本位下,官员的权威靠保密制度来维护,孔子说:"民可使由之,不可使知之";④老子认为"常使民无知无欲",才能达到长治久安的"圣人之治"。⑤ 这种愚民统治是官僚政治的一个通病,对此,马克思曾批判道:"官僚政治是一个谁也跳不出的圈子。它的等级制是知识的等级制。上层指望下层

---

① 我国的神话传说都是神人同体的,但孙悟空敢打闹天宫,却不敢闹人间皇宫。我国的宗教都是世俗的翻版,外来的宗教也被世俗同化以后才在中国获得广泛传播,或者称为遁世者的避难所。比如佛教。

② 明成祖时的方孝孺一案,就是株连十族。

③ 如汉宣帝处死杨恽,宋神宗治罪苏轼等。参见张研、陈桦、高翔:《历史的疯狂》,中州古籍出版社 1991 年版,第 156—159 页。

④ 《论语·泰伯》。

⑤ 《老子·三章》。

了解详情细节,下层指望上层了解普通的东西。结果彼此都失算。"①

　　正像学者们公认的那样,自然经济状态下的农民本来就是缺乏组织观念的,但是在他们到异乡后,结成乡党的情况时而有之。但是反对当局或者与当局的执政方针相左的有组织力量,在任何朝代都不可能存活,不管他们是否采取暴力手段反抗当局(以文字手段就用文字狱对付),除非他们与世隔绝,成为桃花源中的人。

　　封建社会的政治上、文化上的专制统治,是在不断强化官本位的,是不惜一切地维护皇权的传统封建意识形成的催化剂。

　　官本位不是一天之内形成的,它已经深入到我们民族的精神中去。因此,官本位的消除,同样也不会在一夜之间完成。有学者就认为,改革开放以后,官本位的封建意识不但没有消除,反而呈"越演越烈"之势,由于政治体制改革滞后,邓小平当年揭露的政治体制弊端如权力过分集中、家长制、特权现象及监督薄弱等现象还没有得到根本性的改善。官本位意识及其危害仍呈蔓延之势。② 出现这种情况,原因在于中国社会转型的特殊背景。市场经济初创阶段需要一个推动者和维护者。这一切,决定了必须使政府集中必要的权力,强化政府的权威。但这样一来,势必在客观上导致官员的权力过大,从而助长"官本位"。真正破除官本位意识,增强政府的公信力,必须力促树立民本位思想。但后者却是依赖于政治制度方面的彻底变革和经济以及文化管理体制等方面的深度变革。

　　政府公信力即政府获得公众信赖的程度。"政府公信力"③的判断标准有四项:负责任政府、以公民为本位的服务型政府、法治政府和透明政府。实际上,法治政府,能够对政府具有公信力起到一言以蔽之的作用。相反,充斥着官本位意识的政府,也可以总体判断为没有公信力的政府。因为官本位的行政文化集中表现为权力崇拜。因为官僚主义、形式主义、唯上是从等都是官本位意识的表现;因为官本位是同以公民为本的服务型政府、同依法行政的政府是格格不入的。

　　要循着增强政府公信力、实现政府同人民和谐的思路构建和谐社会,必须

---

① 《马克思恩格斯全集》(第一卷),人民出版社 2002 年版,第 60 页。

② 谢海军:"对'官本位'意识的再反思",《中共济南市委党校、济南市行政学院、济南市社会主义学院学报》2002 年第 1 期。

③ http://baike.baidu.com/view/18633(最后访问时间 2010 年 10 月 30 日)。

坚决摈弃官本位意识,彻底清理干部头脑中的权力崇拜思想。为此,要从以下几方面做些实事。

首先,改官员只唯上、不唯下的根本措施就是变党组织考核任命制,为民众通过有组织地选举,以选票决定官员任职,党的作用仅限于辅助选举、受理和处理党员在选举中的舞弊营私等违纪行为、当选官员的政绩评议工作。1871年世界上首个工人政权巴黎公社就采取"领导干部民主选举制"和"取消高薪特权制"两大措施,来保证社会公仆不会变成社会官老爷,这在今天仍有现实意义。古代的卖官鬻爵和今天的"跑官买官",主要是因为他们知道上级官员掌握着官位的任命权,所以就向他们贿赂。如果改为民主选举,他们就只能向人民求助了,因为他们手中的权力从根本上来说,是人民赋予的。

其次,彻底摈弃官本位还要从经济基础方面挖取其生存的土壤。如果地方主要领导干部由该地方选民选举产生,那么,执政者征集地方税费和财政支出也必须由当地民选机构决定。如此这般,贫困县盖超豪华办公大楼的情形就绝不会再出现;干部的贪腐行为也将会大大收敛。在放权于民的同时更要让利于民,不与民争利,领导干部只将自己定位于市场经济的监管者和仲裁人,只负责公平市场环境的维护,不再自己经营高市盈率的行业,将征税费的权利全部交给人民代表大会。执政党自己将其掌控的资产的收支情况全面公之于众,自觉接受民众的监督。

最后,要从文化上,大力弘扬民本思想,褒奖公众检举揭发贪腐官员的行为。更为重要的是敞开言路,变事前的无形监管为事后的有形监管,对不实的报道仅仅由法院通过正当程序的审理来决定媒体应否负责任。当然,要做到上述这一步还会遇到既得利益者、特权阶层的顽固抵制,因此,还要再坚持落实民本位大方向不变的情况下,本着先易后难的方针扎实推进。

二、 历史上社会和谐的影响因素

(一)社会的主要矛盾方面

毋庸置疑,历史上影响社会和谐的根本原因在于官民矛盾。官逼民反是封建社会历次农民起义的主要原因。陈胜吴广无法忍受严酷劳役,被逼造反,成为秦朝暴政结束的导火索;绿林、赤眉起义同样是反抗地方官的横征暴敛;

就连水泊梁山上的好汉,武松、陈冲、杨志等人,各个都有自己的一部受贪官污吏假公济私,枉法迫害的惨烈故事,他们都是被对上司阿谀奉承、对下级对老百姓颐指气使的官吏给逼上梁山,落草为寇的。如此看来,官本位,一切以官员的好恶为转移、以官位的高低为标准定位个人社会地位的政治文化,是影响社会和谐的主要因素。

（二）政治制度文化方面的原因

正像上文所述,与官本位相对的民本位之所以难以建立,进而影响社会和谐,其原因还在于生产方式,在于小生产的经济基础。但为什么经济发展起来,商业繁荣起来以后,反而社会就发生动荡了,官民矛盾突出,王朝的末日就到来了呢? 除了上文指出的,是小生产者破产,官僚阶层失去支撑的原因以外,旧的上层建筑,不能容纳商品经济生产方式也是其重要的原因。一方面,封建地主阶级营造的以农业为主的自然经济,安贫乐道,安土重迁,鄙视从事工商业的生产者和劳动者,将从流通领域取得经济收入视为不耻,对私人工商业者严加限制,对私有财产任意地横加剥夺,老百姓从财产到人身,所有权都得不到官方的承认,更谈不上依法保护了。如此的社会政治环境,工商经济无法顺利地长足发展,富裕起来的工商业者为求稳定,将财富不是用于科技创新、用于扩大再生产,而是小富即安,将财富用来购买土地,用来行贿朝臣以谋取官职,获得社会认可的地位。这就是封建的政治制度阻碍新的工商生产方式发生发展的真实写照。另一方面,为高度集权的封建政治文化管制所挟持的知识分子,只能学习和注释经典,为当朝统治者歌功颂德,不敢违背当朝正统思想而越雷池一步为工商业者的代言人,平等交易中的公正和平等的思想无从得到发布和传播。于是,为进一步致富,工商业者只有走官商勾结,寻求政治权利庇护这一条路。而在工商业发展的同时,各级官僚在长期的优裕生活中放松了自己的修养,下情不能上达,特别是皇帝开始倦怠,放纵贪官污吏来对百姓的横征暴敛行为,土地兼并、豪门贵族群雄并起,国家的税源吃紧,皇权衰落,广大失去土地的破产农民为了生存,只有啸聚山林、落草为寇,从而引起社会的巨大动荡甚至改朝换代。

（三）官员管理制度方面的原因

导致官员腐败,从而影响官民关系,激起民众反抗甚至揭竿而起的一个重要原因是各封建王朝普遍实行的低薪制。尽管也有个别王朝主张高薪养廉，但低薪始终占主导地位，并成为封建社会滋生腐败的一个重要制度原因。即使在官俸最高的宋代，能够全赖俸给生活的官僚，也是不存在的。除了俸禄，绝大多数官员要依靠贪污受贿予以补充。古代官吏俸禄制度的主要特点：一是高官俸禄厚重，低级官吏微薄，特别是作为官府办事人员的胥吏没有俸禄，完全依靠自己"创收"，向百姓盘剥；二是中低级官吏本来俸禄微薄，加上年老退休后没有必要的生活保障，以致在职时竭力搜刮、考虑"后路"。唐代以前，官员退休都无俸禄发给，直到唐代及以后，才对退休的官员做出规定，给予一定的俸禄，但只限于高级官员，中下层官吏退休后均无俸禄，缺乏必要的生活保障；此外，朝廷还经常克扣官俸以解决财政困难或作为惩罚官吏的手段。两晋南北朝时，中央政府因财政吃紧，经常不给地方官吏发放薪俸，让他们自行搜刮。隋唐以后，中央政府经常克扣官俸。明清之际罚俸成为皇帝、太监和权臣迫害士大夫的常用手段。

当然，笼统地说古代官吏俸低也是不确切的。尽管有的朝代薪俸较低，但与一般百姓相比还是高出许多。那么，为什么封建官吏还会感到俸薄薪低要贪贿盘剥呢？这主要是由封建官员的消费和工作特点所致。首先，古代官员与普通百姓的生活消费完全不同，其日用所需要高得多，且往往有贵族化倾向。比如一个五品以下的京官，光官服一项就要占官俸的四分之一以上，再加上租房子、养家小等项，如果仅靠官俸，生活很难宽裕。其次，古代的官员一般都要有许多幕僚帮助他们工作，而这些人的开支由官员自己解决，政府一般不予承担，光这笔支出就要超出官俸。再次，大多数朝代吏治败坏、官场争斗、仕途险恶，官员们或为了避祸、或为了保位、或为了升官，必须讨好上司、搞好关系，而这种交往都是要用钱来支撑的。在明清的时候，大抵一个知县用于官场交际的花销一年要用去银子三四万两，而知县一年薪俸才不过几十、百来两银子。由于正常薪水满足不了以上种种需要，就要从另外的渠道来筹集资财。这必然滋生腐败。

一是普遍的低薪造成了普遍的贪贿。在中国历史上，元朝吏治之腐败是空前的，其中俸数太薄、当支不支显然是一个重要原因。有些朝代官吏没有俸禄，贪污受贿势成必然。特别是作为封建国家机器正常运转所必需的胥吏，在大多数朝代根本就没有俸禄，且不享有任何特权。吏员无俸，遂靠索贿为生。与此同时，俸禄不足以维持官员体面的生活，一些官员便大肆贪贿，吏治的腐败也更为严重。二是低薪制使得封建社会的许多反贪措施大打折扣,难以推行。尽管有几个朝代以严厉的律法惩治贪污受贿,但效果并不理想。三是官吏俸禄低薄,看起来减少了国家的财政支出,但老百姓的实际负担并未因此减轻,反而大大加重。因为官吏手中有权,他们便肆无忌惮地向老百姓榨取。

在封建社会历史中,也有个别朝代和有识之士主张高薪养廉并加以实施。如在清代,有正俸与恩俸、双俸、养廉的区别。清初的"正俸"基本沿自明代,依然微薄。至雍正、乾隆时期,由于财政充裕,也因官员日用不足,清廷欲示"恩政"以养廉,并取得了良好的效果。即使这时,据瞿同祖先生考证,1754—1823年间,清代州县官的全部薪水几乎不够给幕友(地方官雇佣的行政管理专家)付酬。清代地方官另一种开销是"摊捐";①更有甚者,所有地方官还可能被迫捐钱填补若干年来的累计亏空。州县官也有着招待途经其地的上司或上级差官的经费负担。怎样满足这种种支出呢? 答案就在于在明确规定的税收以外,向老百姓加收"陋规"("惯例性收费",意即"丑陋的规矩")费。它是在法律默许的范围之内,但是在某些情形下,在收取"陋规"和贪贿之间并没有一个明确的分界线。② 但到清代后期,因内乱、外侵,财政十分困难,不仅养廉银无法发给,就连正俸也难以保证。贪污腐败更为严重。宋朝大改革家王安石也认为"人主于士大夫能饶之以材,然后可责之以廉耻。方今士大夫所以鲜廉寡耻,其原亦多出于禄赐不足",主张增俸以养廉。从历代俸禄水平的高低及其贪污的严重情况,大致可以看出,造成贪污腐败的原因虽是多方面的,但官吏俸禄过低确是一个重要原因。以上种种需要,就要从另外的渠道来筹集资财。这必然滋生腐败。

(四)封建专制统治的综合原因

封建政治、经济、社会和文化在中国组成了环环紧扣的超级稳定结构,即使遭遇游牧民族的入侵或者农民大起义的反抗,这种封建的统治秩序还能在废墟中很快重建起来。我认为最根本的原因就是在于这个民族的掌握文化的这部分人丧失了创新的能力,是他们将封建官本位、高度集权的专制文化保存下来,借着另一拥有强力的家族,封建统治重新建立起来。这样看起来,我国

---

① 即在政府经费不足时,布政使命令州县及省内其他官员捐钱支持政府用度。
② 瞿同祖著:《清代地方政府》,范忠信、晏锋译,法律出版社2002年版,第47页。

封建社会中导致社会不稳定的因素好像是工商业的发展,如果一直是小生产的自给自足的小农经济,像桃花源里的社会,社会稳定是可以预期的。但是,现实,不仅中国,任何国家的任何社会,生产力都是最为活跃的因素,因为社会总是向前发展的,下一代的人总是不满足于按部就班地复制上一代人的生活方式和生活水准,人民发展生产促进经济发展的愿望,以及追求平等和人权的欲望是不可能被永远置之不理的,所以,从人权、民权的角度出发,影响传统中国社会稳定的因素不是别的,只能是高度集权的专制统治(它在社会生活中的表现就是官本位)。

三、 影响社会和谐的关键因素

(一)优越性神话的思想误区

20 世纪 20 年代,我们从苏联得知了社会主义。根据苏联的宣传,自己是劳动人民的政权,这就给在苦难中挣扎的中国人带来了似乎是美好的曙光。我们年轻的民国倾其全力在按照西方制度建立共和政体之后,又积极贡献财富甚至生命帮助世界大战中的英法俄(协约国集团)。可是,在胜利后的庆功会上,我们非但没有分到胜利果实,而是仍然处于被宰割被奴役的地位(青岛和胶州湾由战前的德占改为日占),在困顿和获得救助无望的时候,莫斯科传出了平等对待中国的信息,列宁发出愿意废除帝俄同中国签订的不平等条约的信号,于是中国人有了近百年来第一次被人尊重的感觉。正因如此,我们一些年轻的知识分子积极地追随苏联学习他们的制度,给他们以极大的信任。尽管后来的实践证明,帝俄时期因不平等条约割占的中国领土,苏联并没有返还给中国,甚至在 20 世纪 20 年代策划将外蒙古从中国分离出去,成立蒙古共和国;在斯大林统治的晚年,苏联还想保持自己在我国东北地区的殖民利益。所有的这一切,承诺不兑现和进一步觊觎中国,都因在中国内战中,他们帮助了共产党而既往不咎。新中国成立之初,苏联对中国的援助建设,也使新中国心存感激。于是,苏联高度集权的社会主义模式在 50 年代被全盘移植到了中国。不仅是计划经济,还有专制统治制度:如一党制、国强民弱的经济政策、文化意识形态高度统一的专制、人权保障的缺失等。为维护这样的制度,我们思想理论界长期奉行了如下几种教条,也可以称为社会主义优越性神话的思想误区。

1. 社会主义制度中的民主是高度民主和高度集中的结合。社会主义制度是广泛民主基础上的集中,在集中指导下的民主。这种民主集中制实行的结果是,枪杆子打出来的国家政权实行自上而下的官员任免,民主只具有工具性价值,民主的程序被当成摆设,集中才是目的。否认正当程序的民主制,否定票决制选拔领导干部,将最后决定权保留在上级领导手中,就形成这样的一贯认识:自己手中的权力是上级领导给的,不是人民给的,因此就无需对人民负责。

这种言论充分反映了当领导干部对待手中权力的一般心理,自己手中的权力是上级党委赋予的,我只对上级党委负责;老百姓对于我的乌纱帽没有投票决定的权利,因此,我自然不用对老百姓负责。不管党的利益是否同老百姓的利益相一致,我就认给我官位的人,上级党委任命我,给我权力,我就要对上级党委负责,而没必要听老百姓所想所关心什么。这是在任用领导干部上,民主集中制(群众民主,党委集中、党委拍板做决定)的自然结果。

2. 社会主义制度是人民群众当家做主的政治制度,无需自己监督自己。因为政权的性质是劳动人民的政权,所以,无需对最高权力进行有效监督,不存在人民政权违背人民意志的情形。以这种思想治国理政的结果是:国家的大政方针不经过人民代表大会的讨论通过,而是少数人说了算。如"大跃进"、"人民公社化"、"文化大革命"等重大的决策都没有全国人大的参与决策。

以这种思想设计建立的宪法监督制度,其内在逻辑是:人民代表大会一旦产生即当然地代表人民,而只有人大才有资格和能力行使违宪审查权。然而,由于全国人大和常委会既立法又监督,因此绝不会认为自己的立法不合宪,反而认为自己的立法无监督的必要,因为如果不适合或不合宪,在草案审议阶段就修正了,不会留着这些瑕疵给日后监督之用!显然,根据自古以来的自然公正,这种宪法监督制度设计存在着明显的"自己做自己案件的法官"的现象,在制度设计理念上就违背了自然公正原则。因此,违宪审查形同虚设,违宪现象得不到制裁和纠正,宪法成为具文就得以显现。如此一来,没有有效监督的权力只有听天由命、靠自觉靠道德自省来自我纠错了,这样的代价就是很大了。

3. 执政党不会违反自己制定的法律。共产党是人民群众的先锋队,共产党是社会主义事业的领导力量,共产党领导人民制定宪法和法律,执行宪法和法律,因此共产党不会违反在自己领导下制定的法律,因此也无监督的必要。我国的政治体制中,没有设置能够监督执政党的制度构建。

也许有人会说,我们有政协制度,执政党共产党和各民主党派是"互相监督,肝胆相照",我们的宪法法律中给各民主党派的地位是参政党,对执政党的大政方针所起的作用就是咨议作用。从实际上看,各民主党派每次召开全国性代表会议时,一个主要议题就是学习和贯彻中国共产党全国代表大会的决定。虽然改革开放以来,我党都比较注意通过国家权力机关将自己的执政方针上升为宪法法律加以落实,但是,仍然有没成为任何位阶的立法性规范文件,即仅仅是党委会的决定违法如何处理的问题。对党委的决策没有制度性监督的隐忧仍然摆在全国人民面前,这在基层党委有时表现出来。

据《中国青年报》2001 年 4 月 2 日报道:

1993 年 1 月,米晓波和昆明市官渡区矣六乡政府签订了一份《承包合同书》,乡政府把一幢综合大楼交给米的瑞华公司承包经营,期限是 15 年(到 2008 年 1 月)。合同规定,承包费每 5 年递增一次,第一个 5 年里,承包方还要无偿捐赠一辆 12 座以上的面包车给乡政府。

承包合同特别载明:"该承包合同不受发包方这级组织的组织形式的变更而改变,同时也不受发包方的领导班子的变更而改变承包合同……任何一方不得变更合同中的条款,如有变更,变更方应赔偿另一方的经济损失,经济损失按承包人第一个 5 年所交承包费的总额来赔偿,即 175 万元,而且还负法律责任。"合同书末尾盖着乡政府和乡长的印鉴。

这样一份合同使米晓波心里感到踏实,双方的权利义务表述得很清楚。米信心十足地投入经营,筹集 100 多万元资金对综合大楼进行装修、改造,如约支付了 1993—1994 年度的承包费 70 万元,还超出合同约定,为乡政府垫付了 24 万元购买轿车。

岂料好景不长,1994 年 12 月,中共矣六乡党委下达了一份红头文件,内容是对综合大楼归属的"处理决定"。文件说,该综合大楼是乡政府原直属集体企业滇矣建筑公司的办公楼,由于该公司法人代表在整顿经济秩序中受到冲击,致使公司管理混乱。乡政府为使集体财产不白白浪费,将大楼承包给米晓波。现滇矣公司法人代表已平反,为理顺关系,经乡党委研究决定,从 1995 年起,终止执行乡政府与米晓波的承包合同,由乡政府与滇矣公司签订新的承包协议。

拿到乡党委的"决定",米晓波顿时不知所措,并且他很快就被扫地出门。他质问乡长:"我们签订的合同是具有法律效力的,乡党委怎么可以单方面终止呢?"乡长回答:"政府要服从党委领导,我也没有办法。"

米晓波于是向法院起诉矣六乡党委,要求判令被告撤销文件的错误决定,并承担由此给原告造成的经济损失。递交诉状后,法院告知米晓波,党委是不能成为被告的,因为它不具备民事、行政诉讼的主体资格,不能立案。党委告不了,乡政府又表示得听命于党委,米晓波只能承受着巨大的经济损失和心灵煎熬。

该事例中,以红头文件表现的党委的决策,既不是宪法法律,又不是行政法规或行政规章,在我国的立法体系中找不到它的位置,可是,"县官不如现管",它又是乡行政的直接领导者,如若不执行党委决定,乡长就会因违反组织原则受到党纪处理。如此,乡党委的违法行为得不到处理,就使得党的行为游离于法制监督之外,党在这里成为凌驾于法律之上的有组织力量。这种事例对人民群众的影响是很大的,特别对于树立宪法和法律的权威有很坏的影响。经过近些年的各种党内学习教育活动,地方党委越权行政事务的事情已经大为减少了,这表明我党正在自觉调整自己,努力自觉维护宪法和法律的尊严,自觉地保持与人民群众的血肉联系,如此发展下去,使我们不断增强了党能够在宪法法律范围内活动的信心。

4. 人民主权是统一的,不容分离。人民是掌握最高国家权力的,而国家最高权力是不可分割的,因此否认权力的分工和制约。新中国成立 60 多年来,政府的政策一改动,中国社会就立刻发生变化,我们的主流媒体,也始终向老百姓灌输这一意识:社会生产力发展与财富的创造,都是由政府控制的,"政府是万能的"。其实,政府的权力是有限的,其作用也是有限的。只是因为社会管理体制的原因,我们政府的动员能力高于西方民主国家的政府,政府可调动的社会资源比其他国家要多、要大。例如,2008 年的世界金融危机来袭,政府积极投资拉动内需扩大就业,使危机的损失能够降到最低;但是政府的努力对遏制外贸下滑的作用还是有限的。

行政权力独大还表现在制度设计上,现在各级地方政府都是党委书记主导,行政首长兼任党委副书记。由于司法管辖区域同行政区划一致,当地法院院长和检察院院长在职级上比当地的行政首长低半级;更能说明问题的是,本地司法机关都得听命于当地党委下设的政法委,而且在政法委内部,常有一些地方的公安局长兼任当地行政副职,甚至兼任政法委书记。

在经费保障上,司法机关和立法机关都必须受制于当地政府的财政局。财政不独立,人员编制、办公用房甚至人员福利都受制于当地行政权力的情况,直接导致立法机关、司法机关对行政的依附性。

邓小平曾经指出:"它(指官僚主义——作者注)同我们长期认为社会主义制度和计划管理制度必须对经济、政治、文化、社会都实行中央高度集权的管理体制有密切关系……这可以说是目前我们所特有的官僚主义的一个总病根"。① 由于政治体制改革的滞后,权力过分集中的现象随着国家财力的充盈不降反升,如国税和地方税收的分税制改革,正税和大税种都收归中央,使中央政府的财力更加雄厚,在发挥集中力量办大事的正面效用的同时,也同时发挥着维护中央高度集权体制的作用,因此公务员成为人们趋之若鹜的行业,风险最小,待遇稳定而且有所增长。

(二)人民对领导干部任免决定权的制度缺失

制度问题是整个民主政治建设中"带有根本性、全局性、稳定性和长期性"的问题。② 邓小平总结"文革"的教训,深刻地指出:"我们过去发生的各种错误,固然与某些领导人的思想、作风有关,但是组织制度、工作制度方面的问题更重要。这些方面的制度好可以使坏人无法任意横行,制度不好可以使好人无法充分做好事,甚至会走向反面"。因此,我们必须认真完善我国的领导干部选拔制度,加强人民群众在其中的作用。

1. 人民的知情权。一则新闻被各媒体热议。2009 年 4 月,全国人大常委会修改议事规则——领导干部的任免案要附说明理由。这则新闻被热议本身说明,作为最高国家权力机关的全国人大及其常委会,在公布任免案时,过去惯常是电报式文体。任免提案仅仅介绍候选人的履历,推荐理由不得而知;如某人当选,老百姓得知的仅仅是某人当选,连有多少赞成票、多少反对票和弃

---

① 《邓小平文选》(第二卷),人民出版社 1994 年版,第 328 页。
② 《邓小平文选》(第二卷),人民出版社 1994 年版,第 333 页。

权票都讳莫如深。修改后的议事规则(第13条)这样规定:"任免案应当附有拟任免人选的基本情况和任免理由;必要的时候,有关负责人应当到会回答询问。"从民主政治角度出发,无论是代表与委员,要对一名干部进行任命或者免职,就必须对被提请的干部基本情况有所了解,以判断其是否称职,是否具有任命或者免职的理由。人大议事规则的修改,在原来的基础上有了进步。因为,原有的规则只是规定"对任命案,提请任命的机关应当介绍被任命人员的基本情况;必要的时候,有关负责人应当到会回答询问"。而新规则增加了对提请免职的议案,提请任免的机关应当介绍被免职人员的基本情况;必要的时候,有关负责人应当到会回答询问。我认为,任免案的讨论通过还可以赋予被任免人要求召开听证会的权利,而不仅仅是要求被任免的人员到会回答询问。这是因为,对于被任免人员的基本情况,特别是涉及一些具体的事件,不但书面介绍不能说明问题,就是有关负责人到场也不能说明问题。有些事情必须由被任免的人员亲自到场,回答代表、委员的询问,让代表、委员有一个直观的印象,从而使得任免过程更加阳光、透明和民主。对于被提请免职的人员来说,则更有必要,因为召开听证会更有利于保障他们的权利,可能他们对于提请机关的免职议案并不赞同,但这些往往不会在提请的议案中反映。如果人大常委会可以通过听证会的形式,来听取提请机关和被提请免职的人员本人的意见,兼听则明,就能防范提请的领导利用权力打击报复被提请免职人员的现象,让议案的表决结果更能服众。

在一些西方国家,总统提请参议院任免内阁成员或者法官,参议院往往要对其进行听证,这种听证甚至是面对公众和媒体的,一切都在阳光之下。这减少了那些不合格的官员被通过任命的几率,使得官员的选举、任命置于监督之下,更加体现民主。这种对官员任免前进行听证的做法值得我们借鉴。

无论如何,公开任免理由,总算是"在干部提拔任用或免职的紧要关口,开启了一个供公众监督的口子,是给长期以暗箱方式运作的权力场域,捅开了一管窥豹之眼";"这是全国人大议事规则实行20多年来才进行的首次修改,虽离现代社会民主与法治的进程要求还差之甚远,但这蹒跚的一小步,透露出形式理性改进的内涵指向,以及由此向公民大众彰显的制度预期,值得期待"。①

---

① 杨光志:"政府官员从任免公开理由开始吧",http://focus.cnhubei.com/original/200904/t651932.shtml(最后访问时间2010年1月20日)。

2. 人民的参与权。考察一下,我们会发现现行法律仍缺少人民参与领导干部任免的规定。

第一,我国的选举法,仅仅规范对各级人大代表的选举,领导干部的直选在中国是不存在的。这根源于宪法,因为宪法规定各级政府的主要组成人员由本级人大选举产生。

第二,我国选举法从第 31 条到第 33 条,规定了代表候选人产生的过程。从整个过程来看,候选人本人都是被动的:首先没有自荐产生候选人的程序规定;其次,正式代表候选人名单是由各该选区选民小组确定的,这种确定不是通过投票,以得票高者成为正式候选人,而是通过"反复酝酿、讨论、协商",根据较多选民的意见做出的。最后,选民如何了解候选人的情况,选举法没有规定自己介绍自己,否定了竞选的方式,而是规定"选举委员会或者人民代表大会主席团应当向选民或者代表介绍代表候选人的情况",或者"推荐代表候选人的政党、人民团体和选民、代表可以在选民小组或者代表小组会议上介绍所推荐的代表候选人的情况"。2010 年 3 月 14 日第十一届全国人大第三次会议修改选举法,将第 33 条加入"选举委员会根据选民的要求,应当组织代表候选人与选民见面,由代表候选人介绍本人的情况,回答选民的问题"一语。这就比 2004 年的选举法修正案前进了一大步:选举组织"应当"而不是"可以"组织代表候选人与选民见面,回答选民的问题。虽然没有完全实现竞选,但确是朝着候选人竞选的方向正确前进着。

同时值得注意的是,2010 年第十一届全国人大常委会第十七次会议通过的村民自治法规定候选人可以募集竞选经费进行竞选活动。① 这是我国民主发展方面的可喜变化。

第三,我国的地方人民代表大会和地方政府组织法只规定政府主要负责人由同级人大选举产生,和国务院组成人员的产生方式不同。宪法第 62 条规定全国人民代表大会职权时,规定有"根据国务院总理的提名,决定国务院副总理、国务委员、各部部长、各委员会主任、审计长、秘书长的人选";宪法第 63 条规定全国人民代表大会有权罢免"国务院总理、副总理、国务委员、各部部长、各委员会主任、审计长、秘书长"。而根据《中华人民共和国地方各级人民代表大会和地方人民政府组织法》第 8 条的规定,县级以上的地方各级人民

---

① 参见《中华人民共和国村民自治法》第 25 条、第 26 条。

代表大会有权"选举省长、副省长,自治区主席、副主席,市长、副市长,州长、副州长,县长、副县长,区长、副区长";对本级政府的其他组成人员的产生没有在人大职权中加以规定,而是将它确定为本级人大常委会的职权。① 现实情况是地方各级人大常委会主任往往由地方党委书记兼任,这就从组织上保证了党向人大推荐的政府主要组成人员人选的当选。

(三)常态化的公众对领导干部进行监督的机制缺失

1. 思想意识问题。中国封建社会儒家思想是"以德治国"的思想系统,我们往往把对领导干部道德品质的要求放在第一位,并养成一个习惯性认识,认为官职越高,其道德品质就越高尚,并随着干部职位的下降,其道德品质也随之下降,职位最高的人,其道德品质也就是最高尚的。因此,对领导干部无需做出专门的监督规定,尤其是对高级干部。即使存在腐败现象,也只是从教育和自律两个方面去思考,没有从健全监督机制、权力制约机制上去动脑筋。这种"以德治国"衍生出来的以德用人,用的人都有德行,这是传统官本位思想的残余,实际上延续到今天仍然在影响着我们。说起来这是中国社会存在的制度问题、体制问题,其实,其背后都是落后的思想意识问题、认识问题。

2. 考核监督机制问题。相对来说,在西方,政府主要官员任职期间,都有民调机构定期公布民众对其支持率变化情况。执政党也密切关注舆情,借以调整自己的执政政策。这项机制在我国大陆并不存在。根源在于我们对领导干部的考核任职等都是党委组织部门,组织干部的工作,没有设置让群众参与决定权的制度设计,因此民调的情况才不会为在任领导干部所重视。近几年分散的网络民意逐渐开始引起执政高层的注意。现有资料表明,在2009年"两会"前夕,全国各大门户网站都开辟了相关互动板块,不少网友将此称为"e两会"。过程如此强劲的"网络问政"风潮,自然有一定的社会背景因素,除了一些人大代表、政协委员习惯"躲猫猫",一些公共媒体不能起到应有作用外,更主要的是随着信息技术高速发展,网民群体呈几何级数迅速扩大。但是,"网络民意"并不能代替法定的民权,"网络问政"也终究不是法律框架内

---

① 《中华人民共和国地方各级人民代表大会和地方人民政府组织法》第44条第10项:"根据省长、自治区主席、市长、州长、县长、区长的提名,决定本级人民政府秘书长、厅长、局长、委员会主任、科长的任免,报上一级人民政府备案"。

的参政议政,监督领导干部任职的常态化机制还没有形成。

比如对于领导干部问责制问题。为什么问责制呈现出头痛医头、脚痛医脚,被问责的领导干部很快就以另一种身份复出?① 官员问责被老百姓称为一阵风、水过地皮湿。为什么问责制不能够普及化、制度化和日常化? 原因首先在于问责主体上。如果问责主体仅限于上级领导干部的话,这种上下级之间的监督,仅是一种同体监督,是行政系统的体内循环。对于外界来说,对于老百姓和社会来说,是一种典型的暗箱操作,是内部上级对下级的一个管理和奖惩,最终可能导致因个人、或上级领导的好恶和亲疏远近,让有些地方干部的被问责和被追究变成了带薪休假。正确地程序设置应当将问责主体确定为人民、确定为受渎职行为侵害的群众。应该异体问责,就是由平行的监督机构(与行政系统平行)来问责;如果问责主体是民众或者民意代表机关、或者社会舆论的话,只要是渎职行为伤害到公共利益,都会引起这方面的举报、检举或者追究责任。上海闵行区的钓鱼执法②存在多年,为什么只是在孙中界自断手指引来媒体曝光以后才引起有关部门的重视和查处呢? 根本原因就在于问责的主体,人民特别是利害相关的人民群众作为主体向领导干部问责的机制没有建立起来。其次,在问责过程中,处理过程当中应当遵循正当程序原则。坚守自然正义,自己不能做自己案件的法官,由体制外的平行机构,如法院或者人大,按照正当程序,比如听证程序,全过程向社会公开透明,为什么问责(事实依据及法律依据)、责任的落实和监督执行等等都要向民意、向受害人有个交代。所以,问责的过程遵循正当程序原则也是制度化建设一个重要组成部分。

---

① 大槐树网曾于2008年3月11日登载洪洞县"蓝天行动启动动员大会"的一则新闻:"县长助理王振俊同各乡镇、各职能部门签订了环境整治目标责任书"。但是在洪洞县政府网站上,并没有登载关于王振俊担任县长助理的任何文字资料。见2009年3月26日9:08中央电视台新闻频道:"问感激黑砖窑撤职官员复出:问责可能保护官员"。

② 根据媒体的报道,仅上海闵行区交通行政执法大队在两年时间里,"查处非法营运车辆5000多辆","罚没款达到5000多万元","超额完成市总队和区建管局下达的预定指标任务"。但凡细心的人都能发现,执法大队的指标是预定的。也就是说,一年前上海市交通总队和区建管局就知道下一年将有多少"鱼"要上钩。为了这个在未知的时间里能完成一个已知的指标,基层部门不得不绞尽脑汁,在"有条件要上,没有条件也要创造条件上"的号召下,"钓鱼执法"应运而生。参见"上海闵行执法队设诱饵查黑车2年罚款5千万",载《中国青年报》2009年10月16日。

3. 公民政治权利和自由保障的缺位。公民因监督领导干部的言论而获罪,凸显公民享有的批评建议之宪法权利保障机制的缺失。根据宪法第 41 条的规定,公民对于任何国家机关及其国家工作人员,都有提出批评和建议的权利;对于公民的申诉、控告或者检举,有关国家机关必须查清事实,负责处理;任何人不得压制和打击报复。可是,近年来,从"彭水诗案"①到"稷山文案"②再到"孟州书祸"③,三起典型案件有着惊人的相似之处:都是普通干部或群众以文字形式发表对地方领导干部(县委书记、县长、副市长等)的批评意见,后者认为这些批评属于恶意诋毁诽谤,严重危害了社会秩序,于是地方公、检、法机关迅速出动,以涉嫌诽谤的罪名将批评者"绳之以法"。按照刑法,诽谤罪

---

① 2006 年 8 月 15 日,秦中飞写了一条名为《沁园春·彭水》的短信但内容涉及前任和现任县委县政府领导,还涉及本县广受注目的政府管理、公共事务和公共事件。8 月 31 日,秦中飞被带进公安局。第二天,警察对他进行了两次审讯,同时搜查了他的家,查收了他的电脑,令他交出 QQ 号。9 月 1 日晚,公安局决定以涉嫌"诽谤罪"对他实行刑事拘留,转移至彭水县看守所。在接下来的十多天里,警方按照短信里的句子逐条提问。从 2 日开始,数十位收到过秦中飞这条信息的朋友和同事被传唤到公安机关询问,以追查短信背后的动机。11 日,公安局对他正式执行逮捕。28 日,变更为取保候审。总共关押 29 天。事情的转折出现在 9 月 19 日,李星辰(彭水籍,住重庆市),在个人博客上记载了这桩公案。消息迅速传开,引起全国舆论哗然。10 月 24 日,县公安局对秦中飞宣布无罪开释,并表示道歉。县检察院主动提出国家赔偿,仅仅隔了一天,赔偿兑现。这可能创造了中国司法赔偿速度之最。见 SOSO 百科:"彭水诗案",http://baike.soso.com/v7719713.htm? pid = baike.box(最后访问时间 2010 年 10 月 30 日)。

② 据 2007 年 4 月 9 日《民主与法制时报》报道:山西稷山县人大法工委主任杨秦玉、县委退休干部南回荣、县农机局局长薛志敬三人"闲极无聊",匿名向运城市委书记、市长举报该县县委书记李润山。可他们万万没有料到,举报信居像长了翅膀的绵羊,神奇地飞到了被举报人的手里。书记一生气,后果当然很严重。于是乎,杨秦玉、南回荣戴着手铐在稷山县召开的"500 人大会"上作深刻检查,之后又以"诽谤罪"被判刑,薛志敬"畏罪潜逃",目前也已被抓获并被提起公诉。举报内容主要有如下几点:1. 县委书记李润山为何朝令夕改? 2. 为啥不考虑稷山实际状况,胡乱招商引资? 3. 党中央明令建设节约型政府,书记的办公室为何豪华得像总统套房? 4. 各项公开数据表明稷山县的经济有了飞速发展,为何基层干部职员的工资却"按兵不动"? 结果,2006 年 8 月 8 日,稷山县检察院以诽谤罪对杨秦玉、南回荣提起公诉。8 月 21 日,稷山县人民法院作出判决,杨秦玉和南回荣犯诽谤罪,分别被判处有期徒刑一年,缓刑三年。

③ 2007 年 6 月,籍东平、闫进先等 6 位农民举报村办酒厂的经济问题,因在印发的小册子《正义的呼唤》中批评孟州市副市长、市委统战部原副部长等几名官员,遭到半年牢狱之灾,两次被游街示众,并被法院判决构成诽谤罪。见南方周末记者何海宁:"孟州'书祸'",2007 年 6 月 27 日 17:16:00,http://www.infzm.com/content/6055(最后访问时间 2010 年 10 月 30 日)。

是一种自诉的案件,除非严重危害社会秩序和国家利益。可是,三个案子本身都不是空穴来风,反映的问题也不是完全的无中生有,更不是"以暴力或其他方法公然侮辱",但实际上却是招来公安机关作为公诉案件立案、调查,采取刑事强制措施,检察院作为公诉机关向法院提起公诉。由此可见,对县域基层领导干部的监督存在机制缺失。

第三节　政府公信力建设——民本位秩序的建立

一、　秩序

(一)秩序的含义

秩序是指有条理地、有组织地安排各构成部分以求达到正常的运转或良好的外观的状态。秩序是各组成部分协作型共同努力构成的有条理、守规则的状态。托马斯·霍布斯指出:"在这种状态下(无序——引者注),产业是无法存在的,因为其成果不稳定。这样一来,举凡土地的栽培、航海、外洋进口商品的运用、舒适的建筑、移动与卸除需费巨大力量的物体的工具、地貌的知识、时间的记载、文艺、文学、社会等等都将不存在。最糟糕的是人们将不断处于暴力死亡的恐惧和危险中,人的生活将孤独、贫困、卑污、残忍而短寿。"①这一表述被称为"霍布斯森林",他认为,只有强力才能使人们避免不断地互相攻击。直到 18 世纪,亚当·斯密才认识到社会协作的重要性。因此,秩序的含义才最终完善起来。

(二)秩序与和谐

秩序的存在是人类一切活动的必要前提。秩序总是与一致性、连续性和确定性等特征相联系,表现为有序的状态。社会秩序是指人们在长期社会交往过程中形成相对稳定的关系模式、结构和状态。所有人,无论家庭背景、财产状况即社会角色有何不同,都期望某种秩序的存在,希望稳定的社会环境和

---

① ［英］霍布斯著:《利维坦》,吴克峰编译,北京出版社 2008 年版,第 61 页。

稳定的生活。因此,我们说,秩序是构成人类理想的要素,同时也是人类社会活动的基本目标。秩序的真实含义是社会中人们的行为统一和合乎规则,所以秩序常常同法律相联系,以法律的形式建立起来,因为法律是由国家创制的行为规则,是统治阶级以国家名义发布并为全社会人们所遵循的行为准则,其目的正是为了规范和统一人们的行为。如上文所述,和谐是指社会结构中诸要素按着一定的价值取向在相互协调过程中所呈现的一种有序的能动的动态平衡。因此,和谐同样表现为秩序,无秩序的混乱状态,谈不上和谐。有序性体现的是"和谐"的外在秩序状态,即"在自然进程和社会进程中都存在着某种程度的一致性、连续性和确定性"。① 从自然界的四季交替、斗转星移到人类社会在生产生活、工作中的安排、计划和组织,无不体现着某种秩序,我们常听上级领导讲的"社会稳定",就是与"有序"密切联系在一起的。其中,最具规范意义的秩序——法律秩序,无疑是规范行为、消除混乱的有力保障。伯尔曼认为:"法律是一种特殊的创造秩序的程序,一种恢复、维护或创造,社会秩序是介于道德与武力之间的特殊程序……它是被发明出来应付潜在的或实际的对社会行为规范或模式的干扰的。它的特点——精巧、明确、公开性、客观性、普遍性——使它成为解决干扰、维护社会秩序正常的有机程序。"②

但是,这种秩序的状态,在历史上根据不同的价值取向却呈现出不同的样态。

二、 不同价值取向的社会秩序

(一)官本位的秩序

除了上文在政治文化意识的层面上使用"官本位"一词以外,我们还可以从社会的价值取向上来使用"官本位"一词。在我国封建社会,官本位的秩序表现为维护皇权、以官为本;表现为下级无条件服从上级,以官阶和官位为标准划分等级的社会秩序。罩着神权外衣(君权神授)的皇权,实际上根本不是

---

① ［美］博登海默著:《法理学——法律哲学与法律方法》,邓正来译,中国政法大学出版社 2004 年版,第 228 页。
② 转引自章武生著:《司法现代化与民事诉讼制度的建构》,法律出版社 2003 年版,第 74 页。

天造地设的,而是靠武装夺取政权,即靠枪杆子打出来的:武装造反的结果是——胜者为皇帝败者为匪寇!某个强人称帝之后建立起来的这种等级结构秩序是以官位定分、各得其所、和谐一致,各等级之间不得互相僭越。官场上有许多礼仪严格地按官位来规定领导干部的等级以及他们相互之间的关系。如官位不同,官服的服饰、颜色也各不相同。唐朝时,五品以上穿大红衣,三品以上穿紫衣。① 韩非宣称:"臣事君,子事父,妻事夫;三者顺则天下治,三者逆则天下乱,此天下之常道也。"②将家庭伦理中的子服从父、妻服从夫,同为官之道的大臣服从君主相并列,称为天下的常道,也即法定秩序。在此,法家同儒家是高度一致的——共同维护长幼君臣尊卑有序的等级秩序。

官本位的秩序,也是由国家法确定的秩序,但是维护官本位社会秩序的法却是伦理法。儒家的修身、齐家、治国、平天下,是将伦理道德同国家法的界限抹杀和消解了的,视法律为包容于伦理道德体系中的一个环节,甚至认为在许多场合下道德准则还可以替代和充任法律原则和规范的。儒家伦理法崇尚权力,以法律为驭民的工具。③ 因此,严格讲来,官本位的秩序是人治秩序,不是法治。

官本位的社会秩序在一定社会历史阶段产生并长期存在,有其必然性,它曾为社会提供一种秩序和一套规则,有利于社会结构的稳定和运行有序。尤其是在吏治方面它的功能作用曾具有一定的积极意义。④ 虽然在历史上,官本位的等级秩序在一个较长的时期内维护了多民族的大一统国家的稳定,但是:第一,官僚主义效率低下。由于以官位为本位,往往造成国家机构设计的变化:"因人设位"、"因官设事"的现象经常出现。历朝历代的机构调整,往往是越调整机构越臃肿、工作效率更低下,官僚队伍越来越庞杂。第二,行贿受贿、卖官鬻爵畅行其道。有的朝代甚至公然出卖官职。于是,争权夺利成风,社会风气败坏,老百姓受伤最深,人民利益得不到有效保障。第三,官本位的秩序使得社会上的精英人士受到压制,因为"万般皆下品惟有读书高"和"学而优则仕"的社会准则使得要想出人头地只能加入官僚队伍(自然科学和管

① 甄喆实:"'官本位'考",《学习与研究》2002 年第 2 期。
② 《韩非子·忠孝》。
③ 李向国、吴永:"从'官本位'政治文化的本质特征看中国传统政治文化的缺陷及其现代转换",《理论导刊》2006 年第 5 期。
④ 汪风清:"官本位略论",《江西行政学院学报》2002 年第 5 期。

理科学都得不到发展），在这个队伍中，创新意识和智慧往往被官场潜规则消磨殆尽。久而久之，民族的生机和活力每况愈下，社会发展迟滞。自唐代以后，随着儒学的日趋保守，理学的"存天理灭人欲"成为社会核心价值观，中国社会在森严的官本位等级秩序中一步一步走向了愚昧保守落后，和西方国家的差距越来越大。我国程朱理学产生，正值西方文艺复兴；我国明清文字狱，正值西方的罗马法复兴运动、宗教改革和启蒙运动蓬勃发展……。终于东方帝国成为无药可救的行尸走肉，到19世纪中叶，被西方国家一触即溃。

（二）民本位秩序

和官本位的等级秩序相对应的，就是民本位的平等秩序观。所谓"民本位"秩序，借用林肯的话，就是民有、民治和民享的国家政治架构和社会秩序。它就是人民主权的别称，就是指把人民视为国家的根本，并放在主人的位置上。在"民本位"的范畴中，人民是主体、是本体、是主人、是目的、是标准，人民是价值的本源和前提。[①] 民本位的平等秩序观将人民的利益作为根本利益，人民愿意不愿意、满意不满意、答应不答应是确定领导干部任免职的决定性标准；也是衡量领导干部政绩的唯一标准。人民通过正当程序选举代表组成代议机构制定法律、选举领导干部组成行政机关司法机关，分别执行法律和维护法律秩序。没有人民的同意，政权的存在就没有合法基础，就是僭主政治。没有人民的同意，政府就不能设立新税种、不能向人民征税；没有人民（或其代表机关）的信任投票，政府就丧失合法性而必须重组；没有人民的同意，国家重要的人事任免就失去正当性和合法性。

民本位的平等秩序表现为民主共和的政治体制，表现为市场主体平等竞争的成熟的市场经济，表现为言论出版结社等公民自由和人权得到最大限度的实现，表现为公民最大限度地参与各项社会治理的社会秩序。

理解民本位的社会秩序，必须同我国历史上的民本思想划清界限，不能为民本思想所蒙蔽，被民本思想混淆和取代。我国历史上，孟子是最早提出民本思想的。以后历代的显明君主和具有改革意识的官僚都不同程度地倡导民本思想。它也可以是一种政治文化，几千年来在我国传统的治国理政思想体系中占据重要的位置。传统的民本思想包含爱民、重民、保民、利民、惠民、济民

---

① 李向国："'官本位'与'民本位'政治文化学研究的理论意义"，《理论前沿》2007年第18期。

等,是中国传统思想文化中的积极思想因素,值得继承和发展。但是,正如金耀基所指出的:"中国自孔孟以迄黄梨州、谭嗣同,一直都有一极强的民本思想贯穿着。任何一位大儒,都几乎是民本思想的鼓吹者。'天下非一人之天下,天下人之天下',肯定了民有(of the people)的观念;'民之所好好之,民之所恶恶之',肯定了民享(for the people)的思想;……但是,民本思想毕竟与民主思想不同:民本思想虽含民有、民享的观念,但总未走上民治(by the people)这一步。"①因此,民本思想根本不是民主思想,它是以维护君主统治为最终目的的,所以,它始终是官本位政治文化的附属物。学术界有人将它称为开明专制主义,我觉得是恰如其分的。

民本位秩序和民本思想,说起来只是一字之差,但内含的政治和法治原理却大相径庭。无论是"水可载舟亦可覆舟"中将人民和领导干部分别比喻为水和舟;还是领导干部要为人民掌好权服好务等各种各样的提法,只要没有明确地将领导干部的任免权交给人民,只要还没有自觉地将各级领导干部的各种收入明白地公示给人民接受人民监督,从体制上消除既得利益者的法外特权,仍然坚持由少数人在少数人中挑选领导干部等,实质意义上是上级任命制,那就是没有"民治",没有建成民本位的秩序。

三、 建设社会主义民本位社会秩序,增强政府公信力

(一)官本位思想和制度残余,制约政府公信力建设

前文所述影响当下社会和谐的关键因素时,仅提出了任官制度,实质上影响社会和谐的因素乃至影响政府公信力的因素,是被称为官僚主义的我国封建社会官本位思想流弊。针对官僚主义的表现,邓小平曾经指出:"不少地方和单位,都有家长式的人物,他们的权力不受限制,别人都要唯命是从,甚至形成对他们的人身依附关系";同时,邓小平也指出了其根源:"官僚主义是一种长期存在的、复杂的历史现象。我们现在的官僚主义现象,除了同历史上的官僚主义有共同点以外,还有自己的特点,……它同我们长期认为社会主义制度和计划管理制度必须对经济、政治、文化、社会都实行中央高度集权的管理体

---

① 金耀基著:《从传统到现代》,中国人民大学出版社 1999 年版,第 21 页。

制有密切关系。"①这种高度集权的政治经济文化管理体制直接来源于苏联,被称为社会主义的斯大林模式,在这种体制下,虽然曾经有利于集全国之力抗击德国法西斯的进攻、迅速实现由农业国向工业国的转变、国防事业畸形发达,短时期就使苏联成为世界上第二超级大国;但也出现了斯大林一个人的头脑替全国两亿人思考的状况;使斯大林破坏民主法制的事件得以发生;特别是造成微观经济缺乏活力和产生官僚主义。这种体制实际上我们并不陌生,能够从我国封建社会大一统的极权统治中找到它的身影。

关于官本位思想的危害,朱向东曾比较详细地列举。② 我认为这些危害同时也是对民本位秩序建构的危害。比如他认为,首先官本位同现代文明背道而驰:官贵民贱、官尊民卑、权力至上的特权思想,当然是制约政府公信力的重要因素。其次,他认为官本位导致官民比例失调,财政不堪重负,我想这方面本质的问题是人民无权参与决定领导干部的编制制定和待遇规定。一定时期国家的财政收入是有限的,领导干部队伍的耗费得不到控制势必挤占用于人民公用事业和公益事业的支出,也会加重人民(纳税人)的负担,这无疑也阻碍了政府公信力的提高。再次,他认为,官本位思想妨碍经济的健康发展。我想最受影响的不是一般的工商企业,而主要是国有工商企业。在计划经济时期,官商不分导致经营效率低下;现在搞市场经济,一些地方政府仍然没有摆脱既当裁判又当运动员的尴尬身份,因而肆意干预企业领导人的任免。比如让政府领导干部到企业担任领导职务,回来后提拔重用;企业领导人如果将企业搞好,会得到"升迁",进入政府有关部门担任官职;将企业同行政领导干部的等级挂钩,不同级别企业的领导人享受相应行政级别的干部待遇。国有经济是用人民、用纳税人的钱建立起来的,官商不分导致的经营效率低下和国有资产流失,实际上是浪费人民的血汗,这能不损害政府公信力吗! 又次,他认为官本位败坏社会公德和社会风气。我想这根本上就是权力缺乏监督的必然结果,其行为无需对人民负责。为什么领导干部公布私人财产制度这样难以建立,还不是由于领导干部任免没有全部掌握在迫切要求他们公布财产的人民手中的缘故吗! 领导干部的隐性收入、灰色收入不向社会公开,特权(或曰既得利益)就不会消除。人民没有监督"公仆"的可操作性的权力和程序法

---

① 《邓小平文选》(第二卷),人民出版社 1994 年版,第 327—328 页。
② 朱向东、贝清华:"官本位批判论纲",《中南大学学报(社会科学版)》2008 年第 4 期。

律设置,号称"公仆"的领导干部就会随便使用自己手中的权力,或者寻租或者为自己以及自己的小圈子服务,如此这般,人民会满意吗?官民和谐怎能实现?其实,朱向东所述的"官本位造成社会不公不稳定"也可归入权力缺乏监督这一项中。最后,朱先生认为,官本位是贪污腐败的温床,严重威胁党的执政地位,这是一个总体的判断。我认为,如任其发展下去,官本位思想不仅影响政府公信力,还会导致干群矛盾、甚至群体性事件。这既不是空穴来风,也不是危言耸听。

根据《瞭望》2008年第36期有关瓮安事件的专题文章报道,2006年中国爆发的群体性事件超过9万起,"并一直保持上升势头"。关于2006年6月28日的贵州瓮安事件,受访的有关专家认为,无论从事件参与人数、持续时间、冲突剧烈程度、在国内国际上造成的影响上看,瓮安事件在近年来我国发生的群体性事件中,都堪称"标本性事件"。经过调查分析,《瞭望》认为:领导干部"脱离群众,向上负责"的深层制度隐患,是群体性事件层出不穷的重要肇因,并提出"民主政治"作为应对之道。痛定思痛,蔡霞在受访时指出,"'瓮安事件'给我们提出了一个警告:人民民主,不仅是政治原则,还要在现实生活中实现。"毋庸置疑,包含瓮安事件在内的各地群体性事件,都与官本位思想有着这样那样的联系,如果领导干部由人民拥戴任职,如果工作中始终能够取信于民,充分调动利害相关的群众参与重大决策,注意吸纳群众意见,即使有干群矛盾也会及时得到化解,而不至于酿成老百姓与政府的冲突甚至群体性事件。所以,改变官本位秩序,建构民本位秩序已经刻不容缓。

(二)社会主义民本位秩序是建构政府公信力的基准

首先,我向读者介绍两则真实的故事。

第一则,德国皇帝拆迁案。

19世纪的德国还是皇帝统治下的德意志帝国,威廉一世在波茨坦建造了一座离宫。一天,他住进离宫并登高远眺,可是却被一座磨坊挡住了视线。他因此大为扫兴,认为这座磨坊"有碍观瞻",就派人与磨坊主协商,打算由皇室买下磨坊,以便拆除。没想到,磨坊主坚决不卖,理由很简单:我祖上留下来的祖业,不能败在我的手里,无论多少钱都不卖!皇帝大怒,一气之下,派卫队强行将磨坊拆了。可是,倔强的磨坊主却向法院提起诉讼,状告皇上;法院居然受理了并经审理判决皇帝在原地按原貌重建这座磨坊,并赔偿磨坊主的经济损失。皇帝居然服从并执行了法院判决,重建了这座磨坊。

数十载以后,当年的威廉一世和磨坊主都相继去世。磨坊主的儿子因经营不善而濒临破产,于是他写信给皇上威廉二世,自愿将磨坊卖给他。收到信的威廉二世感慨万千,认为此事中的磨坊有里程碑式的纪念意义:是国家司法独立和审判公正的象征。于是,便亲笔回信给小磨坊主,劝其留住这座磨坊,以传给子孙;同时补偿他货币,以便度过债务危机。小磨坊主收到回信十分感动,决定不再出售磨坊,以志纪念。①

第二则,广州番禺区垃圾焚烧厂选址案。

据《南方都市报》2009年11月25日报道,广州市政府计划在番禺区建造垃圾焚烧厂,为此广东省省情调查研究中心针对这个项目8公里以内的小区居民展开问卷调查,征求市民意见。调查显示,高达97.1%的受访居民不赞成在番禺区大石街会江村附近建设垃圾焚烧发电厂,92.5%的受访居民对有关部门政务信息公开方面表示"很不满意"。如果垃圾焚烧发电厂通过环评,88.4%的受访居民表示不信任此结果。垃圾焚烧发电厂如果最终在番禺区大石街会江村附近开建,高达84.3%的受访居民表示会"收集有关资料,上访请愿"。另外,调查显示,21.4%的受访居民将会立即出售物业或换租,番禺华南板块将可能会因此引来一轮房屋抛售潮。显然,市民意见和政府意向发生冲突。12月10日,广州市番禺区委、区人大、区政府、区政协联合召开面向群众代表的座谈会,明确表示将重新开展番禺区生活垃圾处理系统规划修编和区域规划环境评价工作,并在此基础上由政府部门、专家、市民代表共同选择若干个垃圾综合处理项目选址进行可行性研究。12月20日,谭应华再次向社会公开表示:"由于环评阶段多数人反对,垃圾焚烧发电厂项目已经停止。今后有关垃圾处理的问题,必须得到大多数人同意或达成共识,才能进行。

---

① 加西亚:"封建德国的拆迁"。参见童大焕:"没有一个拆迁户的官司赢过",《中国经济时报》2003年9月23日。

目前,经过前期的讨论,市民对垃圾分类没有什么分歧,形成了共识,所以番禺区政府决定尽快去开展。对于今后垃圾处理以何种方式落在什么地方,也要与市民形成共识,而且,周边的居民至少要达到75%的人同意才行。"①

前一案件表明,握有最高权力的德国皇帝自觉尊重司法独立,主动服从法院判决,积极纠正错误向老百姓赔偿损失,凸显其尊重和平等对待人民、以人民利益为重的民本位意识。

后一案件表明,近年来,我国的经济发达地区的政府已经认识到人民的力量,并且逐步开展公民参与地方公共政策决策的实践,开始落实民本位的秩序观,使我国的民本位秩序在全国的普遍建立出现了一缕曙光。

没有矛盾的干群关系是实现社会和谐的根本。但矛盾律告诉我们:"所有人都安静无事的时候,那就可以肯定,在那里是没有自由的。"在一个国家中,官与民是可以组成联盟的。正像孟德斯鸠所说的,"真正的联盟是和谐的联盟,这种联盟使我们看来不管是多么矛盾的一切组成部分都能协力促进整个社会的幸福,就好像音乐中的不谐和音有助于全体的和谐一样"。② 当下我们的干群和谐就是要在民本位的统帅下,建立民本秩序。也就是说,政府与公众是否和谐地组成联盟共同建设美好生活,很多情况下取决于领导干部;如果不和谐,首先应从领导干部身上找原因。因为在民本位之下,社会的稳定取决于领导干部的各项决策是否得民心合民意;所谓稳定压倒一切,维护稳定的义务首先在于治官。不仅在内部监督机制上要进行完善,更重要的是在外部监督机制上健全和完善,让人民充分享有知情权,从而真正掌握可操作的法定渠道和途径以及平台实现对领导干部的监督和制约。所以,社会主义的民本位秩序不是仅仅表现在政治原则和法治理念上,可以说在宪法上在国体政体的总体设计上都已经体现了民本位秩序,现在关键是在具体的制度和微观社会,在具体的治理上,还缺少人民当家做主的现实体现,要让民主被人民群众看得见、摸得着,真正自主决定领导干部的去留而不是"被自愿"拥护当局的权威和政策。因此,民本位秩序的建立与否,是提高政府公信力的基准。

---

① 邓新建:"广州番禺垃圾焚烧项目搁浅彰显政府观念转变",《法制日报》2009年12月23日。
② [法]孟德斯鸠著:《罗马盛衰原因论》,婉玲译,商务印书馆1962年版,第51页。

（三）当前我国在建立民本位秩序方向上的努力和前景

据报道,2002年初时任南京市委书记的李源潮在南京推行"万人评议国家机关"活动,让人民群众给各个国家机关打分。活动结束,分数排名最后的市容局、房产局等五个国家机关的主要领导干部被降职或撤职。该项活动在全国开风气之先,猛烈冲击了新中国成立以来存在于干部队伍中的官本位观念,率先吸纳人民群众参与评议领导干部,让人民的意见成为领导干部能否留任的决定因素。① 因此,这次活动具有里程碑的意义,它开启了构建民本位秩序的大幕。

近年来,由于社会转型期社会矛盾突出,领导干部的思想意识跟不上时代发展的需要,因为人民的主权意识在日益觉醒,争取参与社会事务、乃至评议甚至决定领导干部升迁的意识日益高涨,所以,干群矛盾成为社会,尤其是发达地区的社会主要矛盾。在当地基层领导干部处理不当导致群体事件频发,从而引起中国共产党高层警惕之余,也促进了决策层的反思。比如,时任湖南省委书记的张春贤2008年8月31日在一场关于解放思想大讨论活动的电视电话会议上,语出惊人地表示:"前两次解放思想偏重于还利于民,这一次解放思想在继续注意还利于民的同时更偏重于还权于民②"! 张春贤解释说,还权于民就是在完善社会主义市场经济体制的同时,大力发展社会主义民主政治。中共中央政治局常委、中央党校校长习近平2009年9月1日在中央党校秋季学期开学典礼上的讲话中,深刻地指出:"任何一个政党,无论实力多强、资格多老、执政时间多长,如果因循守旧、固步自封、保守僵化、不思进取,其创造力就会衰竭,生命力就要停止。"③他明确地提出,马克思主义权力观的精髓就是"权为民所赋,权为民所用"。

近日,从中共中央组织部传来的消息显示,干部人事制度改革正在稳步推进。就在2010年1月26日,李源潮部长指出,干部人事制度的改革,要提高

① "两会"嘉宾访谈:新华网独家专访中共南京市委书记李源潮,http://www.gfzs.gov.cn/gb/info/lsda/ldzf/2003-03/15/1522161325.html(最后访问时间2003年3月20日)。
② 唐薇频:"张春贤激情论解放思想还利于民更要还权于民",《星辰在线——长沙晚报》,2008年9月1日。
③ 习近平:"改革开放30年党的建设回顾与思考",http://www.ce.cn/xwzx/gnsz/szyw/200809/08/t20080908_16739951_3.shtml(最后访问时间2008年9月8日)。

干部人事制度的透明度;积极回应人民群众的知情要求,提高选人用人公信度;积极响应宣传媒体的新闻关注,提高对组织工作的知情度;积极应答社会各方的舆论监督,提高对用人上不正之风的战斗力。[①] 虽然,离最终将领导干部任免权交给人民群众还有距离,但是,现在的改革毕竟是向人民群众决定领导干部的官位方向在前进。

只要我国的商品经济继续发展,人民的物质文化生活不断改善,中产阶层不断壮大,人民的权利意识不断提高,社会上的知识精英不断引领先进文化的前进方向,我国的民本位秩序的构建就会稳步向前推进。

[①] 黄振迪:"2010 年 1 月中国改革发展大事记(下)",http://vip.bokee.com/20100506933603.html(最后访问时间 2010 年 5 月 6 日)。

第二章　社会和谐"取决于控权"

　　实现政府与社会的和谐,建构民本位秩序,首要的就是要控制权力的运行。为什么要控制国家权力,通俗地讲就是因为"绝对的权力产生绝对的腐败"。在我国,封建社会的官本位高度集权政治体制的危害已经毋庸赘述。但同时,我们也应看到它存在的内在必然性。建立在自然经济基础之上的国家权力,天然地要求有一种权力保持无比的强大并凌驾于社会之上。因为小农经济男耕女织、自给自足,其分散性和无组织性是其本质特征,但是为了保护他们自己的家园不受游牧民族的侵扰,为了共同的水利建设,他们渴望有一个公共的权威把大家能在需要时组织起来,共同建设公用事业和抵御外敌入侵。这种权力必须凌驾于社会之上,虽然它一般是被动地行使,但可以管一切事情,就像家长制下的父母对待未成年子女的权力一样。掌握这种权力的官,被称为"父母官"。中国在 20 世纪以前的历史,就是这样的小农自然经济占统治地位,相应的官制也延续了数千年。在这种经济状态下,权力并不是主动地经常地干预人们的生产和生活,农民生产什么、生产多少、采用何种农业技术和生产协作形式等等,国家权力并不干预。由于生产要素大多是天然的、不需要从交换渠道取得,产品也主要用来满足生产者自己消费需要,除了交皇粮国税,很少将产品投入流通领域。所以这种社会中的法律主要是维护社会秩序的强制法,官员的日常权力行使基本上都是受理诉讼,维护群众的生命和财产安全。我国清朝及其以前的社会,国家政权的力量仅仅到达县一级,县以下都是依靠惯例由乡绅自治。国家权力无需分工,因学而优则掌握国家权力者也大多奉行无为而治,与民休息,纳粮征税饿不死人就成了好官。为了抑制国家权力的滥用,儒家思想倡导民本思想,让社会的道德伦理力量监督官员,使官员自觉地不滥用权力。孔子认为,"善人为邦百年,也可以胜残去杀矣"。①经过长期不断地教化,几代人以后就可以减少刑罚并逐渐达到德治——官员都能够做到"为政以德"。

儒家思想是建立在家庭为生产生活单元的自然经济小生产的经济基础之上的,不是建立在货畅其流、人的身份不断变化的商品经济和社会化大生产的经济基础之上的,所以,他们的那一套修身齐家的思想在从事商品经济的商品生产者和商人那里是不适用的。费孝通指出,孔子的道德体系是"以己为中心,像石子一般投入水中,和别人所结成的社会关系,不像团体中的分子一般大家立在一个平面上,而是像水的波纹一般,一圈一圈推出去,越推越远,也越推越薄"。② 中国自给自足的小农经济社会就是这样一种"差序格局"。中国的农民群体在社会主流意识——儒家学术——的不断教诲下,已经造就了勤劳谦和、富有忍耐的精神,只有在其最基本的生存条件已不能保证的情况下,在对于贪官污吏实在无法忍受下去的时候,才揭竿而起。被迫举起义旗的农民群众,最初是抱着实现没有剥削、没有压迫的平均主义理想而起事的。但是,他们生活的那个历史时代,他们生活于其中的生产方式却不能为自己提供任何新社会的生产关系和新的社会治理思想。事实上,就在如何实现自己的理想这个关键问题方面,农民的回答恰恰是模糊的。③ 他们在生活中感受最多,了解最多的还是封建统治者所宣扬的帝王意识与等级观念,因此受到潜移默化的巨大影响。他们骨子里面没有平等意识,更不知道如何实现和建立平等的秩序。比如以"无处不保暖,无处不平均"为口号的太平天国农民运动,在定都南京后随即确立了一套"贵贱宜分上下,制度必判尊卑"的礼制。这表明他们头脑中想象着新社会的模型,实际中却建造着旧社会的构架。因此,自然经济之下的农民是不可能成为制约高度集权的国家权力的有效力量。

就中国的思想史来讲,几千年来所呈现的只是一个既长且大的"怪圈",其轴心是孔子学说。清朝中叶的章学诚说:"贤智学于圣人,圣人学于百姓,

---

① 《论语·子路》。
② 费孝通著:《乡土中国生育制度》,北京大学出版社1998年版,第27页。
③ 张晓虎、陈桦等著:《历史的回旋——回旋:神秘的律动》,中州古籍出版社1991年版,第68、106页。

集大成者为周公,而非孔子。"①几千年来,无数的民族文化精英在注经的事业中耗尽了自己,而中华民族却为此付出了沉重的代价——从来没有人去考虑对国家权力的监督。无怪乎严复一再感叹到:"夫自由一言,真中国历古圣贤之所深畏,而从未尝立以为教者也!"也难怪梁启超说:"中国人很知民众政治之必要,但从没有想出个方法叫民众自身执行政治。所谓 by the people 的原则,中国不惟事实上没有出现过,简直连学说上也没有发挥过。"②就连新儒家的代表人物梁漱溟也说:"在中国虽政治上民有、民享之义,早见发挥,而两三千年卒不见民治之制度。岂止制度未立,试问谁曾设想及此? 三点本相连,那两点从孟子到黄梨州可云发挥甚至,而此一点竟为数千年设想所不及,岂非怪事?"③因此,几千年中国思想史,严格说来,没有给人类政治文化贡献自由主义和民主宪政思想。

这就不得不逼迫我们将目光转向西方。我们首先看到,早在古希腊的雅典,亚里士多德就主张对国家权力进行限制,因为他认为,人的本性是恶的,倘若由他任性行事,特别是在手中掌握国家权力时,总难保不施展其内在的恶性,④所以,必须给予必要的限制。基于此,他提出一切政体都应具备三种机能:议事机能、行政机能、审判(司法)机能;并分别对行使三种机能的权力配置的不同方案作了详细的分析。⑤ 即使在专制的城邦斯巴达,也有"监察官"的设置。监察官主要代表了平民的利益,职权以监督权和司法权为主,以行政、宗教、军事和立法等权力为辅。它的设立表明斯巴达已经有国家权力的分权,是斯巴达政治具有民主成分的证明。⑥ 在古罗马共和国时期,第一部成文法——《十二表法》的制定和颁布,是平民在保民官领导下同贵族进行合法的议会⑦斗争,迫使贵族让步的胜利成果。当时的保民官哈尔撒指出,执政官的权

---

① 梁启超著:《清代学术概论(十九):桐城派与章学诚》,http://www. ruclcc. com/article/default. asp? id=2850(最后访问时间 2010 年 10 月 30 日)。

② 梁启超著:《先秦政治思想史》,中华书局 1986 年版,第 192 页。

③ 梁漱溟著:《梁漱溟全集》(第 3 卷),山东人民出版社 1990 年版,第 192 页。

④ [古希腊]亚里士多德著:《政治学》,吴寿彭译,商务印书馆 1983 年版,第 319 页。

⑤ 张恒山:《论分权的理由与反驳》,《江苏行政学院学报》2004 年第 6 期。

⑥ 祝宏俊:"斯巴达'监察官'与政治分权",《世界历史》2007 年第 4 期。

⑦ 塞维利阿改革以后,王政废除,共和国建立。原来的氏族组织——库利亚会议,改变成森都里亚会议。按军事编制进行投票表决,每个百人团即"森都里亚"享有一票。会议的主要职能一是立法,二是选官;后来还有宣战、媾和及外交和司法等大权。

力漫无约束,"既然没有什么可以抑制他们的凶横,他们便可以把所有法律的威吓与惩罚来摆布平民了",为此他要求拟定各种法律来规定执政官的权力:"任何高悬在人民头上的法律,都得是他们自己给予执政官的,这些,而且只有这些,才是他们可以引用的,决不允许他们把自己的放肆和任性当作法律"。①《十二表法》使法律成为世俗的,不再像从前那样只为贵族所知,《十二表法》使得平民在私法上,已争得和贵族平等的地位。与中国不同,西方法文化"在其早期阶段就开始摆脱血缘伦理的束缚,走上了世俗化和契约化的道路。此外,雅典和罗马早期的法律大都是在拟定议案后再提交民众大会讨论通过的,主要是用来调整社会内部各阶层(特别是平民和贵族)关系的,不是专门对付异族的"。② 及至 12 世纪教会法的产生,专职法院、立法机构、法律职业、法律著作和"法律科学",在西欧各国纷纷产生。③ 根据伯尔曼的说法,具有某种程度自治的法律的存在;专门从事法律活动,以此为职业的法律家;独立的法学家和法律教学研究机构的存在,构成了西方社会法律传统的四个明显特征。

从经济基础决定上层建筑的唯物史观来看,古希腊雅典和古罗马国家,都是因当时的社会生产方式以商品交换和生产占主导地位,因此作为工商业者的平民阶层力量壮大,他们在同氏族贵族的斗争中不断取得胜利。胜利后,他们凭着在生产和交换生活中惯用的平等诚信原则,将平等原则以法律的形式固定下来;同时依法,即以经过正当程序制定的法来制约国家权力,规范国家权力的运行。因此,与传统的中国伦理法秩序不同,西方社会较早就建立起来了以世俗的法律规范国家权力的制度。从历史的考证上看,防止和制裁掌权者滥用国家权力的制度设置在古希腊和罗马曾广泛存在过。但是,也正是这种制度的不完善,如人民对于国家最高权力掌握者的任免权没有有效的制度保证(特别是对于军权的控制),导致了罗马共和国的衰亡。及至罗马帝国时期,由于古希腊雅典民主政治被马其顿消灭,也由于受东方专制帝国和亚细亚文明的影响,再加上奴隶制(广大奴隶劳动者被剥夺了民主和自由的权利,从而影响了劳动效率,这一点随着奴隶制劳动取代自由人劳动方式成为社会主

---

① 张中秋著:《中西法律文化比较研究》,中国政法大学出版社 2006 年版,第 31 页。
② 张中秋著:《中西法律文化比较研究》,中国政法大学出版社 2006 年版,第 35 页。
③ [美]哈罗德·J. 伯尔曼著:《法律与革命——西方法律传统的形成》,中国大百科全书出版社 1993 年版,第 58 页。

要劳动方式,其效果越发显著)的束缚,以及蛮族入侵的影响,终于导致罗马商业文明的凋敝,随之而来的就是世俗的专制国家在西欧的出现。

斯图亚特王朝的英国充斥着革命和保王两种势力的斗争,其最高潮是在英国议会中圆颅党人将国王查理一世送上了断头台,最终结果是革命派和保守派的妥协——即1688年的"光荣革命",资产阶级和新贵族同斯图亚特王朝的王族达成妥协,迎接詹姆士二世的女儿——信仰新教的玛丽公主和其丈夫——时任荷兰奥兰治执政的威廉入主为新的国王;同时议会向威廉提出一个《权利宣言》,谴责詹姆斯二世破坏法律的行为;指出以后国王未经议会同意不能停止任何法律的效力,不经议会同意不能征收赋税等。威廉接受宣言,1689年10月该宣言正式成为法律。在这期间(1689—1690年间),洛克写成了《政府论》,在历史上第一次提出分权论,他把国家权力分为立法权、行政权和对外权三种,并认为立法权高于其他两权,但立法权仍要受到人民的制约,人民享有最高的权力来罢免或更换立法机关。另外,立法权属于议会,行政权属于国王,对外权也为国王行使。这种分权理论,并没有解决分权以后的权力制约问题,因此还是比较粗糙的。

法国波旁王朝的路易十四就用他长达七十二年的统治完美演绎了"专制"的内涵。也正是在这样的背景下,产生了孟德斯鸠的三权分立思想、卢梭的人民主权思想等制约国家权力的种种政治体制设计。其中,孟德斯鸠的三权分立思想,主旨在于通过政治权力的划分,以一种权力牵制另一种权力,以一种力量和另一种力量相抗衡,在总体上防止扩张和专横地行使政府权力。他的分权思想相比洛克更近了一步,即国家权力不仅要分成立法、司法和行政三权,而且三权之间还要相互制约,因此,他被后世学者称为分权思想的重要代表人物。实际上,他也是确定了法治原则重要性和现实性的第一人。后来人类政治实践发展证明,在实行君主立宪的资本主义国家,大多采用了孟德斯鸠的权力分立理论;这种理论在保障人民的自由、社会的公正和合理的国家权力秩序等方面,取得了辉煌的成就。

没有监督的权力必然产生腐败。最初认识到这一点的人就是孟德斯鸠,而他在提出这一命题时,毫不隐讳地说,这是"经验之谈"(即"一切有权力的人都容易滥用权力,这是万古不易的一条经验"[1])。在他以后的各国政治史

---

[1]　[法]孟德斯鸠著:《论法的精神》(上册),商务印书馆1982年版,第154页。

也不断地从正反两个方面证实:国家权力的防止滥用必须采用法治,而法治的前提必须是权力的分工和相互制约。

有鉴于此,现代国家,无论社会主义国家还是资本主义国家,在政体的设计上,无一例外地都将国家权力分成立法权力、行政权力和司法权力三种,同时程度不同地设置了三权相互制约的法律程序。由于历史的原因,特别是对于中国来讲,行政权力的控制在控制国家权力方面,更加具有重要的意义。

第一节　集权体制下的行政权力及其承继

何谓集权体制,首先,集权体制是指一种政体。集权表现在中央政权和地方政权之间的关系,如果地方政府首脑由中央政府任免、调遣,向中央政府负责,这种体制就是集权体制。反之,如果地方政府首脑由该地方的选民在定期举行的选举中产生、换届和罢免,中央政府无权直接任免、调遣、异地交流官员,地方官对于中央政府的政令只负宪法和法律上的责任,地方政权有较大的独立性,就是民主政体。

一、 我国传统的行政集权体制

众所周知,我国长期实行的是中央集权的政治体制,具体表现为君主专制集权,实质上就是行政集权体制。自秦汉以来的中国帝王社会实行的是君主专制集权体制。为什么这种体制能够在中国长期存在呢? 马克思在《资本论》中曾经指出:"任何时候,我们总是要在生产条件的所有者同直接生产者的直接关系——这种关系的任何当时的形式必然总是同劳动方式和劳动社会生产力的一定的发展阶段相适应——当中,为整个社会结构,从而也为主权关系和依附关系的政治形式,总之,为任何当时的独特的国家形式,发现最隐蔽的秘密,发现隐藏着的基础"。① 因此,我们首先要从经济基础方面找原因。秦始皇统一六国,当时鉴于分封建制造成的诸侯林立的教训,转而采取郡县制,打击豪门贵族的势力,将全国各地的官员都纳入以皇帝为首的官僚体系,

---

① 《马克思恩格斯文集》(第七卷),人民出版社 2009 年版,第 894 页。

自上而下层层任免,自下而上层层负责。经济上周朝的公田制彻底被废,私田可以买卖,地主主要通过租佃制占有农民的剩余劳动价值。这就造成了"地主对土地的占有是不固定的,对佃农的占有也不稳定,地主本身不能亲自掌握行政权、司法权和军事权",①这些权力只能由专门机关掌握,于是就形成了处于经济组织之外的官僚政治机构。也是由于土地买卖造成的地主身份无法固定(当然皇亲国戚除外),又反映在官僚政治上,就是"官无定守,民无定奉"。因此,官员既不是固定的世袭的,也只能都对皇帝负责,一切的权力最后都归中央。

其次,由于政权建立方式的特殊性,即武力夺取政权的方式,导致军功成为人们获得官职和权位的首要因素。强权即真理、"胜者王侯败者寇"的思想从春秋五霸到战国争雄,及至后来的王朝更替,无不以武力为定鼎的决定因素,因此,以武力(暴力)解决政治矛盾成为中华民族约定俗成的习惯。于是,政权建立后,防止他人以武力夺取自己的政权就成为巩固政权的首要考量因素。因此,皇权是绝对不可分的,更不容许有任何社会力量可以同皇权平等。防范和剪除任何有可能威胁皇权的因素,是平素皇帝的主要事务。北宋建立后的"杯酒释兵权"、明朝初期的滥杀功臣,都是巩固政权、剪除拥兵自重的武将的重要举措。各封建王朝对任何异己的力量,最终都是杀之而绝后患。如北宋对宋江义军的招安,最终仍然是分而杀之。所以,我国君主中央集权的政体是没有政治宽容和妥协的任何历史记录的。治乱相袭的一部二十四史就是以暴制暴的历史,高度中央集权的政治统治成为历史的主流。

最后,知识分子群体的保皇意识和忠君思想是国家虽经动乱而终至皇权再立的重要因素。他们头脑中的思想是抽象的忠君意识,"君"并不完全是当时的君主,动乱时期也可能是有希望重建新王朝的"真龙天子"。这种思想按现在的观点来说就是一种奴性思想,绝不是让人民自己组织起来通过政治协商建立共和政治体制。儒家经典中治国安邦的思想,也充斥着如何帮助君主利用权术势、阳谋和阴谋加强专制统治的计谋和策略。

我国的君主集权体制亦即行政集权体制,在个体小农经济为主要生产方

---

① 胡如雷著:"中国专制主义中央集权形成的原因和社会政治影响",http://www.lsjxsj.com/gzkg/UploadFiles_1642/200909/20090904194136882.doc(最后访问时间2010年3月30日)。

式的条件下,是一个合理而有效的体制。经济结构之地主经济,政治结构之大一统官僚政治,意识形态之儒家正统的文化体系,三者相互适应,表现出统一的君主专制集权体制的封建大国。社会内部经济结构、政治结构、意识形态结构三个子系统之间的相互联系、相互作用、相互调节,共同构成一个超级稳定系统,政治结构和意识形态结构对经济结构具有强大的调节能力,使得经济结构能保持在较为稳定的地主阶级形态之中;同时,强大的地主经济又为维持大一统提供了基础:只有存在大量自耕农和中、小地主的国家才会有充足的税收,用以供养皇室和从中央到地方的庞大官僚机构;而只有利用统一的官僚机构,才能削弱地方割据势力,遏制贵族化维护地主经济,从而保持统一;同理,没有儒家的正统地位和儒家国家学说的指导,一个庞大的官僚体系也不能形成。① 这样的系统使行政集权体制在中国延续两千余年,化解了蒙古人和满洲人以其封建领主制改造集权官僚制的企图,保持了中国社会的和谐和繁荣。当代著名的历史学家、英国人汤因比就声称,人类已经掌握了可以毁灭自己的高度技术文明手段,同时又处于极端对立的政治、意识形态的营垒,最需要的精神就是中国文明的精髓——和谐。这说明,我国封建社会文明在高度行政集权体制下创造了"和谐"。

二、 我国现代行政集权体制

(一)形成

新中国成立以后,我国实行了初级民主制,并对传统的行政集权体制进行了改造。

1. 任官体制的变化强化了行政权在国家权力体系中的核心地位

新中国成立伊始,我党就将军队的组织形式带入国家管理体制,这一方面强化了行政集权体制的效率,另一方面又将旧的行政集权体制中的升官机制普遍化。在君主专制的行政集权体制下,主官是以科举取得资格,并按资格和政绩升官,但衙门中的僚和吏等工作人员,永远没有成为官的可能。如今在社会主义的行政集权体制下,只要是"国家干部",就都有升职的可能,于是,除

---

① 金观涛著:《在历史表象的背后》,四川人民出版社1984年版,第28页。

最高领导人以外,所有干部都把政治上"进步"与提拔联系起来。而提拔又取决于上级或上上级领导的赏识。这在初期还主要靠实干和政绩,演化至今,由于没有了初期的革命精神和群众的监督,就出现了各种以高层领导干部为核心的"小圈子",跑官、买官也随之出现。

这种改造的结果就是强化了行政权力在国家权力体系中的核心地位。行政级别不仅政府领导干部通用,而且人大系统和法院、检察院系统都与行政级别相通;甚至群众团体(工会、青年团、妇联、侨联)和民主党派都比照公务员确定行政级别,并享受相应的待遇。

2010 年 2 月 5 日,浙江省台州市国土资源局原局长涉嫌受贿一案在杭州公开开庭审理。庭审中,他的辩护人说,被告人原是正处级领导,而仙居检察院、法院只有副处级,不能审判这个正处级"领导"。① 本案表明,我们长期以来,是参照行政体制来设定司法体制,甚至完全套用行政级别来定法院及院长的等级,法院的内部管理更是照抄照搬政府机关,凸显行政权力在社会管理体系中的地位。

2. 行政集权体制导致民主发展迟缓

行政集权体制将全社会都笼进一张巨大的行政权力网中,正如我们主流媒体宣传中经常出现的话语所说的那样,"可以集中力量办大事"。这是准确的,甚至说可以迅速集中力量落实中央决策。这样的体制,如果好的正确的决策,比如抵御外敌入侵和重建国防,是可以起到很好作用的;但如果是违背规律的错误决策,其危害更是无与伦比的。

行政集权体制,其驱动力无非两个,一是革命精神,二是利益。在新中国成立之初,这二者是结合在一起的,而且革命精神是主要的,利益辅之。但随着政权的巩固,革命精神也逐步淡化,以至现在很少有人提"革命"二字,利益就成了主要驱动力,这既包括提拔,又衍生出发财。在没有强有力的民主权威监督和制约的情况下,主要靠利益驱动的庞大行政集权体制,其弊端日益突出,以权谋私、效率低下、衙门作风、脱离群众等都表现出来。初级民主制很难驾驭这个体制了,甚至这个体制开始侵害民主制原则,侵害民主制的经济基础公有制。官僚资本就是在这个体制中滋生出来的,它的膨胀,不仅要固化行政

---

① http://www.chinanews.com.cn/gn/news/2010/02-08/2114236.shtml(最后访问时间 2010 年 12 月 21 日)。

集权体制,甚至要变民主制为官僚资本的专制。① 掌握官僚资本的就是体制中的既得利益者,就是特权阶层,他们凭借排他性的政治权,牢牢掌握了政权,垄断了整个国家的全部资源,并使它们服从于自身的政治利益。

(二)完善民主共和政治体制的关键

特权利益堵住了通向民主宪政的途径。从政治上清除特权利益有两种方式,一种方式是清除特权集团的成员,另一种方式是清除特权规则。前者即使用武力,是中国历来(上下五千年)使用的方式。一个造反集团由于比政府拥有更加强大的军事力量而消灭旧的权力集团,对旧统治者或杀或关,或打入贱民,同时建立起自己的统治和特权。清除特权规则可以是非暴力的方式(更有效更理性),有可能在和平的条件下实现,旧的特权集团在民主规则下继续自由生活,但特权利益亦随之消失,特权集团将就此瓦解。民主规则不能容忍特权利益,但容忍前特权集团的成员。民主规则消除了产生新的特权集团的条件。民主的根本特征是参与游戏者谁都不能肯定他们的利益最终将占上风,所有力量必须反复进行斗争实现自己的利益,没有人因其地位而受到保护(美国政治学人普里泽沃斯基语)。结果的不确定性排除了由某一集团长期和固定掌权的可能。在民主规则下,选票转化为政治权力。特权的废除发生在自由选举的时刻,而永久地废除特权是把暴力清除出政治领域。实行宪政就得完成自我清除特权规则的任务,不但要通过自由选举竞争政治权力,而且要放弃凭武力保持权力的传统。② 正如普里泽沃斯基所指出的"从威权统治向民主统治过渡这样的关键时刻,不一定就是军队撤回营房或开放选举产生的国会,而是跨进这样一个门槛,即此后没有人能在事后推翻经过正式的民主程序产生的结果。它是这样一个时刻,越过它就像阿道尔佛·舒阿勒茨在其向国民会议发展的就职演说中所精辟论述的:'未来是一张白纸,只有人民能够在这张白纸上写字。'民主化是这样一个过程:使所有的利益都服从于竞争,使不确定性制度化。因此,正是使权力无法控制政治活动的结果这一点,构成了向民主制过渡的决定性步骤。有这样一个时刻,在这一时刻之前,威权

---

① 刘永佶著:《民主的权威》,中国经济出版社 2005 年版,第 447 页。
② 黄卧云:"民国时期宪政转型失败的教训",http://blog.sina.com.cn/s/blog_5c9bb3610100bao6.html(最后访问时间 2010 年 1 月 20 日)。

机构控制政治活动的结果;在这一时刻之后,则没有人控制。权力被从一帮人转到一套规则"。① 这样的规则实行以后,人民(广大劳动者)就渐渐习惯于用选票而不是子弹争取权利,利益集团之间达成制度性妥协,以共和来避免各方的损失从而保全自己的利益,这样,民主共和就确定下来了。

三、 我国古代行政集权体制下的权力继承

"继承"本来是民法上的概念,国际法上有国家的继承和政府的继承的提法,前者是指由于领土变更的事实而引起一国的权利与义务转移给另一国的法律关系;后者是指由于革命或政变而引起的在同一个国际法主体继续存在的情况下的政权更迭,旧政权的权利和义务为新政权所取代。这里的"继承"不是上述两种意义上的任何一种,而是指国家最高行政权力从前任手中转移到现任国家(或政府)首脑,即国家的权力交接。民主共和体制下靠竞选实现权力交接实在没有什么悬念,因为早有白纸黑字的法定程序予以规范,按程序进行即可。既没有悬念又不需要猜测,因为信息早就公开了。但集权体制下的权力交接却不是那么回事,因为没有法律明确规定接班人的产生程序,更没有信息公开,再加之所交接的职位的重要性,所以一时间波诡云谲,各种传闻不胫而走,甚至有血雨腥风相伴随。

君主专制集权体制下,君主都是实行职务终身制,不管情势如何,历史上没有一个帝王真正心甘情愿地退出政治舞台,权力、荣耀、财富像磁铁一般吸引着他们,促使他们为之奋斗、为之献身。因此,皇位的移交往往伴随着暴力革命或宫廷政变。创建王朝的君主,靠枪杆子夺取皇位的,如唐宗宋祖,其权力交接自不必说。在王朝存续期间,家天下中,君主越是勇武而纵横天下的,后代越是相形见绌。而在位的君主对于继承人的选择是有限的,也是无奈的,因为他只能在有限的集合里选择一个次优,有时甚至根本就无法选择,更无法达成心中的最优。为了争宠争权,王子们必然要品学兼优,如果不能表里如一,只要学会善于作秀。否则,自己只能是出局者。至于王子的亲生母亲们,涉及切身利害,更是长袖善舞,魅惑君王,为自己的孩子争权夺利而明争暗斗,

---

① 转引自尹明耀:"走向现代化的中国",http://www.frchina.net/forumnew/viewthread.php?fpage=12&tid=94634(最后访问时间 2010 年 1 月 20 日)。

甚至玩弄众多阴谋与权谋自然也是现实必需。当君王自己面临接班人的选择难题，无法辨别优劣，自己都难以取舍的时候，劣币驱逐良币的道理不仅在官场上管用，宫廷政治自也适用。因此，每次权力交替的背后，让人感觉到权臣与君主的智慧撞击同现实存在着无奈矛盾。一将功成万骨枯，一王君临也经常是血流成河，骨肉相残居多。权力可以让人痴狂，也会导致人性之恶被无限放大，因为在宫廷政治的角逐中向来没有贤者与弱者太多的生存空间与机遇。

君主专制下的权力交接总是与宫廷政变有剪不断理还乱的关系。这种宫廷政变就是皇帝和权臣之间的权力斗争，是最高统治集团内部政治关系的核心内容，它影响其他政治成员的态度和行为，决定着未来政治的发展方向。而权力争夺的双方，则绞尽脑汁，耍尽手腕，时而笑里藏刀，时而背后放箭，时而编造谣言，时而拨弄是非，必欲把对方置之死地、斩草除根而后快。一旦双方矛盾激化到了极点，冲突达到白热化程度，一旦权力争夺者双方不再抱任何共处的希望，对对方的存在失去了最后的耐心，政变的时机也就成熟了。

君主专制下的权力交接的不稳定，往往带来的是官僚体制的大换血，所谓"一朝天子一朝臣"，随着新君主在乌烟瘴气的宫廷争斗中脱颖而出，朝臣和地方大员往往会经受新君主的忠诚度测试，以此对整个官僚队伍重新整肃。所以，相对于民主共和制下权力交接的和平透明，君主专制集权体制下的行政权力交接是行政权力体制刚性断裂，在人民不可预知、毫不知情、更无参与情况下的突变。这种权力交接总是与程度不同的社会动乱相伴随，特别是改朝换代时的权力更替。

第二节　近代宪政体制下行政权力独大的现象

一、近代宪政体制

（一）宪政政体

宪政是指一种在宪法之下使政治运作法律化的理念或理想状态，它要求政府所有权力的行使都被纳入宪法的轨道并受宪法的制约。通说认为，宪政的要素包括制宪、民主、法治和人权。（1）制宪是宪政的基本前提，虽然有宪法不一定有宪政,但是宪法的存在是实现宪政的必然要素,并且,这个宪法必须是一部好的宪法:在形式上要有正当性,即制宪主体和制宪程序具有民主性;在实质上宪法应当具有社会适应性,必须反映社会实际以及社会发展方向;该宪法还必须具有规范性和明确性,具备实施的法律基础。(2)宪政与民主政治相联,它必须以民主政治为前提。没有民主事实,就不可能有宪法,更不可能出现宪政。(3)法治是宪政发展的必然结果,宪政是法治发展的前提和基础。(4)人权保障是宪政的核心价值和最终目标。宪法中关于国家权力的规定,包括国家权力的享有和行使,其出发点和目的都是为了保障人权。

宪政体制是一种在宪法统制之下的政治体制。宪政政体以宪法为前提,宪政体制就是实施宪法建构的国家政权体系,宪法的内容直接决定宪政体制的内容,宪法一旦公布,就成为实施宪政的依据,指导宪政建设。

宪法无一例外地都规定了国家权力构成及其相互关系,同时区分了行政权力、司法权力和立法权力行使的机构及其相互之间的关系。1789 年的法国《人权宣言》就规定,凡是权利无保障和分权未确立的社会,就没有宪法;所以宪政体制是以分权为根本特征的。根据有关三种权力之间相互关系规定的不同特点,人们将宪政体制区分为君主立宪制、民主共和制、人民民主制和委员会制等几种政权体制。除人民民主制以外,都实行多党制。人民民主专政的国家实行的是国家领导权专属于一个政党的体制。

君主立宪制,即君主权力受到宪法和议会不同程度限制的政体形式。英国 1688 年"光荣革命"以后建立,其他一些封建君主国在进行了资本主义改良以后也纷纷建立了君主立宪政体。根据君主的地位和权力的不同,又分为二元君主制和议会君主制。前者中,国家设立议会,但君主仍然集立法、行政、司法和军事大权于一身,是权力中心和最高的实际统治者。宪法往往是钦定的,是君主意志的反映;议会是君主的咨询机构,立法权是形式的,君主不仅拥有否决议会立法的权力,而且还通过任命或指定议员控制议会;内阁是君主行使行政权的机构,首相由君主任命。1871—1918 年的德意志帝国和 1889—1945 年的日本是二元君主制的典型国家。20 世纪 80 年代,约旦、沙特阿拉伯、科威特、摩洛哥等国家仍保留这种制度。后者中,实行的是议会为国家最高立法机关和国家最高权力机关,君主不直接支配国家政权的政体形式。在这种政体形式下,内阁必须从议会中产生,通常由议会中的多数党或政党联盟组阁,并对议会负责,君主只履行任命手续。内阁如失去议会信任,则必须辞职或提请君主解散议会,君主也要例行公事表示同意。君主是"虚位元首",按内阁的意志行使形式上的权力,主要代表国家进行礼仪活动。但君主仍保留显赫的地位和象征国家团结统一的尊严,仍是国家政治制度中不可或缺的组成部分。第二次世界大战后,实行这一政体的国家除英国外,还有西班牙、葡萄牙、荷兰、卢森堡、比利时、瑞典、挪威、加拿大、日本、泰国、马来西亚等。

民主共和制是现在世界上各国普遍采用的一种政体形式。共和范围形式上包括全体公民在内(与贵族共和制相区别①),最高国家权力由多人执掌和行使,权力执掌者由选举产生,任期限定。按照不同职能机关和职位的地位和权限,特别是主要按照议会、政府首脑和国家元首的关系,可以分为议会共和制和总统共和制。民主共和制的国家,一般采用分权的形式将国家权力分散,彼此制约。两种民主共和制的国家,司法独立是其共同的特征,区别在于立法机关和行政机关关系的不同。议会共和制的议会是国民的代议机关,拥有立法、组织和监督政府等权力,议会共和制的总统只拥有虚位,没有实权。总统共和制下的总统既是国家元首,又是政府首脑。总统总揽行政权力,统率三军。实行议会共和制国家有:意大利、德国、芬兰、奥地利、印度、新加坡等。实行总统共和制国家有:美国、墨西哥、巴西、阿根廷、埃及、印度尼西亚等。

人民民主制即人民民主专政的社会主义国家,人民代表机关为国家最高权力机关,掌握立法权和修宪法案的通过权;政府行政机关和法院检察院等司法机关都由权力机关产生并对权力机关负责。

(二)行政权力独大

行政权力独大,是以宪法的存在为前提,在宪政政治体制之中,在存在立法权力、司法权力和行政权力设置的三权架构之下,行政权力独占鳌头,其他两种权力相形见绌,这样一种宪政状态,三权运行的这样一种样态,我称之为行政权力独大。行政权力独大不仅表现在君主立宪的政治体制中,还表现在民主共和的政治体制中,但以君主立宪政体中的表现为最具代表性。

---

① 古希腊和古罗马的共和国,其共和的范围仅限于贵族或全体自由民,广大的劳动者——奴隶阶层被排除在外。

二、 君主立宪制体制下的行政权力

君主立宪的政治体制中的行政权力独大主要表现在二元君主制的君主立宪政体,议会君主制的君主立宪政体不存在行政权力独大的问题。二元君主制的君主立宪体制,真正的权力分工并没有建立起来,行政权力独大导致封建帝国时期自上而下的任命制官僚体制得以保留,代议制的民意代表机关主要充当皇帝(在日本叫天皇)的咨询机构,司法机关的独立虽部分建立但监督行政和立法的作用基本上没有建立起来,只是对民事刑事案件的审理取得了不同程度的独立审判。

采取这种体制的代表性国家就是1871年后直到1918年的德国和明治维新后直到1945年的日本。

在德国,首先,君主立宪政体的建立没有从根本上触动行政权力独大的专制传统。1871年宪法确立了市民和君主之间的平等。长久以来不受限制的君主特权受到基本法以及人民代表机关制定法的约束。但是,君主保留了执行权。只有在人民代表机关制定的法律授权的情况下,行政才能干涉公民的自由和财产——市民社会领域。① 君主权力受到人民代表机关的限制,是君主立宪体制区别于封建君主制的重要标志。但是,宪法规定全国的行政权和立法权都集中在皇帝和帝国首相手中;皇帝有权随时召集或解散帝国议会和联邦议会;同时帝国首相由皇帝任免,只对皇帝负责,而不必顾虑议会对他的意见。② 实际上,帝国国会的实际权力是很小的,尽管它能够否决皇帝及其大臣的建议,但它自己不能提出立法动议;而且该君主国可以在没有新预算提出时通过沿用上一年的预算绕过立法机构。③ 在那时的德国,君主的权力在下述领域里,如同以前那样由君主自行管理:即给付行政、行政组织以及属于国家内部领域的特别权力关系。但是,这并不排除君主在此领域内选择法律的形式,让人民代表机关规定和负责。

---

① ［德］毛雷尔著:《行政法总论》,高家伟译,法律出版社2000年版,第16页。

② 许海山主编:《欧洲历史》,中国文史出版社2006年版,第280页。

③ ［美］罗伯特·E. 勒纳等著:《西方文明史》,王觉非等译,中国青年出版社2003年版,第854页。

其次,君主立宪政体对于任官制度的改革也是有限的。这个期间德国的官制是自上而下的任免制:宪法规定皇帝有一般的任官权力,任命帝国首相为皇帝的专权,不受制约;任命其他官吏,须自联邦议会或其委员提出或认可之,以稍稍限制皇帝广大的任命权。① 德国各邦首脑的行政权,按古德诺的考证,有广大的任官权、罢免权和指挥权,甚至还有关于立法部一切犹未详细规定事项的广大命令权。

最后,落后的政体终于成为在世界大战中战败的根本原因。德国的前身普鲁士以好勇斗狠的军事国家完成统一建国,最终也因为穷兵黩武而至战败。而这只是表面上的原因。整个 19 世纪,来自邻国法国的先进政治思想不断激励德国的知识分子,使得在知识界自发地形成了一场反对专制的启蒙运动,在这场运动中,市民阶层反对以君主及其公务员为表现形式的国家的管制和监督,要求将国家行政的活动范围限制到为保护公共安全和秩序、消除危险所必要的限度之内,并且将行政在其他领域里的活动也置于法律的约束之下。德国工业革命中形成和壮大起来的中产阶级和无产阶级又推动和加强了这场运动,而威廉二世的傲慢专横和好大喜功,足智多谋的"铁血宰相"——俾斯麦的解职,都使得民主的要求没有得到充分实现,在这样的民主革命"山雨欲来风满楼"的形势下,以威廉二世为首的统治集团意欲通过对外战争缓解国内政治矛盾,实际证明是失败的。"一战"的发动,当时的德国并没有发动世界大战的综合国力,败局已定。

日本明治维新是在典型的封建专制封闭保守社会基础上开始的,而且是在救亡图存、急功近利的情况下被逼而采取的,理论上的准备不足,国民的自主意识与同时期西方国家相差甚远。明治维新就是使日本免于沦为欧洲列强的殖民地而采取的全面引进欧洲资本主义法律制度、学习欧洲文明国家建立近代资产阶级国家政治体制的一场改良运动。1889 年的日本宪法一方面采用了立宪性质的各种制度,但不完备的地方也是触手可及。人民的权利与自由明确受到宪法保障,但其表述却是"天皇恩赐给臣民的臣民权"。政权体制采用了立宪体制,引入了权力分立,但所有的机关都不过是辅佐天皇大权的机关而已:帝国议会"协助"天皇的立法权;各个国务大臣就其所执掌的行政权"辅弼"天皇,各国务大臣只对天皇负责,在宪法上对议会一概不负责任;法院

---

① ［美］古德诺著:《比较行政法》,白作霖译,中国政法大学出版社 2006 年版,第 57、59 页。

则"以天皇之圣名"行使司法权。① 另一方面,该宪法还明确确定天皇为"国家之元首,总揽统治权",特别是天皇握有军事统帅的大权:它是从一般国务之中分离独立出来,不让内阁与国会干预的独裁权力。实际上,这种统帅权由拥有完全独立于政府地位的军令机关充当辅弼的任务,后来,就连军队编制、整备等有关事项也被视为统帅事项,最终发展成为军部独裁的导火线。这说明军国主义在明治宪法中有明确的渊源。由此可见,日本二战前的君主立宪政治体制是典型的二元君主制政治体制,相对于德国,其专制的残余更为浓厚。

日本在"二战"中战败的原因,除了军事技术、科技管理体制、战线过长、资源匮乏等方面的原因之外,最根本的原因就在于明治维新的不彻底性,使得国会和内阁都无法控制军部力量的膨胀:以日本军部为表现的天皇集权专制制度,使得民主主义尚未成熟、人权意识还很淡薄的日本社会沿着法西斯军国主义道路越走越远,终于导致了社会的失控,为了不至于亡国灭种,只有无条件投降。军事权力在三种国家权力中,只能归类于行政权力,所以,二战前的日本宪政体制,主要特征仍然是行政权力独大,没有制约它的权力设置,实际上也没有得到有效制约,最终的危害后果只能由日本人民饱尝。

三、 议会共和制体制下的行政权力

行政权力独大在二元君主制的君主立宪政体中的表现,可以概括为是因为封建专制残余的浓厚,民主因素的不充分。但是,令人不可思议的是,在议会共和制下,行政权独大也会表现出来,甚至在民选议会、合法的民主程序下也会出现行政权力独大,甚至发展成为专制独裁,纳粹政权的建立就是明证。

冷静、客观、理性地分析,可以不难得出结论,德国纳粹政权的上台是符合魏玛宪法规定的民主程序的。希特勒的上台不是民主的错,而是魏玛宪法的错;国社党的执政是多数民主自然而合理的结果,国社党专政的建立和废除民主制的倒行逆施是魏玛宪法规定的宪政政体不完善所致,具体说来就是"共和"机制的不完善所致。仅仅强调民主,是不够的,片面的民主只会导致不受限制的多数人暴政,希特勒的执政活动就是多数人暴政的表现和例证;成熟的

---

① 　［日］芦部信喜著:《宪法》,北京大学出版社 2006 年版,第 18 页。

民主政体必须要有完善的共和机制设置,说穿了就是要有有效的权力合作与制约机制。纳粹的暴政就是在缺乏制衡行政权力设置的政体中成就的,没有有效制约的行政权力就是一匹脱缰的野马!纳粹上台后,逐渐建立起法西斯独裁统治,将半个世纪以来德国人民经过奋斗得来的民主成果:如多党制、工人组织工会的权利、人民的政治自由和言论出版结社自由等统统取消,国家的政治又回到了军事专政时期。

据有的学者的考察,魏玛宪法所造成的宪政体制上的弊端有:第一,总统权力过大,议会政治难以运行。作为立法机关的国会和作为国家元首、行使行政权力的总统都是由人民直接选举产生,可是总统的权力不管是在宪法条文上还是在实际运行中都强过议会权力,议会没有对总统的实质上的监督制约权力。表现在:议会虽然有解除总统职务的提案权(第 43 条第 2 款),但总统却有权解散议会(第 25 条),这就使得议会的这项权力被虚置。与此同时,当议会对所议决的法律案难以形成法定多数意见时,总统可以诉诸国民投票(第 73 条第 1 款),这项规定又是有利于加强总统权力的。

第二,比例代表制造成了各政党都能够拥有议席,从而难以组成多数党的稳定内阁。"一方面是各党争夺内阁席位,一方面是总统干预内阁成员的任命,内阁构成既受国会党派冲突限制,也受总统限制,难以形成听命于自己的内阁班子,遑论制定内外政策"。① 在比例代表制下产生的内阁极其不稳,从 1919 年 2 月魏玛共和国(德意志联邦共和国)建立首届内阁,到 1932 年纳粹党上台组阁,内阁更迭达十九次之多。② 为了国家政局稳定,社会秩序长治久安,人民必然要求内阁有稳定性,何况是席卷世界的经济大危机迫切要求强有力的政府来拯救国家、拯救经济,解决日益严重的失业问题。所以纳粹以绝对多数成为议会第一大党后,废掉比例代表制的议会,应当说不是没有民意基础的。

第三,总统依据宪法第 48 条拥有的紧急处分权,使得总统握有不受限制的行政权力。魏玛宪法第 48 条:"联邦大总统,对于联邦中某一邦,如不尽其依照联邦宪法或联邦法律所规定之义务时,得用兵力强制之。联邦大总统于德意志联邦内之公共安宁及秩序,视为有被扰乱或危害时,为恢复公共安宁及

---

① 刘小枫:"民国宪政的一段往事",《书城》2003 年 9 月。
② 王云飞:"从魏玛宪法看魏玛共和的体制性弊端",《衡阳师范学院学报》2005 年第 2 期。

秩序起见,得取必要之处置,必要时更得使用兵力,以求达此目的。联邦大总统得临时将本法 114、115、117、118、123.124 及 153 各条所规定之基本权利之全部或一部停止之。本条第一、第二两项规定之处置,但此项处置得由联邦大总统或联邦国会之请求而废止之。其细则,另以联邦法律规定之。"这里规定的紧急处分权可以让总统不受法院干预地解释社会紧急状态,自行决断是否施行专政,因而这种规定实际上强化了总统专政权。据统计,从 1919 年到 1933 年,总统以各种借口发布的所谓紧急命令达 233 次之多。[①] 希特勒上台后,也利用这项权力就顺理成章了。

从以上叙述可以看出,魏玛宪法体制上的缺陷是造就行政权力一权独大,造就希特勒之类的政治投机者钻体制漏洞,行破坏民主共和之实的根本原因。

四、 我国民主共和国体制下的行政权力

根据现行宪法,我国实行的是人民代表大会的政治制度,根据世界上通行的标准,人民代表大会体制是在一院制的议会(立法机关,即全国人民代表大会)之下的"一府"(政府,即国务院)"两院"(司法机关,即检察院和法院)民主共和体制。我国的宪政政权体制也有国家权力的明确分工,但是,权力之间的制约在宪法和宪政中都没有明确的表现,相反,行政权力独大的现象,在宪政运行中是确实而明显的。

(一)在各级国家政权机关的政治地位上,行政权力机关独大

第一是立法权。由于人大对行政的制约主要体现在人事权和财政权两个方面。但是,行政机关的人事权(领导干部任免权)由本级党委掌握,党委通过政法委又实现了对司法机关主要领导的人事管理权,又由于同级党委书记还兼任本级人大常委会主任的惯例,所以,人大并不独享人事任免权。人大根据宪法和宪法性法律有审议和批准政府财政预算和决算案的权力,但由于政府独享编制预算决算议案的权力,人大对政府的财政议案往往都是事后监督,没有制约的硬措施,而终至流于形式。通俗地说,政府花钱并不需要向人大报请批准,人大只有事后审查权。立法权同行政权相比,行政权当然处于优越的

---

① 王云飞:"从魏玛宪法看魏玛共和的体制性弊端",《衡阳师范学院学报》2005 年第 2 期。

地位。

第二是司法权。在各级的政权机构设置上，政府首脑的级别和待遇都是比司法机关的首脑高半个级别的。在中央国家机关，国务院总理的地位高于最高人民检察院检察长和最高人民法院院长；在地方，省长的地位要高于省高级人民检察院检察长和省高级人民法院院长。再加上我国司法管辖的区域同行政管辖区域合二为一，司法机关的人财物大权都控制在当地政府手中，因此，司法权在同级政权机构中的地位低于行政权是非常明显的。

（二）在自古至今的政治生态上，人民只知国家的权力，不知国家权力还可分

民国以前的中国历史，国家权力没有分工，甚至近代国家主权观念也不曾有，"家天下"可以概括国家的政治生态。在 1949 年新中国成立以来，主流媒体的宣传从来都是将党委政府放到第一位、放到一起来宣传的，中共中央的部门也经常和国务院及其所属部门一起发布规范性文件进行治国理政。这就造成一个既定的政治现实：党委政府才是全部国家权力的掌握者，老百姓有需要国家提供保护和救助的，直接找党委政府就可以了，没有人民代表机构的什么事情，更不用去找司法机关了。

五、 行政权力独大的危害

行政权力独大的直接后果就是造成行政权力成为缺乏有效监督的权力。这对于国家来讲，如果当政者能够为政以德，自觉循社会规律约束自己的行政活动，那么国家就能够在符合民意的轨道上运行，行政效率能达到很高；但如果因主客观各种原因导致当政者刚愎自用、自己的治国理政同社会发展规律发生偏离，那么他的行为就不会得到有效纠正，因为行政权力独大，没有有效的监督机制能够发挥作用，所以只能任由其在他自认为"正确"的道路上继续走下去。比如苏联的斯大林，重工业引领的高度集中的计划经济体制在他在世时是无人能够改变的。

行政权力独大，对于握有行政权力的个人来讲，其从事权力寻租等腐败活动的冲动，没有机制上的制约，而只靠事后在酿成重大损失之后才由政法机构

查处,就会呈现出割韭菜的情势,屡治屡犯。人民代表机关的宪法权力得不到真正落实,行政权的产生、运行及变更和调整,统统表现为监督乏力。前述官本位现象难以根除就是与我国现行政体中的行政权力独大有直接的关系;同时我国长期的行政集权管理体制形成的有关国家权力的思维定式也是造成行政权力独大的根本原因。

第三节 权力分离和受制约是民主共和体制的精髓

国家权力必须分开行使,立法、司法和行政,任何一种权力都不能成为不受制约的权力,即权力分工和制约是民主共和制的精髓,这是总结自古以来国家政治体制实践的经验教训而得出的客观结论。

一、 古希腊、雅典城邦民主制权力制约的实践和教训

古希腊城邦雅典实行的是直接民主制的政治体制,迄今仍然是直接民主制的典型。

(一)直接民主制的政体

"民主"一词最早见于希罗多德的《历史》一书。在古希腊文中,"民主"(Demokratia)是"人民(Demos)"和"权利(Kratia)"两词合成,即人民的权利、人民的统治之意。尊重人格、保护人权,公民自治是希腊民主政治的集中表现。民主政治思想在那个时期达到了最高水平,在选举权、审判权、监察权以及行政权上都有突出的体现。

选举。雅典实现直接民主制,而非代议制,主要体现在公民大会上。凡年满二十岁的雅典公民都要直接参加公民大会,选举出城邦重要的公职人员。公民大会的职权就是选举和评审政府官员,修改法律、解决财政收支、决定宣战和媾和、缔结和解除盟约、评定军功等。如执政官和十将军的选举就在公民大会上举行。公民大会是雅典最高权力机关,不定期举行会议,一般每月举行两到四次,每个公民在大会中都有选举权。伯里克利说:"一个公民只要有任何长处,他就会受到任何提拔,担任公职,这就是对他优点的赏赐,跟特权是两

码事。贫穷也不再是障碍物,任何人都可以有益于国家,不管他的境况有多黯淡"。① 公民大会用抽签的方式选举出五百人议事会、陪审员和一般行政人员。

审判。梭伦改革后,雅典城邦设立了十个陪审法庭,平均每个有五百人,由公民大会选举,任期一年,不得连任。陪审员由年满三十岁的男性公民通过抽签方式充任,陪审法庭作为最高司法机关,有权受理公民的申诉。对案件的受理采用开庭方式,经过原、被告的辩论后,由陪审员秘密投票以得票多者胜诉。因陪审判决既是一审判决也是终审判决,故陪审官的任何投票都具有最高效力。

监察。公元前500年左右,雅典的监察制度已经相当发达,陪审法庭的性质除了是最高司法机关外,还是最高监察机关,有批准或否决五百人议事会的权力。此外公民也可以行使监察权。在雅典,官员的当选必须经过公民的严格监察。另外还有不法申诉制度设置,即任何雅典公民认为某项法令违法,都有权向陪审法庭提出控诉,在控诉期,该法令暂停实施,如作肯定判决该法令就会被撤销。

行政。五百人会议作为公民大会的常设机构,负责处理政务,为公民大会准备提案和主持大会。雅典的行政官员都是义务职,不支薪金,而且分工明确。这些人的资格在其任职之前都由陪审法庭审查,卸任时并需作报告。

(二)对行政权力监督的设置

在雅典民主制中,行政权力面临从产生前、行使中和事后的全过程监督和制约。首先,行政权力的享有者——执政官和将军,由公民大会选举产生。伯里克利曾经在一次悼念阵亡将士的葬礼上自豪地说:"我们的制度之所以被称为民主政治,因为政权是在全体公民手中,而不是在少数人手中。解决私人争执的时候,每个人在法律上都是平等的。让一个人担任公职优先于他人的时候,所考虑的不是某一个特殊阶级的成员,而是他们所具有的真正才能。任何人,只要他能够对国家有所贡献,绝对不会因为贫穷而在政治上湮没无闻。正因为我们的政治生活是自由而公开的,我们彼此间的日常生活也是这样

---

① [古希腊]伯里克利:"在殉国将士葬礼上的演说词",[美]斯塔夫里阿诺斯著:《全球通史:从史前史到21世纪》。吴象婴等译,北京大学出版社2006年版,第107页。

的……。在我们私人生活中,我们是自由的和宽恕的;但在公共事务上,我们遵守法律。这是因为这种法律深使我们心悦诚服。"①

其次,比较有力的监察权力设置。为了保证当选者的素质和防止滥用职权,还将监察权赋予由人民的广泛参与而组成的陪审法庭。这种监察包括:第一,任职前的资格审查,包括:出身、财产、人品、信仰、是否尊重父母、是否服兵役等。以执政官为例,其任职资格审查由公民大会的常设机构——五百人议事会作初审,如有问题则提交法庭判决决定是否任职。第二,官员任职期间也要受到审查。如执政官和将军在每一主席团中都要举行一次信任投票,看他是否称职,如果这种投票反对任何一个官员,他便要到陪审法庭受审,如有罪,则判决刑罚或罚金;如果无罪,他将复职。不管官位有多高,都接受陪审法庭的审查。比如,公元前 405 年雅典舰队在羊河战役中覆灭,雅典将军们经公民大会陪审法庭审判被集体处决。为加强对官员的监督,雅典实行公开的审核制度,鼓励民告官。每位官员经手的账目皆须接受由公众抽签产生的 10 位会计(logistai)的核查;离任官员向陪审法庭提交账目后 3 日内,由各地域部落抽签产生的 10 位审计员(euthynai)负责受理公众对离任官员的任何公私指控。对有根据的指控,审计员将案件移送相关法庭审理:私人诉讼移交村镇法庭;公诉移交陪审法庭(dikasterion)。在此类民告官诉讼中,胜诉者常为普通民众而非官员。依靠这些手段,所有官吏,包括议事会成员(bouleu-tai),都要全面述职,并为其过错承担责任。摩根·汉森曾精辟地指出:"雅典民主政治的提倡者强调公民是受法律保护的,因而宁肯把违法乱纪的案件归咎于官员们和政治领导人,而不是民众或城邦本身……。法律是束缚统治者而不是被统治者的。在僭主政治和寡头政治下,公民们听凭统治者的颐指气使;在民主政治下,法律则保护公民。那么法律针对谁呢? 显然是针对政治领导人和行政官员们,他们在与公民打交道时必须尊重民主制度的法律。"②第三,官员在其任职期满后,还要接受审查。在其离任时,会有专人对其在任职期间的财产进行审查,如有贪污或者受贿,即送交法庭判决,通常对其课以非法所得的十倍罚金。例如,在遭到伯罗奔尼撒战争破坏而致使雅典城里难民密集的情况下,公

---

① [古希腊]伯里克利:"在殉国将士葬礼上的演说词",[美]斯塔夫里阿诺斯著:《全球通史:从史前史到 21 世纪》,吴象婴等译,北京大学出版社 2006 年版,第 107 页。
② 转引自王以欣:"英雄与民主——古代雅典民主政治剖析",《世界历史》2007 年第 4 期。

元前430年城中突然发生了严重的瘟疫,居民大量死亡。眼看城外围备受敌军蹂躏,城内病魔肆虐,尸体横陈。雅典人心混乱,怨声四起,一度向斯巴达求和未果。伯里克利的政敌趁机直接攻击伯里克利,把战争的不幸归咎于他,伯里克利被陪审法庭判罚款。

最后,制约行政权力的最严厉的制度设置就是放逐制度。在古代希腊所处的时代,放逐化外,离开文明社会被迫到野蛮地区自生自灭,很大程度上就是意味着死亡。为防止僭主政治①再起,克里斯提尼立法改革时期,就创设了陶片放逐法(亦称为贝壳放逐法)。被历史学家称为最富有特色的一种制度,这一制度是针对那些滥用权力、危害国家利益、侵犯公民权利的官员而设置的。如果一位政治家威望过高,影响过大,且居功自傲,摆出人民救星的架子,他就会引起民众警觉,被怀疑是政治危险人物,可能威胁民主,破坏政局稳定,于是根据此法,在每年的春季公民大会上经表决通过,先用口头表决方式提出是否有被放逐的人,如果有就召开第二次会议,每个人都在陶片或者贝壳上写上他认为应被放逐人的名字,将其放逐国外10年。其间,国家代为保管财产,待其回国后悉数发还。被逐者并非罪犯,只因其对民主构成潜在威胁。比如,公元前462年,将军客蒙不顾民主派的反对,率军援助斯巴达镇压黑劳士起义。客蒙在斯巴达遭到碰壁,败兴而归。民主派及其拥护他们的雅典公民认为雅典蒙受巨大耻辱。公元前461年春季的公民大会上,民主派启用陶片放逐法,经表决,客蒙被放逐。

雅典民主政治,成功演绎出民主政治的精髓,即对于行政权力的控制,对于掌握行政大权的官员的有效控制。美国实用主义哲学家悉尼·胡克在其《历史中的英雄》一书中指出:"一个民主社会对于英雄人物必须永远加以提防。"所谓英雄就是那些创造性人物,当历史面临重要抉择时,其思想、行动将影响未来的社会历史进程。他们的个人行为可以造福大众,亦可能是灾祸之源,"因为天才和能力时常会被滥用"。对于一个民主的社会,人民要求自己掌握自己的命运,而不愿把命运交托给某位英雄人物。民主社会的原则之一就是多数决定原则。作为一个民主社会的

---

① 僭主政治就是以非法方式夺取国家最高权力而形成的政治架构,是与经过合法程序,公民民主投票选举产生国家权力掌握者而形成的民主政治针锋相对的。这种非法方式主要是宫廷政变或其他武装夺取政权(暴力革命)的方式。

英雄,即使他有卓越见解,也不能强加于多数人,而只能靠"一种耐心的教育方法"来说服大众,争取得到多数的承认,把自己的真知灼见"变成多数人的共同信仰"。假如多数人一味固执己见,"作为一个民主主义者,他只有丧失了英雄活动的机会"。他进而指出:"民主社会往往非到英雄人物已经逝世以后,不会轻易给他们以赞颂的。这似乎可以说是民主社会政治上的忘恩负义,但这种恶名昭著的现象确乎包含着一种很大的明智。在民主社会里,尊敬这些领袖人物的最强有力的理由就是他们不受权力的诱惑,也就是说,即使他们明知自己是正确的,而大多数是错误的,他们也随时准备着放弃他们既得的权威和地位……。一个民主社会,即使是在利用这些英雄人物时,也得时常加以提防,免得受害,不可信赖他们的意图,尽管这种意图一般是可敬的,而其中也往往含有救世主的成分。民主社会所应该信赖的乃是,自己的民主制度的结构,权力和利益中心由大多数来掌握的原则,教育和道义精神等。"即使像伯里克利这样为雅典立下赫赫战功的英雄,也是要受到制约的。他被喜剧家们讽刺为"最大的僭主";连温和的史学家修昔底德也不无微辞,称雅典"名义上民主,实受制于第一公民"。雅典公民依赖他,对他须臾难离,但也不时给他敲敲警钟。他的妻子和好友被控渎神,本人也因涉嫌受贿而接受议事会调查。雅典人把战争期间的大瘟疫归咎于其政策失误,剥夺其军权并罚巨款。他蒙受的挫折被雅典人视为"对其骄傲自大的一种惩罚"。即使像伯里克利这样尊重宪法和品德近乎完美的民主政治家,在任何意义上都和独裁者无缘,仍难免为其长期掌权和贵族风度付出代价,为其难以预知的"失误"承担责任。

(三)雅典民主制的缺陷

雅典的直接民主制尽管真正体现了"主权在民",采取多数决定原则,与个人独裁或者寡头专制形成了对照,以它的辉煌成就揭开了人类民主历史上光辉的一页。但是,也应当看到,雅典民主制也有其明显的缺陷。除了没有将国家权力明确分为立法、行政和司法以外,还有,第一,它的直接民主制实行的范围毕竟有限。对内来说,广大的奴隶和妇女被排除在公民的范围之外。据历史学家统计,能经常出席公民会议的人数不足全体公民的1/10,政治权利实际上是操纵在少数上层有产者政治活动家手中;农民和手工业者并不是这个"民主政治"的真正主人,经济、社会和文化等原因使他们无法行使法律赋予的权利,国家对将军等高级公职人员任职资格的限制,更使他们与这些职务无缘。① 第二,直接民主制由于其高成本性,往往对于国家应对紧急事件和复杂的政治经济矛盾等缺乏灵活反应能力,影响了国家处理紧急情况的能力,即国家处于紧急状态时权力不能集中。比如雅典宪法性法律规定每年每月召开四次公民大会,从中选出的审议会下设十个小组,分别处理各种具体事务。每天早晨负责主持的小组委员会从其委员中选出一名担任当天该小组及委员会的主席。这一职务是全国最高职务,由抽签产生。这样,雅典每年就有三百名元首即第一公民。这就造成了空前的政治肥大症,行政效率不得不相应地降低,特别在国家遭受内忧外患时,这种体制的不灵活就更加凸显出来。第三,也是最让人们诟病的,就是多数者的权力成为不受任何制约的绝对权力,从而导致多数人暴政的不可避免。雅典的直接民主制,彻头彻尾地贯彻了多数人统治原则。可是,一方面,由于当时交通和通讯的掣肘,实质上公众民主参与的充分性和有效性也大打折扣。另一方面,多数人统治原则必然隐含着多数人的意见肯定是真理和正义的前提,如果据此认为,少数人的意见可以不予理睬,少数人的利益可以置之不顾,可以视多数人的意见为真理和正义,视少数人的意见为谬论和偏见而任加践踏,那么,这种民主不过是"多数人的暴政"。这种制度的缺陷最容易为能言善辩的投机者所利用,煽动民众欺骗公众,已达到其险恶用心。比如,在公元前415年伯罗奔尼撒战争期间,在蛊惑人心的演说的煽动下,雅典公民大会抛弃了慎重和理智,派遣了希腊城邦有史以来人数最多的军队去遥远的西西里进行军事冒险,用修昔底德的话来说:"每个人都充满了远征的热情。——大多数人的这种过分热忱的结果使少数实际上反对远征的人害怕别人说他们不爱国(如果他们表示反对的话),因此就不做声了。"②结果,雅典及它的盟国在这次冒险事业中共损失将士五万名,舰船二百艘。这种多数人的民主,尤其表现在陪审法院上。陪审法院的审判常常并不依照公开和明确的法律来进行,也无严谨细致的程序来约束。这就增大了判决的随意性,隐藏了权力滥用的极大可能,造成了将多数意志奉为圭臬带来"没有人能够确定今天有效的法律到明天是否还能有效"的局面,致使陪审法

---

① 由嵘主编:《外国法制史》,北京大学出版社2003年版,第61页。
② [古希腊]修昔底德著:《伯罗奔尼撒战争史》,商务印书馆1960年版,第442页。

院在实际审判中常常没有成文的法律可资援用,从而使判决具有了极大的任意性。同时,陶片放逐法也体现了不受控制的绝对权力:得票达到一定数量的人即被放逐,十年内不得回到雅典并且被放逐者无权为自己辩护也无处申诉。这项制度完全诉诸多数人的同意,彻底地遗忘了少数人的权利,因而带有浓厚的多数人暴政的色彩。因为绝对的权力必然会导致专制。承认了多数可以享有不受限制的权力,也就承认了压迫的必然性。正如托克维尔所说:"当我看到任何一个权威被授以决定一切的权力和能力时,不管人们把这个权威称做人民还是国王,或者称做民主政府还是贵族政府,或者这个权威是在君主国行使还是在共和国行使,我都要说:这是给暴政播下了种子。"①概括来说,雅典的政体是以直接民主制为表现形式的立法机构专权。

二、 古罗马共和国宪制在权力限制上的实践和教训

在王政时期结束以后,直到屋大维建立元首制,在这个期间古罗马国家的政体是共和制。这种共和制不同于雅典的民主制,用西塞罗的话来说,就是君主制、贵族政治和民主制三种制度的混合体。

(一)罗马共和国政体

公元前450年通过的《十二表法》从制度层面上巩固了罗马的共和制度。罗马共和国宪制即政权结构主要由元老院、执政官、民众大会和平民保民官等部分组成。

1. 元老院

元老院有权对全部国家主权和社会政治生活实施最高监督,是共和国最高权力所在。它产生于公元前八世纪的王政时期,当时由各氏族首领组成,成员为300人;最初是王的咨询机关,其建议对王的政策有决定性的影响。共和国以后,元老院继续存在,但随着平民阶层在政治上的成长,平民在元老院②

---

① ［法］托克维尔著:《论美国民主》(上),商务印书馆2004年版,第289页。
② 公元前318年至312年间通过的《奥维尼乌斯法》规定监察官的宣誓从贵族与平民两个阶层中挑选最优秀的人物进入元老院;元老院的成员也扩展到600人。［意］朱塞佩·格罗索:《罗马法史》,黄风译,中国政法大学出版社1994年版,第169页。

中的席位逐渐增长,①元老院的权威更加提高。

元老院的职权有:(1)以"元老院决议"的形式批准或预先同意民众大会的决定或法律案,享有立法权。(2)掌握最高军事领导权,任命军事指挥官,决定征兵和解散军队问题,对内可根据治安状况宣布"戒严令"。(3)掌管外交权,决定与外国的一切外交关系,接受外交使节,对外派遣使节,签订媾和条约和结盟条约。(4)管理国家财政权,支配公共财产,编制预算,规定税收,批准军事开支。(5)监管重大宗教活动,制定历法,规定节日,解释神兆。(6)在战时或紧急状态下任命一名执政官为"独裁官",授予他最高权力,责成独裁官采取非常措施拯救国家。(7)此外,元老院还负责为征服的国家确定有关制度,监督行省的行政管理,宣告国家公敌,为得胜的将士安排凯旋仪式等。②

元老院的代表性在共和时期是不断扩大的,应当说它代表了当时主流社会阶层利益,是一个集体决策机关,象征着共和精神,西塞罗所说的共和制政体的贵族制因素就主要体现在元老院的设置之中。

2. 执政官

公元前 510 年,王政废除后,由百人团会议选举并经元老院批准的两名执政官成为罗马最高行政长官。当时元老院发展出一种治权理论:由以前的王权转化而成,治权包括军事指挥权、政府行政权、司法裁判权、占卜权和支配权。还有召集元老院会议或民众会议权,以及行使否决权。对治权的基本限制就是"向民众申诉制度"。当执政官以最严厉的方式行使治权所固有的强制权时,平民就可启动"向民众申诉制度",被罗马人视为对市民自由权的最高宪制保障③。另据查士丁尼主持编纂的《法学汇编》记载,罗马为了防止执政官"在各方面恢复国王曾行使的权力,还通过一项法令,规定对执政官的决定有上诉权,并且如果没有人民的命令,他们不能对一个罗马公民处以死刑。

---

① 公元前 400 年前,元老院的席位为贵族所独占。到公元前四世纪,贵族在元老院的正式席位(象牙座位)减至 130 席,平民扩大到 65 席;到公元前 216 年,贵族所占正式席位减至 73 席,平民上升至 125 席;到公元前 179 年,贵族在元老院的席位为 88 席,平民则占有 216 席。参见:田德全、王振霞:"公民权的扩展对罗马共和国兴起的影响",载《齐鲁学刊》2004 年第 3 期。

② [意]朱塞佩·格罗索著:《罗马法史》,黄风译,中国政法大学出版社 1994 年版,第 172—173 页。

③ 张学仁:"古代罗马共和国宪制探源——世界第一次立宪主义的实验",《法学评论》2002 年第 5 期。

这样所留给他们的只是以国家名义执行的直接的强制权和下令监禁人的权力。"①

古罗马共和国执政官制度就是西塞罗所说的共和制中的君主制因素的表现。这一点,当时的历史学家波利比阿(公元前204年—公元前122年)也认为:执政官因拥有巨大的"治权"而成为罗马共和国宪制中君主制成分的代表。② 执政官制度的特点有:(1)选举产生。由百人团民众会议选举产生。(2)任期短暂。任期一年,十年内不得当选同一职务。(3)相互制约。执政官为两人,均有充分的治权,地位平等,他们所做的决定,须一致通过。其中任何一人都可行使否决权阻止对方的决议,这使他们在协议的同时并相互制约。(4)卸任究责。执政官在任职结束后,主动向监察官询问自己任内的工作评价,并不排除被追究责任,而有功绩者可被选入元老院。(5)职务无偿。各级执政官并没有薪水,他们由于多出身于贵族或平民上层,以任公职为荣誉,不计报酬。③

值得一提的是,为了应对紧急突发事件,罗马还设置了独裁官制度。即当国家处于紧急状态时,元老院可以从执政官中选择一名指定为独裁官(狄克推托),独裁官不仅拥有国家的最高统治权,而且这种权力不受任何人的制约,即便是保民官的否决权相对于独裁官也没有效力。但独裁官却受任期的限制,罗马法律规定,独裁官在完成了特定的任务之后必须自动卸职,而且在任何情况下,独裁官的任期都不能超过六个月。

3. 保民官

他是由民众大会选举产生的,作用在于制约执政官。设立于公元前494年,最初2名后增至10名,任期1年。在执行职务时,人身不受侵犯,元老院无权对保民官加以拘禁、判罪。保民官有权否决、抵制执政官、监察官等采取的不利于平民的措施,以维护平民的利益。它的宪制功能是反对行政至上权,保护普通公民免受武断的或过度的行政权力的侵害;不是决定公共政策和管理罗马政府,而是给罗马人民提供保护自己的方法或法律援助。它是民主制的一个特殊的监督机制。其否决权是神圣的,如保民官自己不撤销,则相应的

---

① H. H. Scullard, A History of The Roman World, 753–146B. C. London and Newyork,1980, 44–45.

② 张宏生、谷春德著:《西方法律思想史》,北京大学出版社1990年版,第29页。

③ 李海松:"罗马共和国宪制述评",《河南省政法管理干部学院学报》2006年第2期。

命令或法令是不能生效的。

4. 民众大会

古罗马的民众会议有三种形式,完美体现了西塞罗所谓罗马共和制中的民主制因素。(1)库利亚民众会议。它是最古老的民众会议形式,以王政前期古罗马的 30 个胞族(库利亚)为单位召开,相传为罗马城的创始人罗慕洛所设,其职能主要为选举王,批准法律和决定战争;但进入共和国后,其地位和作用逐渐降低。在共和国时期,它以"大权法"的形式,即最高政权名义,委托"百人团民会"和"特里布斯民会"选举执政官。后来,它的活动主要限于宗教占卜,宣布脱离关系,实行自权人收养和订立遗嘱等方面。① (2)百人团民众会议。王政后期塞尔维·图里乌改革后,罗马出现了第二种民众会议,即百人团民众会议。塞尔维·图里乌在进行了人口和财产调查的基础上,把罗马的全体自由民按财产多寡划分为六个等级,作为征兵和纳税的基础,六个等级共划成 193 个百人团。执政官主持会议,以百人团为单位计票。其职权根据公元前 287 年《荷尔田希法》规定,一切宪法性法律必须由百人团民众会议通过,有权宣布战争与对外缔结合约;还有权选举产生高级官员:执政官、大法官、监察官、十人委员会成员和军团司令官;有权审判一切有关剥夺被告"全部公民权"的刑事案件。(3)特里布斯民会。专属于平民的民众会议形式,也称部落民众会议。会议由保民官主持,参加者不分等级,不要求财产资格,其决议只对平民有效。公元前 287 年以后,成为主要的立法机关;可审判适用罚金的案件;可选举中级、低级官员。

罗马共和国的宪制设计突出了限制国家权力、防止任何人把权力扩张到成为主宰者的程度。当时的学者西塞罗认为:"因为执政官的权力不是天赋的权力,而是公民赋予的,当他独自突起的时候,便应当看作是对公民权利的僭取和专制"。因此古罗马共和制包含了人民主权的思想。西塞罗还说:"不应提出个人例外的法律","执政官是会说话的法律,而法律则是不会说话的执政官"。② 这充分证明了罗马共和制是法治政体。当时的历史学者波利比阿在不同场合也反复强调,罗马人能够在战场上无往而不胜,是因为罗马共和

---

① 由嵘主编:《外国法制史》,北京大学出版社 2003 年版,第 77—78 页。
② [古罗马]西塞罗语,引自《西方法律思想史资料选编》,北京大学出版社 1982 年版,第 79 页。

国政体的优秀。① 罗马共和国的宪制是将一人统治（君主制）、少数人统治（贵族制）和多数人统治（民主制）的各种单纯政体的优越性集中在一起的混合政体。他说："将所有优秀政体的优良与突出部分合成于其中，不让任何一种原则不恰当地成长，转变成为他的堕落形式，而是各自都被其他原则所抵消，任何一种都不会取得胜利，超出另一种因素，这样的政体就会像装载平均的船只，总是保持平衡。"②关于各种权力之间的制衡，波利比阿对元老院和执政官之间的相互制约比较重视，特别是元老院对执政官财政上的牵制；对人民与执政官的关系，他提到了民众大会对和平条约的批准和拒绝、执政官卸任须向人民述职两项。人民畏惧执政官，主要因为作为士兵是要在执政官统帅的部队中作为部下服役；关于人民与元老院的关系，主要谈及元老院对人民的畏惧，人民审判死刑案件、批准和通过法律、改变元老院成员的构成和权力以及保民官的否决权等。同时，他强调不同机构之间通过斗争和制约达到和谐，从而赋予体制内的争斗以积极意义。

（二）教训

古罗马共和国的宪制所体现出来的权力制约和制衡精神，相对于雅典的多数人民主具有明显的进步性，但是古罗马的共和制为何最终走向衰亡而被帝制所代替，就是缘于元老院推举出来的执政官苏拉，利用手中的军权镇压自己的政敌、建立独裁统治，其执政权的行使没有受到有效地限制，行政权力独大。这种独裁政治破坏了共和国几个世纪政治稳定的权力平衡体系，从根本上动摇了共和政制的基本原则，为元首制最终取代共和制奠定了基础。考察共和制失败的教训，我认为主要有以下几点：

第一，随着国家疆域的扩展和人口的增加，直接民主制的各种民众大会的召开由于交通和通讯的不便而越来越少，这就将原来共和制各权力之间的制衡给打破了。第二，随着对外征战的节节胜利，一方面，广大平民因长期远离土地致使土地荒芜，复员以后又因贪婪的富人的抢购而被逐出了家园，他们大量涌入罗马城，靠出卖选票为生；另一方面，豪门贵族凭借海外战争胜利而积

---

① 晏绍祥："波利比阿论古典罗马共和国政制"，《古代文明》2009 年第 4 期。
② Polybius，The Histories，6，10. 转引自：晏绍祥："波利比阿论古典罗马共和国政制"，《古代文明》2009 年第 4 期。

累的巨额财富,贿买选民,致使民众大会被金钱所控制。真正的权力制约和监督在现实中越来越难以启动,因而罗马统治机构变得异常腐朽,自元老至百人团团长,无一人不贪污受贿。① 贵族和新贵(平民上层)们把他们的高贵身份看作是必然的,把自己封闭起来,认为政府中的重要官职均须由他们来做,用尽一切手段确保执政官从他们中间选出。② 于是,因缺乏杰出的反对派领袖,罗马共和宪制的权力制约机制就名存实亡了。第三,其共和宪制虽然有权力制约和制衡的设置,但是,权力分工不清,往往是立法、司法和行政权相混杂,没有体现三权分立观念的国家机构设置。例如,百人团民众会议选举行政长官(执政官)的决议案只有经元老院批准方才发生法律效力。一旦遭到否决,百人团民众会议则无能为力,没有其他法律补救手段。第四,公民兵制的破坏和雇佣兵制的建立,也助长了执政官独裁的欲望。由于自由小农民的大量破产,原来的征兵资格限制越来越难以实行,于是雇佣兵制应运而生,为金钱和贪欲而战的雇佣兵直接激发了不受羁束的将军的产生。当苏拉、恺撒之流的将军以煽动性的言辞,以丰厚的回报向士兵作出美好的许诺时,其军队群情激昂地跟着他像攻打敌人一样地攻打罗马城。③

在横跨三大洲、以地中海作为内湖的庞大国家中实行统治,对最高国家权力的产生、运行的制约需要科学缜密的权力制约机制,古罗马共和为帝制所代替,就表明行政权力独大和不受有效制约是民主的克星。罗马共和国成功在于共和及权力制衡,其衰亡也在于权力制衡机制的不稳固,终至行政权成为不受制约的权力而结束了共和。

三、 近代资本主义国家三权分立和制衡机制的经验

13—14 世纪,以各地方派代表的形式召集的民会,分别在英国(以国会的形式,1265 年西蒙主持的)和法国(以三级会议的形式,1302 年菲力四世主持的)涌现出来。这种近代议会的雏形开创了民主形式的先河,最终发展成了

---

① [苏]科瓦略夫著:《古代罗马史》,王以铸译,生活·读书·新知三联书店 1957 年版,第 495—496 页。
② 田德全、王玉冲著:"贫富分化与罗马共和国的衰亡",《菏泽学院学报》2006 年第 1 期。
③ 田德全、王玉冲著:"贫富分化与罗马共和国的衰亡",《菏泽学院学报》2006 年第 1 期。

近代的代议制民主。同时,适应商品经济的国际化发展,在 12—16 世纪,罗马法复兴运动、文艺复兴运动①从意大利发展到欧洲各个国家,直接推动了 17 世纪到 18 世纪欧洲启蒙运动的发生和发展。启蒙运动中,思想家们提出的分权思想是在古希腊罗马先哲们分权限权思想的基础上提出来的。

(一)思想家的分权限权思想

英国光荣革命以后,洛克写作了《政府论》,主张国家权力应分成立法权、行政权和外交权,其中立法权和行政权必须分开,而行政权和外交权必须从属于立法权。同时,他认为立法权并不是不受限制的权力。立法权来自人民的委托,必须受委托条件的限制,即不得侵害人民的生命、自由和财产。洛克提出当立法权力在行动上违背人民对它们的委托时,人民有权运用革命手段摧毁它,以建立新的政权。② 这一思想是对多数人暴政的抑制,是古希腊民主思想的新发展,更重要的是这一思想直接为北美英属殖民地人民的独立运动提供了理论指导。

在法国,出生于路易十四当政时期的孟德斯鸠,在这位"太阳王"去世后,写作了《论法的精神》。首先,他从历史和经验出发,对权力的属性下了断言:"自由只能在国家的权力不被滥用的时候才存在。但是一切有权力的人都容易滥用权力,这是万古不易的一条经验。有权力的人们使用权力一直到遇有界限的地方才休止。说也奇怪,就是品德本身也是需要界限的!"③靠拥有公认的优良品德而掌握国家权力的人,如果没有对权力边界的有效规制,一样会走向滥用权力。这就否定了柏拉图主张的哲学王统治是最好的政体的思想。同时为限制权力提供了经验依据。其次,他又提出了政治自由必须靠分权来保证,即以权力制约权力的思想。分权和限权是一枚硬币的两面:要限权必须先要分权,而分权本身就意味着权力之间的互相制约。因为即使是美好的品德也是有界限的,靠道德教化是不可能有效地控制握有国家大权的人不滥用权力,所以,办法只有一个——即以权力制约权力。孟德斯鸠认为,要防止滥

---

① 这两者同宗教改革运动一起,在欧洲文化史上并成为"三 R 运动"(revival of roman law, re-naissance, reformation)。
② 徐大同主编:《西方政治思想史》,天津人民出版社 1985 年版,第 230 页。
③ [法]孟德斯鸠著:《论法的精神》,张雁深译,商务印书馆 1982 年版,第 154 页。

用权力,必须以权力制约权力,形成一种能联合各种权力的政制,其中各种权力既调节配合,又相互制约。这就从国家政体设计上确定了一个原则,即权力要分开掌握和使用。在考察和吸取了古罗马共和国权力制约的经验教训的基础上,又考察了英国的君主立宪政体以后,孟德斯鸠认为,国家权力应分为立法、行政、司法三权,同时三权之间必须相互制衡。

每一种权力都应当有边界:立法权由议会掌握,但是一方面握有立法权的议会议员应当定期由人民选举产生,议员向选民负责由选民监督和罢免;另一方面议会应当设有贵族和平民两院,贵族院议员终身任职并可以世袭,平民院议员由人民选举产生实行任期制。两院同时拥有立法权,第一可以有权制止对方侵犯自己,防止立法权演化成多数人的暴政;第二为防止贵族院议员过分追求私利,在决定财务预决算和赋税问题的法案上,贵族院只有同意权,没有创制权。行政权执行法律,应当具有不可侵犯性。行政权的掌握者通过他的"反对权"参加立法,但是不参与立法事项的讨论。行政权的掌握者对于财政法案只限于表示同意。最后,行政权直接领导军队。司法权交给法院行使,贵族应当在议会的贵族院接受审判;贵族院还掌握一切司法案件的终审权,以防司法权力过于严峻。

经过阐述三权分立,孟德斯鸠反复申明了无分权就是无自由的道理。他说,一旦立法权和行政权结合(人们将要害怕这个国王或议会制定暴虐的法律,并暴虐地执行这些法律),一旦司法权同立法权合二为一(则将对公民的生命和自由施以专断的权力,因为法官就是立法者),一旦司法权与行政权结合(法官将握有压迫者的力量),一旦三权同时集中在一个人或同一机关之手,自由就不存在了:一切权力合二为一,即使没有专制君主的外观,但人们也会时时感到君主专制的存在,因为专制的权力会随时毁灭每一个公民,蹂躏全国。

最后,孟德斯鸠认为,防止权力滥用的最终目的就是为了保证公民政治自由的实现。按照他的定义,政治自由只是"做法律许可的一切事情的权利",即法律是自由的尺度。法律不存在,自由无从谈起。忻剑飞据此提出,分权与否的问题可以新的形式提出:是权力支配法律,还是法律支配权力。古今中外各个国家的专制制度下,都是权力支配法律;在专制制度下,即使有法律还是无自由,原因在于最高权力在法律的调整之外,不管是中国的皇帝、总统、主席,还是欧洲中世纪的国王、国君。支配权力的法律"不是政府的法令,而是人民组成政府的法令",这种法律叫做宪法。托马斯·潘恩指出:"政府如果没有宪法就成了一种无权的权利了。"①可是，即使有宪法，宪法本身也是需要实施保障的，既然权力的合一必然致使人的道德失控而滥用权力，必然置法律于不行，那就只有分权和制衡才可以保证法律的统治。② 忻剑飞先生认为孟德斯鸠的三权分立和相互制衡理论是建立在"一切有权力的人都容易滥用权力"这一"超时代"的前提上面，所以，只要这个前提还存在着，制衡理论就依然有效。这种见解是有道理的。

（二）分权制衡机制在现实中的运作经验

邓小平曾在一次中共中央政治局扩大会议上谈及党和国家领导制度改革时说道："斯大林严重破坏社会主义法制，毛泽东同志就说过，这样的事件在英、法、美这样的西方国家不可能发生"。③ 同样地，"文化大革命"这样的内乱，在英国和美国这样政体的国家也是绝不会发生的。为什么？就是因为制度的设置使"坏人在此种体制下做不成坏事"，他们的制度设计中有一种防范机制——防范权力滥用的机制，这种机制是什么？这种机制就是民主共和制，就是权力既分离和相互制约同时又相互合作的民主共和制，不是单纯的民主。

历史经验总结和理论创新是一方面，实践中真正建构权力分离、制约和合作的符合国情的政体架构，在各国都经过了艰辛的过程。

1. 法国

现今法国的疆域，在古罗马时期大抵相当于当时罗马国家的高卢地区，以后的中世纪之初又为查理曼帝国的核心统治区域。英法百年战争以后，法兰西发展为欧洲著名的中央集权制封建国家，在国王路易十四时期，王权专制达到顶峰，同时也创造了灿烂的文明。由于法王建立和加强中央集权的过程中，商人阶层（即后来的资产阶级）鼎力支持王权，在国家统一以后，资产阶级和封建贵族的矛盾就显现出来了，再加上罗马法复兴等"3R运动"的深入影响，18世纪末法国社会中的各种矛盾空前激烈起来，终于导致了1789年大革命的爆发。可是，经过思想启蒙之后的法国民众的革命精神并不会直接转化为民主共和的行动，虽然在《人权宣言》中和随后的宪法中规定了民主共和及权

---

① ［美］潘恩著：《潘恩选集》，马清槐译，商务印书馆1981年版，第250页。
② 忻剑飞："《论法的精神》与分权学说"，《读书》二十周年全集，第5页。
③ 《邓小平文选》（第二卷），人民出版社1994年版，第333页。

力限制和分权,但是革命党人并没有马上自觉地履行自己的诺言。根据前美国最高法院首席大法官伦奎斯特曾经在一次讲演中的描述,最初赢得政权的革命党人充分演绎了单纯民主,即多数人暴政的情况(即雅各宾专政):

> 在《人权宣言》通过后不久的几年,众所周知的法国"恐怖专制"时期就开始了。在这一时期,大约30万人被监禁,其中2万人被推上了断头台,还有另外2万人死于监狱或未经任何审判即遭处决。一位研究法国历史的专家把"恐怖专制"形容为"司法谋杀"。革命审判所被设计用来审问所有的"政治犯"。一位学者认为,革命审判所"在功能上类似于战时法庭,它以死刑为唯一的惩罚方式,且它的判决无法被推翻"。很少有人去留意司法权威与立法和行政的分立。国民议会是主要的立法机构;它创制了革命审判所,在其存在的短暂时期内,国民议会不断地改变革命审判所的规模与组成人员用以达到政治目的。革命审判所的法官和陪审员都由国民议会任命和更换。这样一来,我们看到国民议会既制定法律,又负责起诉,还能有效地控制法院。
>
> 在当时的法国,审判的程序出奇地迅速。举例来说,一个嫌疑犯,如果在早上被逮捕,那么接下来就是上午9点钟被起诉,10点钟被审判,中午被宣判,下午4点钟就上了断头台。纵然如此,革命审判所还因为太迟缓和谨慎而导致工作不利,后来通过的一个法令索性规定只要一场审判持续了一定的时间,陪审团就可以宣布他们的判决,即使没有任何证据。另一个法令则禁止嫌疑犯为自己辩护,因为这样会造成不必要的延误和"对正义的阻碍"。
>
> 所有这一切恰恰发生在一个几年前曾经通过《人权宣言》的国家。而我认为发生这一切的原因在于在"恐怖专制"时期,没有一个独立的机构能够捍卫《人权宣言》中所包含的诸多权利——立法机关居于最高地位,它颁布了法律,授权了起诉,又同时控制着法院。《人权宣言》上的所有美好叙述虽然在形式上依然有效,但实际上却形同虚设,因为那个时期的法国没有任何独立的政府机关能够出于保护个人权利而去坚持和实施它们。①

---

① 威廉·伦奎斯特:"倾听大法官的智慧之音——在里士满大学法学院司法独立研讨会上的演讲",http://www.law-thinker.com/news.php?id=1090(最后访问时间2006年3月30日)。

事实证明,徒法不足以自行。《人权宣言》规定的"凡是权利无保障和分权未确立的社会,就没有宪法",在国民议会中多数派雅各宾派的统治下,真正的分权并没有建立起来,"革命的暴政"越演越烈,恐怖统治失去了控制,革命开始"吞灭它自己的儿女"。在不断的权力斗争中,一个接一个革命领袖继路易·安东内特之后被送上了断头台。无套裤汉(字面意思指没有上流社会人士所穿的短裤的人)正在迫切要求建立一个更平均主义的国家。于是,法国资产阶级专制统治不可避免了。[①] 自 1789 年大革命开始至今 200 年来,法国经历了帝制和共和的反复较量,现在的第五共和国终于以"半总统制半议会制"的共和体制建立起了三权分离、三权制约和合作的资产阶级共和国。

从国情而言,法国南部地区曾是古罗马文明的腹地,它也是欧洲中世纪最主要的封建国家之一,是最早建成中央集权统一王权的国家,更是"3R 运动"影响最深的国家,所以法国人的革命意识最强。在大革命时期,先是大资产阶级登上政治舞台,因其缺乏革命彻底性马上就被赶下台;中等资产阶级(吉伦特派)掌权后建立了法兰西第一共和国,接着就将前国王送上断头台;最后是小资产阶级(雅各宾派)掌权,革命达到顶峰。激进民主派的平均主义主张在当时的时代由于损害了封建贵族和中上层资产阶级的利益,而且不利于商品经济的发展,所以注定不会成功。再加上欧洲当时各大君主国对法国革命的反扑,加剧了法国时局的动荡。经过民主革命和专制帝制的反复较量,1875年以后,民主共和才算稳定下来。但是,究竟怎样的分权限权设置才能更加符合法国的国情,在此之后,法国人民又进行了不懈的探索,又相继颁布了 1875年第三共和国宪法、1946 年第四共和国宪法和 1958 年第五共和国宪法(即现行宪法)。

鉴于第三、特别是第四共和国时期议会权力轻易倒阁,政治局势不断动荡的教训,现行宪法:第一,加强了总统权力。总统由原来的议会两院推举,改为由全国选民选举产生。这就使最高国家行政权力直接建立在选民公议的基础上,而且在总统与议会因重大国策发生争议时,总统可以诉诸全民公决,也有权解散议会。

第二,在监督行政权力方面,削弱了议会权力,加强了行政权力的自我监

[①] [美]斯塔弗里阿诺斯著:《全球通史:从史前史到 21 世纪》,吴象婴等译,北京大学出版社 2006 年版,第 530 页。

督和选民的监督权力。宪法规定总统任命政府总理,根据总理的辞呈免除其职务;根据总理的建议任免政府其他组成人员。政府(总理府)主持总统选举;政府(总理府)决定并指导国家的政策;掌管行政部门和武装力量;宪法第19条还规定,除了外交、宣战或媾和、任命总理、任命宪法委员会成员、解散议会等职权以外,总统的行为必须由总理副署。这样的设计即行政权力由总统和总理共同掌握,便于行政权力的自我监督。总统对于在执行其职务中所作的行为不负责任,但叛国的情况除外。议会可以叛国罪名向最高法院起诉总统,这种起诉需议会两院以绝对多数通过。为便于议会对行政的监督,政府(总理府)成员不得兼任议会议员;又根据宪法第49条和第50条,国民议会可依法定程序通过一项不信任案追究政府(总理府)的责任,当国民议会通过不信任案时,总理必须向总统提出政府辞职;而总统的解散议会权力在一年内不得行使两次及以上。

第三,在监督议会的立法权方面,除了行政权力的制约以外,宪法还设置了宪法委员会:委员(共九名)由总统任命,任期九年,分别由总统、国民议会和参议院任命其中的1/3,不得连任,不得兼任议会议员和政府部长;宪法委员会审查议会通过的法律案、监督和裁决总统选举和议员选举的合法性,所作裁决具有最终的效力,共和国内一切公共机构、政府和议会都必须遵守。

可以说,现行法国政体的三权分立和制约机制,是以行政权和立法权的分离和制约为其典型特征的。

2. 英国

自1066年法国诺曼底公爵入主英格兰以后,英国的专制王权是通过国王的代理人到全国各地方巡回审判而一步步确立起来的。所以,英国普通法(以遵循先例为原则的判例法)自其形成伊始就带有制约王权的因素,因为各判决都不同程度上参照了当地自古以来的习俗和惯例,国王对于不危及王权的当地习惯予以认可,这些判例经年日久就形成了普通法。后来,英王又逐渐倚重代表各地大封建主和宗教贵族组成的御前会议实行统治,贵族们以此要挟英王必须承诺保证贵族和自由民的人身和财产安全,非经法庭审判不得任意逮捕和施以刑罚(1215年《大宪章》)。及至克伦威尔为首的议会多数派向专制国王发起战争,将国王推上断头台,议会制约国王的行政权力达到最高程度。最后,在光荣革命(1689年)以后,双方终于达成了妥协:一方面保持了英国王室的传承和名义上的地位;另一方面又使资产阶级和新贵族保住了革命成果——由民选议会的多数派组阁专享国家的治权。在英国,宪法性的法律是历史事实即经验的总结,是不可以改动的;普通法律仅仅是议会的制定法。所以,英国的政治体制是长期(长达千年)的一步步改良形成的。

(1)议会自身的权力制约

在英国政治体制中,议会权力几乎是不受限制的,除非来自本身,即上议院(贵族院)对下议院(平民院)的制约。在1295年的"模范议会"开创英国国会制度以后,贵族和平民是在一起开会的,是一院制。据考证,平民院第一次单独召开会议是在1343年,以后两院就分别开会。但是直到16世纪才正式有了贵族院即上院的名称,此前上院仍然以议会的正宗和主体自居,而下院只不过是个分会议;在为完成国王布置给议会的任务而召开的联席会议中,上院出席会议的代表由下院提名,而下院自己的代表则由自己选举。随着议会权力的扩大,下院的地位在不断上升,上院权力不断向下院转移。到15世纪中叶,下院已经获得了财政权、税收权、审计权、人事权和立法权等权力。在向国王夺取权力的过程中,下院起了决定性的作用。1689年权利法案颁行以后,国王的权力彻底转给议会,从此退出权力争夺,上下院的权力争夺斗争持续。

上院的议员不是选举产生的,由王室后裔、世袭贵族、法律贵族、家权贵族、终身贵族、苏格兰贵族、爱尔兰贵族、离任首相组成。由于女王可以临时增封爵位,而议员死亡无需增补,所以贵族院议员人数不定。议长由其中的大法官兼任。其开会的法定人数为3人,通过法案的法定人数为30人,经常出席会议的人有100多人。1949年新修订的议会法规定,下议院通过的法案在送交上议院批准时,其延搁否决权由以前的两年减为一年;如果是公共法案,那么在经下院连续两个会议通过之后,就可以不提交上院,径自交国王签署而成为法律。但是,上院对下院的限制制约作用仍是不可忽视的:第一,对财政法案的讨论权;第二,对下院提交批准的法案的一年延搁否决权,特别是下院的一些带有时间性的议案,如拖延一年,就可使它实质失效;第三,上院在审查下院提交的法案过程中,可以纠正法案中的缺点。最近一次(2006年)的议会改革将上议院的议长规定由上议院选举产生,同时废除大法官的岗位设置。

下院的议员由普选产生,每届议会任期5年,议员可连选连任。下院的权力主要是立法、讨论和通过财政法案和监督政府。

英国议会的权力并非像法国人端洛姆所说的——"在法律上他什么都可以做,除了把女人变成男人外"——那样全能,戴雪就曾指出:"君主、贵族院及众民院纵能合成一体,亦不能具有一种万能力量。复有许多法案,纵非极不聪明,又非十分暴戾,议会不但不愿,而且不能建立。由此观之,倘若议会主权原则竟混入无限权力的德性,此项论议只是法律的假说,绝非实在;纵使实在,亦不值得我们在此地极力称道。"①对此,我国学者郑贤君教授也有相关评论。她认为,第一,"深厚的自由主义传统深植于议会立法的传统之中,使得英国议会在制定法律的过程中异常谨慎"。第二,"英国是一个重经验而不是重逻辑的国家";所以他们认为"理性即法律主要在于解决纠纷,而非用于建构秩序,且建构秩序也是不可能的",因此"法律是发现的而不是创造"的认识,"对英国议会立法形成了很大制约"。第三,判例法传统的存在。第四,司法理性的确立。所有这四项因素,导致"英国议会所处的实际地位远不如二战之前德法等国那样强势"。② 实际上正是这样,多数民主的弊端并没有在英国出现确实证实了这一点。

(2)行政权与立法权的相互制约

英国的政体是由议会(下院)的多数党组阁(执政)并出任首相(掌握国家行政权),首相和阁员同时又是议会议员。内阁由议会产生并向议会负责,接受议员的质询。议会可以对内阁提出不信任案、否决内阁的财政法案或其他重要议案,这三种情况下内阁都应该辞职或由首相提请英王解散议会重新举行大选。如果新议会的原执政党仍占多数议席,内阁可以继续执政,否则内阁必须辞职。因此,除非有充分的把握,现内阁不能随意提请英王解散议会。

英国的影子内阁制度也是立法机构对执政党实行监督的有效制度设计。由议会中的最大在野党议员在其领袖的带领下组成影子内阁,阁员与执政党内阁成员一一对应,他们以同执政党内阁争斗为乐,遇到议会辩论时,各"影子大臣"就会踊跃发言,在阐述本党观点时,专挑当任内阁的毛病和缺点进行攻击。因为其存在就是为了促使当任内阁倒台,并最终取而代之,所以对掌握行政权的执政者的监督作用很明显。有鉴于此,英国的宪法性惯例是由国家给予影子内阁以补助,成员都是有薪水的,以利于其开展有针对性的监督工作。

(3)司法权的分离

---

① [英]戴雪著:《英宪精义》,雷宾南译,中国法制出版社 2001 年版,第 146 页。
② 韩大元、林来梵、郑贤君著:《宪法学专题研究》,中国人民大学出版社 2008 年版,第 480 页。

英国的上议院被赋予终审法院的职能,这尤其给人们一种在权力的分立方面,英国的政治体制并没有十分清晰的权力分立的感觉。但是,这并不能因此断言英国的政体没有贯彻分权原则。1649 年约翰·萨德勒从令状的角度提出了关于政府立法、司法、执行职能的三分范畴:"原初权是给平民院的,司法权是给予贵族院的,而行政权则是给国王的。"①严仁群认为英国的议会议员实际上在践行一种"隐蔽的分权原则",他说比如上议院有权行使终审权的只是那 12 位法律议员,他们作为常任议员组成的上诉委员会,在经济上是完全独立于议会的,他们每人不同于其他上议院议员而是拿薪水的,也不同于下议院议员而是终生任职的。他们遵循着一种惯例,即他们通常都避免审理涉及他们所参与的立法的案件。也就是说,虽然他们同时具有立法者和司法者的双重身份,但他们在具体事项上是遵循了分权原则的——他们对于同一事项并没有同时拥有立法权和司法权。② 尽管如此,仍然无法说服人们相信,英国的政体贯彻了分权原则。但是,2006 年议会改革将大法官废除,说明英国的政体正在向明晰分权的方向行进。

作为人们公认的宪法母国,是就英国长期以来议会逐步削弱,直到彻底剥夺国王的权力而言的,是就英国选民的权利保护日益完备而言的。所以,英国的政体没有彻底贯彻分权原则,并不影响议会的国家政权核心的角色和英国的行政权力受制于议会立法的地位,不影响其民主共和国家的性质,因为在限制权力方面英国的体制还是很有效的。

3. 美国

三权分立的原则在美国宪法中和政治体制设计中,是最全面的,这是人们的共识。但是,三权分立和制衡并不是宪法制定以后就自动生成了的,三权在现今美国政体中的地位确实是无数睿智的政治家经过斗争和明智的妥协而实现的。

独立战争结束后,美国建立一个什么样的政府:是君主制还是共和制?1782 年,有一群军官在纽伦堡集会讨论美国政体问题,他们的意愿是把美国建成君主制国家,并请华盛顿出任美利坚王国国王。华盛顿严词拒绝。他说:

① [英]M. J. C. 维尔著:《宪政与分权》,苏力译,生活·读书·新知三联书店 1997 年版,第 32 页。

② 严仁群:"分权理论与英国宪政体制之自我解构",《甘肃政法学院学报》2006 年第 2 期。

"我认为这个请求孕育着可能使我国蒙受最大灾难的阴谋。假如我没有利令智昏、自欺欺人的话,你就不可能找到一个比我更不同意你们阴谋的人了。"到制宪会议时仍有鼓吹君主制者,华盛顿与之坚决斗争,他后来对杰斐逊说,他不惜流尽最后一滴血反对改变宪法确定的政体,维护共和制度。对于共和政体与君主政体的区别,华盛顿认为关键在于共和制能使宪法所赋予的国家权力永远掌握在民众手中。他相信授予联邦政府的权力"由组成联邦管理机构的立法、行政和司法三个部门分别掌管,只要民众仍起作用,决无蜕化为君主制度、寡头政治、贵族统治或任何其他专制或压迫制度的危险。"①华盛顿的言传身教、身体力行,是美国全面实践启蒙学者分权制衡学说最重要的推动者。在 1789 年 4 月 30 日第一任就职演说中,他坚定地说道:"上帝决不会将幸福赐给那些把他所规定的秩序和权利的永恒准则弃之如粪土的国家。……人们已将维护神圣的自由火炬和维护共和政体命运的希望,理所当然地、意义深远地、也许是最后一次地,寄托于美国民众所进行的这一实验上";华盛顿在《告别演说》中,提出要"正确估计支配人类心灵的对权力的迷恋及滥用权力的癖好",提出"行使政治权时,必须把权力分开并分配给各个不同的受托人以便互相制约,并指定受托人为公众福利的保护人以防他人侵犯。这种相互制约的必要性早已在古代的和现代的试验中显示出来"。②

(1)司法权

现在被人们誉为宪法守护神的最高法院,在美国刚刚建国时的地位是很卑微的。时任华盛顿政府财政部长的汉密尔顿就曾指出:"司法部门既无军权,又无财权,不能支配社会力量与财富,不能采取任何主动行动",是"分立的三权中最弱的一个"。③ 当时的富兰克林,宁肯去做驻外使节,也不去做最高法院法官。当时的情况是,最高法院必须到全国各地巡回审判,那时的最高法院还没有联邦法院分支机构(如身体不够强壮根本受不了连年累月的舟车劳顿);而最高法院的办公场所就设在国会大厦地下室一间二十二英尺那一

---

① [美]《华盛顿选集》,聂崇信、吕德本、熊希龄译,商务印书馆 1983 年版,第 239 页。
② [美]《华盛顿选集》,聂崇信、吕德本、熊希龄译,商务印书馆 1983 年版,第 257 页。
③ [美]汉密尔顿、杰伊、麦迪逊著:《联邦党人文集》,程逢如等译,商务印书馆 1980 年版,第 391 页。

点点大的房间里①。

到第三任最高法院首席大法官约翰·马歇尔上任以后,最高法院才取得了与最高行政权力、最高国家立法机关同等的地位。这是马歇尔通过著名的"马伯利诉麦迪逊"一案的判决来实现的。

当亚当斯总统自知在位时日无多之时,就突击提拔了十几位首都华盛顿治安法官,其中就有马伯利。可是,任命状虽然赶在总统在位的最后一天夜里,经亚当斯总统签字并盖上国玺生效了,但是没来得及从国务卿的办公室中送出去,第二天新总统就职,随即新总统(杰弗逊)命令新国务卿(麦迪逊)将任命状连同其他废纸一同销毁。随即国会通过决议命令最高法院明年2月份之前不要开庭审案。新任最高法院大法官马歇尔虽然接受了马伯利诉麦迪逊案件,但只能等待规定时间才能开庭审理。

原告马伯利认为亚当斯总统签署的任命状已经生效,但正是由于新任国务卿麦迪逊扣留不发,才使得自己不能履职。因此诉求最高法院颁发强制令,让国务卿麦迪逊将委任状送达给自己。

马歇尔怎么办?纵使根据1789年《司法法》最高法院可以发布强制令,但不仅法律没有规定怎样强制,而且对于一无用兵权,二无财政权的最高法院来说,确实不能保证发出的强制令能得到执行。而不发强制令呢,就等于否定总统签署的任命状的法律效力,那肯定不行。究竟怎么办?冥思苦想,睿智的马歇尔终于想出了一条一箭双雕的妙计。

在一年以后的1803年2月,最高法院开庭后,马歇尔采取的第一个动作就是向国务卿麦迪逊发出一份通知,代表最高法院要求现任国务卿陈述理由:为什么不应该给你发个强制令,迫使你送出马伯利的任命书。这个举动果然引起争议,国会会议上开始争论司法分支的独立和权力到底应该到什么程度。麦迪逊没有直接回应,而是让自己的律师书面向最高法院送了一封回函,内容是这种事情不是最高法院应该管的事情。鉴于此,马歇尔于24日宣读了此案的判决。

他把这个案子划分为三个不同的问题。第一,原告是否有权得到这

①　林达:"马歇尔大法官的远见",http://www.360doc.com/content/08/0901/22/60709_1600724.shtml(最后访问时间2010年12月10日)。

张任命书？显然，除非挑战亚当斯总统的合法性，任命书当然有效。第二，既然原告的权利受到了损害，这个国家是否应该予以补救？即使是国务卿也不能放任公民权利受侵害而不顾，当然，麦迪逊有义务颁发委任状。第三，最高法院应该向国务卿发出强制令吗？马歇尔指出，宪法规定，只有涉及外国使节和州作为当事方的案件，最高法院才有最初审理权。本法院对本案没有管辖权。马歇尔在判决中接着说："法院的唯一职责是裁决个人权利，而不应调查行政部门或行政官员如何运用自由裁量权履行其职责的问题。这种问题在性质上是政治问题，根据宪法和法律应由行政部门处理，不应由法院处理。"他又接着说道："如果按《司法法》第 13 条①向麦迪逊发出强制令，就违反了美国宪法的上述规定。"马歇尔进一步说道，美国政权的各个分支（立法、行政和司法）的权力都是有限的，这个限度以宪法为准；任何违背宪法原则的法令都无效而必须取消。据此，他宣布，"1789 年《司法法》第 13 条因违宪而无效，不适用于本案，驳回马伯利的诉讼请求！"最后他宣布了判决："必须强调，认定什么是合法，这是司法权的职责范围。"

这个判决，将当时的总统和国会推上了尴尬的两难境地，如果不愿意被最高法院戴上违宪的帽子，只有接受判决，承认最高法院监督国会立法的违宪审查权。②

通过马伯利诉麦迪逊案件，马歇尔使最高法院赢得了双重胜利：首先，他向政府的行政分支宣告，司法机构有权监督和判定他们的行为是不是合法，如果司法机构认定他们是在"执法犯法"，有权按照法律予以制裁。其次，他向国家政权的立法分支宣告，不仅宪法高于其他所有的法律法令，而且，"认定法律本身是否合法"这样一个"法律鉴定权"与立法机构无关。立法机构不得随意立法。从此，美国最高法院有了"司法复审权"（也称违宪审查权）。这使得美国的司法机构第一次明确独立于政府的另外两个分支，也因此历史性地

---

① 美国《1789 司法法》第 13 条："最高法院有权在法律原则和法律惯例许可的案件中，对以合众国名义任命的法院或公职人员发布令状。"

② 贾东江："马歇尔大法官与'三十六计'"，http://www. pbcrz. com/zhuanlan/show. php/zhuanlan. 28823. html（最后访问时间 2010 年 12 月 21 日）。

确立了最高法院的地位。

（2）行政权

美国宪法第 2 条规定,总统行使国家行政权,统帅军队和各州民兵,但总统任免政府组成人员和最高法院大法官及驻外使节的权力,须参议院通过;总统同外国缔结条约的权力须参议院批准。宪法还规定,在任文职官员不得当选为合众国国会议员。这表明,在美国行政和立法分权是很明确的。同时,两权的相互制约表现在:总统没有解散议会的权力,只可以"使两院休会到他认为适当的时间";总统对众议院通过的法律案有批准权,但遭总统否决的法案如众议院再次以 2/3 多数通过,总统不得再行使否决权。对于国会提请批准的法案,总统的延搁权只有十日。国会的众议院独自享有对总统的弹劾提案权,弹劾案由参议院审判。

美国总统的权力限制后来还有所增加,第一是 1951 年生效的第二十二宪法修正案,规定总统任期,连任时最多不得超过两届;第二是 1973 年经水门事件以后,总统的情报收集权力受到国会监督,总统的个人账目,尤其是选举经费收支情况必须向社会公开。

（3）立法权

美国宪法虽然条文不多(7 条 6200 字),但有关国会的组成却占了一个条文 3000 多字,即半部宪法。对立法权的控制,除来自总统行政权力的控制、接受最高法院(司法权力)的司法复审以外,还有来自本身的限制。两院制设计本身也是对国会立法权的一种内在制约。美国国会是世界上最早建立两院制的国家之一。美国开国之父们将两院设计成在任期、议员选任等各方面相区别的两部分,意在互相牵制、彼此制约,以利于立法权的正确行使。具体说来,除议员产生的区别以外,两院制的主要特点还表现在:第一,两院互相牵制。如众议院通过的法案要由参议院同意或提出修正案;如在开会期间,任何一院,未经另一院同意,不得休会三日以上;再如弹劾(总统等高级官员)的案件,众议院只有提案权没有审判权,参议院只有审判权没有提案权。第二,参议院每两年改选其全部成员的 1/3;而众议院议员任期统统为两年,但无连任限制。由于总统大选每四年举行一次,因此,在非总统大选年举行的国会选举,也被称为国会中期选举。

国会对行政的监督除表现为对共同的权力限制外,近些年越来越经常使用的是国会的质询权利。2010 年 2 月 19 日,丰田公司总裁丰田章男就被美国国会众议院一议员"邀请",出席众议院监督和政府改革委员会的听证会,就丰田汽车脚踏板事件接受质询。据清华大学美国研究中心副主任赵克金介绍,"这种听证往往是针对联邦政府、司法机构的渎职行为、错误或是管理不善情况以及国会成员本身进行的检查和弹劾案例而进行的。"①

美国宪法以其非常繁琐的修正案提出和通过程序,被认为是典型的刚性宪法。修正案提出要由国会两院 2/3 议员联合提出;或 2/3 州的州议会请求,召集专门的制宪会议提出修正案。修正案的批准,要州议会 3/4 多数或州制宪会议 3/4 多数通过。鉴于此,宪法本身明确规定了立法权的限制条件:第一,宪法第 1 条第 9 款规定,国会不得通过公民权利剥夺法案或追溯既往的法律。第二,宪法第一条修正案规定,国会不得制定关于下列事项的法律:确立国教或禁止信教自由;剥夺言论自由或出版自由;剥夺人民和平集会和向政府请愿申冤的权利。

(4)分权共和

美国宪政政体的三权分立和制衡,并不是三权对立,而是三权既相互制约又相互合作。比如在三权的合作方面,明确地规定合众国副总统兼任参议院议长,无表决权。除非议员投票结果出现赞成票和反对票相等的情况。总统可以利用手中对最高法院大法官的提名权,让最高法院拥护总统的治国方略。在罗斯福当政时期,为克服经济危机,罗斯福大力推行新政,起初最高法院屡屡为新政设置障碍,后来罗斯福提出最高法院扩大计划,打算将拥护新政的人充实最高法院(为九名大法官中超过 70 岁的大法官各配备一名法官作补充②),以使最高法院与总统和国会步调一致。大法官们明智地不予接受并一直保持沉默。与此同时,首席大法官开始改变自己的策略,那年春天,最高法院发布了两个支持罗斯福社会立法重要举措的法庭意见;接着,最老最保守的法官之一(威利斯·范·德华特)辞职。这些事件的发生,使得罗斯福的提案变得没有必要,于是参议院在辩论的过程中,悄悄地将有关最高法院的"法院填充计划"的条款隐去了,富兰克林·罗斯福失掉了填充法院的战役,但是他

---

① http://auto. ifeng. com/topic/fengtiandmn/news/internationalindustry/20100225/217883. shtml (最后访问时间 2010 年 2 月 25 日)。

② 当时全体大法官中,已有 6 位年满 70 岁。

却赢得了控制最高法院的战争。[①]

同时,美国的政体也并不是简单的多数人专政,美国宪政的精髓在于其共和精神。2000年美国总统选举的最终结局凸显了其共和精神。美国总统并不是直接选举产生的,根据美国宪法,各州选民在总统大选中选出的只是选举人。大选后,各州的选举人[②]组成全国的选举团,最后由选举团的投票来决定总统选举的结果。由于一个总统候选人只要赢得了某州一半以上的选票,该州的全部选举人票都归他,而不管各州选举人票的总计结果。[③] 这就有可能出现,甲以较大优势赢得了一些人口大州的选举人票,而乙主要是以微弱优势赢得了很多州的选举人票,而后者可能因赢得了足够的选举人票当选总统,尽管他在全国范围赢得的普选票上可能少于前者。

在2000年的总统选举人就出现了这样的情况:11月7日全国计票结果,小布什只比戈尔多得了1张选举人票,因此小布什以微弱多数当选总统。但是,最后选举的佛罗里达州检察长电告戈尔,且慢承认选举失败,因为如果两人所得选票的差距不到0.5%,根据佛罗里达选举法,就需要重新计票。8日下午,佛罗里达州的计票工作终于结束,在近6百万张选票中,小布什仅比戈尔多得1784张,两人的差距就在0.5%以内。于是,只能对选票再重新统计一次,也就是说,竞选只能继续进行。根据佛罗里达选举法,如果候选人所得的选票差距不到0.5%,各选区(县)选举委员会必须重新机器计票一次;另外,候选人有权在选举结束后72小时以内提出人工重新计票的要求,由县选举委员会决定是否可行;还规定,在大选结束后的7日内,各县选举委员会须将选举结果上报州务卿办公室,由州务卿将选举结果汇总、确认、签署,然后宣布全州的正式选举结果,从而决定本州25张总统选举人票的归属。于是按规

---

① [美]威廉·伦奎斯特:"倾听大法官的智慧之音——在里士满大学法学院司法独立研讨会上的演讲",本次演讲发表于2003年3月21日。http://www.law-times.net(最后访问时间2006年3月30日)。

② 人数为各州参众两院议员人数总和,但现任国会议员不得成为选举人,因为要贯彻分权原则。同理,现任联邦政府或州政府的成员也不得成为选举人。而各州怎样选出这些选举人则由各州自己决定。

③ 这就是美国宪法第十二修正案所体现的,被人称为"赢者通吃"的原则。这一安排无意中产生了一个正面的后果,就是当有多党参与竞选,选票在民众中相当分散的时候,到选举团投票的时候,选票却已经变得集中了。

定又重新计票,10 日,机器计票结果,仍然是小布什领先戈尔,但差距缩小为 327 票![1] 为此,戈尔又要求人工重新计票,特别在本党的重镇——棕榈滩县。但这引起小布什阵营的强烈不满,11 月 12 日,布什向佛罗里达的联邦地区法院提出紧急申请,要求停止人工计票。但法院以无管辖权为由不予受理。但繁琐的人工计票使得棕榈滩等县不能在上报结果的最后期限到来前完成,有关各县于是向州法院提出紧急请求,要求宽限;失败后又上诉到州最高法院,州最高法院同意给予宽限 5 天(26 日下午 5 时前)。可是届时只有其中的一个县完成了人工重新计票,于是州务卿拒绝了棕榈滩县和迈阿密-戴得县[2]迟到 3 个小时的计票结果,按州最高法院判决的时间于 26 日晚宣布了计票结果:布什以 537 票领先。但是,戈尔又起诉至法院,要求接受迟到的两县的计票结果。但法院作做出了不利于戈尔的判决。这时布什却向联邦最高法院提起上诉,要求审查佛州最高法院决定的合宪性。12 月 4 日,最高法院运用搁置权,将案件发回;9 日,佛州开始统计选举中的漏选票,两小时后,最高法院接受了布什的上诉,发出紧急命令:佛罗里达州立即停止人工计票,宣布 11 日举行法庭辩论。在激烈的辩论以后,12 日,最高法院作出最后裁定:"推翻佛州最高法院命令继续人工计票的决定"。13 日,戈尔向布什打电话承认失败,并发表了电视讲话:对于最高法院的裁定,戈尔说:"我不服",但毫无疑问,"我会坦然接受它";对于布什,戈尔说:"我个人将听从他的指令。我号召所有的美国人,特别是要力劝那些站在我方阵营的人们,联合起来,站在当选的下届总统身后。"对于政党的分歧,他说:"除了对政党的忠诚之外,我们还有更大的责任。这就是美国,国家将被我们置于政党之前来考虑。"[3]戈尔的明智换来了人民的掌声,[4]因为这时,共和的原则要高于民主的原则。

对此,有人评论道:

---

[1] 任东来、陈伟、白雪峰等著:《美国宪政历程:影响美国的 25 个司法大案》,中国法制出版社 2005 年版,第 442 页。

[2] 佛州:戈尔可能暂时领先布什,http://202.84.17.73/world/htm/20001112/213766A.htm(最后访问时间 2006 年 1 月 10 日)。

[3] "史上最完美的演讲稿——2000 年戈尔竞选总统失败演讲",http://bbs.edu-edu.com.cn/viewthread.php? tid=93238(最后访问时间 2006 年 1 月 20 日)。

[4] 据盖洛普民意调查显示,在审理布什诉戈尔案之前,超过 70% 的被访问者(包括布什和戈尔阵营的人)认为最高法院是解决选举纠纷最值得信赖的机构,并且能够对案件做出公平判决。最高法院判决后第二天的一项民意测验显示,80% 的民众准备接受布什为他们的总统。

法院的最终裁决权也是共和原则而非民主原则的一部分,不仅如此,还是对民主的制衡。若民主压倒一切的话,就应该重新投票,或重新点票,因为人民的声音就是上帝的声音。按照共和的原则,最终的声音是法官的声音。

尽管心里不服,戈尔最终也承认,根据宪法,这样的场合,共和的原则高于民主的原则。也正是基于这样原则,戈尔承认布什的领导,并接收他的调遣。美国的民主党毕竟是代议制共和国下的民主党,最终要服从共和的原则。

很显然,遵守"游戏规则"比"人民"意愿更重要,共和比民主更为根本。这样的分与合的持久张力也正是民主与共和的持久张力。这就是为什么美国的民主制度二百年保持稳定和走向成熟的根本原因之一。美国的国力也正是来自这种和谐中有张力的制度安排,使得美国对民主与共和得以兼顾。①

这个评述是很有见地的,以代议、宪政和法治为内容的共和,"对政府和人民的权力都加以严格的限制,不允许任何一方坐大",在选举过程中,不可以改变规则。"因为如果允许政治家以代表'人民的意愿'等貌似道德的理由轻易打破政治游戏规则,民主的'游戏'就无法进行",因此,遵守"游戏规则"比"人民"意愿更重要,共和比民主更为根本。美国的政体,美国的两党制最终都是服务于、服从于国家这个最高利益的,服从于全民族的最高信仰:不是出于人治,而要崇尚上帝和法律。

4. 俄罗斯

俄罗斯不仅有70多年一党制社会主义行政集权体制统治的历史,而且还有700多年沙皇封建专制统治的历史,所以,极权统治的历史文化遗产丰厚。鉴于此,1991年以后建立起来的民主共和体制不免带有威权主义统治的痕迹。其特征就是模仿法国第五共和国宪法建立起了半总统半议会制的民主共和宪政体制。但是针对俄罗斯的国情,还有些许不同于法国的情况。根据1993年全民公决通过的俄罗斯联邦宪法,其宪政体制有以下几个特点:

---

① 刘军宁:"共和和民主之间的持久张力",http://blog. myspace. cn/e/404802273. htm(最后访问时间2006年9月26日)。

（1）总统在宪政体制中的地位

根据宪法，总统的内政外交方面的权力规定借鉴了法国第五共和国宪法。比如关于总统是保证人的提法：法国宪法——总统是国家独立、领土完整和遵守共同体协定与条约的保证人；俄罗斯宪法——总统是俄罗斯联邦宪法、人和公民的权利和自由的保证人。但俄罗斯宪法规定的总统权力有自己的特点：

第一，任期和国家杜马相同，联邦会议对总统的弹劾程序复杂而不易启动。任期都是四年。但对总统的弹劾规定了十分复杂的程序。一是将提案权、提案通过权、提案审查权和提案审理决定权详细划分，每一个环节都规定了较高的门槛。根据宪法第93条的规定，联邦委员会享有罢免决定权。杜马有指控权，此指控必须由宪法法院从程序上审查和最高法院从实体上审查同意。1/5的杜马议员可行使提案权，提案必须由联邦议会两院各院均以2/3多数通过，且有杜马专门委员会结论。二是规定了最高审理期限。宪法第93条规定，联邦委员会对指控须在3个月内作出决定，否则视为废除指控。

第二，总统签署和公布法案的时限同法国一样，但俄罗斯总统有发布法规命令的权力，行使重要权力不需要政府总理副署。

第三，政府制定的规范性文件效力在宪法法律和总统的规范性命令之下。法国宪法规定总统对于执行职务中所作的行为除叛国以外不负责任。俄罗斯宪法没有此规定。

从以上规定来看，显见俄罗斯总统的权力要大一些。

（2）立法权的行使方式

组成联邦会议的杜马和联邦委员会均为常设机关，这样明确地规定为各国宪法所少见。同时，联邦委员会的权力侧重于批准总统的宣战令或戒严令，批准总统的国家重要职位的任免；杜马的权力侧重于对法律案的审议修改和监督政府。议会两院的权力制约和法国宪法的规定基本相同，但有关财政的议案必须由联邦委员会审议通过。

（3）司法权的行使由多个平行的机构分担

这几个平行的最高司法机构由联邦最高法院、联邦宪法法院和联邦高等仲裁法院组成。各自的权限范围在宪法中都有所规定。法俄两国都设有宪法法院，但两国宪法的规定各有侧重，法国侧重于其组成和其公正性的保证，俄罗斯则侧重于其权限。

对于现今俄罗斯的政体，有学者认为是建立了"可控民主"：就是说它既保留了民主的一些普遍性原则与制度,如一定程度的民主选举、议会制、多党制和新闻自由等,同时又强调权力的集中,尽管是在法治条件下的。这种评述是符合实际的①:俄罗斯深厚的历史文化基础和严峻的国际国内现实赋予了"可控民主"以广阔的政治空间。普京在位期间,又提出了"主权民主"概念,俄罗斯要重新振兴,回归大国行列,首要的是保证主权独立,没有主权就不能奢谈民主。看起来,普京这样的政治强人正是符合俄罗斯民族的要求的,民主的真正实现不是一朝一夕的,俄罗斯需要强有力的人物带领并逐步的走上健康的民主发展道路。2009 年,麦德韦杰夫被选举担任总统,为推动民主和多党制的发展,他提出给在杜马选举中得票超过 5% ,不足 6% 的政党一个席位;给超过 6% 而不足 7% 的政党两个席位,此举很快得到杜马响应,使小党获得了生存空间。同时,他还说服国家杜马以国家财政资金给议会政党以竞选经费补贴,提高个人和法人向政党捐助竞选经费的最低标准限额。② 种种现象表明,俄罗斯正在现行体制下,朝着多党制民主的健全体制稳步前进。

综上所述,限制权力,无论是在欧洲还是北美,无论是老牌的民主共和国还是新兴的民主共和制,都是其宪政体制的共同特征。有产阶级掌握政权的关键就是保证所有的勤劳的无产者通过合法劳动都成为有产者,使有产者的财富通过创造性劳动得到不断的增加,只有这样,就业才会增加,社会和国家才能富裕,才能长治久安,才能实现政府与社会的和谐。而这种通过劳动创造更多财富的政治体制保证,只有充分体现分权制约,不让任何权力成为专断的权力,这样的宪政体制才能造就。不患寡则患不均的,以消灭阶级差别为目的的无产阶级专政的政治体制,国家政治上专制,经济上高度中央集权,私有制受到消灭或绝对抑制,全民的就业养老等全都仰赖国家包办,个人和法人的劳动积极性得不到充分调动,其政治体制没有分权也没有制约,其结果只能是国力赢弱民众贫穷,更谈不上个人自由和社会公正。世界近代 400 多年以来的宪政历史给我们以启示:唯有建立民主共和的宪政体制,实现国家权力的分工和制约,才是国富民强,实现个人自由和社会正义的正途。

---

① 邱芝:"民主化视角下的俄罗斯政治发展模式",《南京政治学院学报》2009 年第 1 期。

② 刘俊燕、孙晓华:"梅德韦杰夫执政以来俄罗斯政党政治的新变化",《当代世界》2009 年第 6 期。

第三章　控制行政权的各种手段

　　既然国家权力必须受到控制和制约,必须分权才能成就民主共和的民本位社会秩序,那么,怎样实现对权力的制约和控制呢? 由于我国行政权力在国家权力体系中的特殊地位,因此,在本章内我主要以行政权力为例,考察和分析一下各种控制行政权力的方式和方法。

　　控制行政权有两个层面,一个层面是宏观上从国家政权的角度。在这个层面,或者是国家政权与广大人民群众之间的关系,或者是掌握不同国家政权职能的各个国家机关相互之间权力控制问题。同时,在现代分权政体下,对行政权的控制就是建立有限政府。一方面从横向上是政府的行政权受到立法权和司法权的制约;人民整体利益代表者的立法机关如何限制政府权力不逾越作为执行机关的宪法权限范围,作为宪法法律守护者的司法机关如何废止违反宪法和法律的行政规定并阻止其产生效力。另一方面从纵向上是中央的行政权力和地方行政权力如何划分,以及彼此不僭越。再一个层面就是从微观上国家管理权的角度。在这个层面,就是明确规定作为个体的公民(以及其他行政管理相对人)其基本人权和自由,并通过司法救济以补偿自己所受行政损害。

第一节　道德控权

　　"行政",从词义上说就是政治的运行,就是执行政治。古代君主社会,权力没有分离,国家权力统统掌握在以君主为首的官僚手中,控权就是控制君主等大大小小的官僚不肆无忌惮地侵犯民众的利益,将权力的行使控制在人民能忍受的范围之内。这时的道德控权就是知识阶层通过社会舆论将公认的道德规范拿来约束君主等各级官僚。现代宪政国家,政治的决策权往往掌握在立法机关手中,立法机关是决策机关,行政机关的行政活动就是执行决策的活动,行政权作为执行政治的含义毕现。为了更好地执行决策,适应不断变化的社会实际,宪法往往赋予行政机关以自由裁量权,以使行政机关相机行事,发挥行政的最大效率,实现行政目标。所以,宪政条件下的道德控权,是在总的国家政权已经为宪法所控制所规定下来的前提下,是仅仅对根据宪法享有行政权力的各级行政官员如何运用手中自由裁量权的道德控制和约束。

任何权力都需要控制和制约,这在前文已有阐述,而由于行政权力直接掌握国家暴力机器,行政机关有权对自然人进行行政拘留和劳动教养等,所以掌握暴力国家机器的行政机关,怎样能够使自己的行为不至于违反决策机关的决策目的,不滥用自由裁量权,侵犯相对人的合法权益,这就需要对行政权力进行控制。同时相对于不直接掌握暴力的立法机关和司法机关来说,行政机关的权力对于公民法人的合法权益有更直接和现实的危险,因而尤其需要控制。丹尼斯·朗认为,权力是某些人对他人产生预期效果的能力,具有权力的有意性、有效性、潜在性、单向性等特点,并以武力、操纵、说服和权威等四种形式而存在;但质言之,权力是特定的人能够控制他人的行为或者思想意识、态度(进而影响支配其行为)的能力,最终体现为"行政权"和"控制权"。[①] 马克思则明确指出:"在行政权面前,国民完全放弃了自己的意志,而服从于他人意志的指挥,服从于权威。和立法权相反,行政权所表现的是国民的他治而不是国民的自治"。[②]

有学者从权利的演进来论述必须对公权力进行控制,为我们提供了一个新的视角。他说公民权利从应有、现有到实有,离不开公权力的介入。因为公民权利需要公权力的认可、保护和救济,公权力对权利的影响就如同一把双刃剑,既能促进公民权利的充分行使和实现,又容易侵犯公民所固有的权利,因此,对公权力进行控制是具有现实意义的。

在我们国家的历史上,先贤早就认识到国家权力必须给予控制的必要。

[①] 王学辉、宋玉波等著:《行政权研究》,中国检察出版社 2002 年版,第 109—110 页。
[②] 《马克思恩格斯选集》(第一卷),人民出版社 1995 年版,第 674 页。

从儒学问世以来直到今天的历史,我们始终都将以道德控制权力放到首要地位,加以提倡,认为教化可以使掌握权力者不敢利用权力侵害人民利益,认为官员为了自己的"清誉"不至于在违法乱纪、滥用职权的道路上走得太远。道德控权是建立在人性善的基础之上的,认为人是可以被教化的。道德控权机制的含义是"通过学习和教育的方法使社会或统治阶级对政府官员的要求内化为他们的道德观念,帮助他们树立'正确'的权力观,使他们能够自觉地以内心的道德力量抵制外在的不良诱惑,自觉严格地要求自己,行使好手中的权力"。① 因此,道德控权不仅是我国很早就采用的控权手段,而且始终在社会政治生活中占据重要地位。

一、 道德与"以德治国"的源流

(一)道德规范

道德由一定社会的经济基础所决定,并为一定的社会经济基础服务。道德观念也是社会物质生活条件的反映,具有时代性、民族性和阶级性。因为人们归根到底"从他们进行生产和交换的经济关系中,吸取自己的道德观念"。② 不同时代、不同经济基础的国度,其道德内容是不同。在原始社会,最初的规范并没有道德规范与法律规范的区分,它是风俗习惯性规范。它的实行靠的是氏族成员的内心信念和社会舆论;由于氏族首领的地位就是靠模范遵守传统习惯来维持的,因此,社会舆论就以善和恶、正义和非正义、诚实和虚伪等观念、以传统习俗为标准来评价首领,而首领的"威望"也正是人们对他进行道德赞誉的结果。在原始社会末期,是社会利益的冲突导致阶级与国家的产生,从而需要将其中一部分规范以强力手段来强制社会成员去遵守,这被称为法律规范,而其余规范则被人们称为道德规范。

由于社会主义的道德建设是不可能在割断历史的情况下进行的,所以孔子的"为政以德"思想在今天仍然不失其合理性。但在道德规范的内容上,确实有所不同。在我国清朝以前的社会,因长期处于自然经济状态之中,其道德

---

① 侯健:"三种权力制约机制及其比较",《复旦学报》(社会科学版)2001 年第 3 期。
② 《马克思恩格斯全集》(第二十卷),人民出版社 1971 年版,第 102 页。

观念必然反映自然经济的要求：即强调等级观念，以义务为本位，将劳动者固定于土地之上，禁止流动和僭越。这种道德观念从周公制"礼"开始，经孔子的概括（即"五伦"：父慈子孝、兄良弟悌、夫义妇听、长惠幼顺、君仁臣忠）和提升（以"五伦"为核心的礼被看成是国家意志、被赋予国家强制力），逐渐成为中国古代社会历代王朝的基本国策，成为社会的主流道德规范和生活准则，特别是将它作为选拔和考核官吏的标准。

（二）从"以德治官"到"行德政"

在汉代的举孝廉、魏晋时期的九品中正制、唐代及以后的科举取仕制度，都将以"五伦"为核心的封建道德作为选拔任用、甚至考评官吏的标准。以此道德治官，明显是将道德法律化。魏晋以后开始将以"五伦"为核心的"礼"纳入封建法制，这项工作到唐朝就趋于完善了：唐律就已使礼的精神完全融化在律文之中，不仅礼之所许，律亦不禁，礼之所禁，律亦不容；而且"尊卑贵贱，等数不同，刑名轻重，粲然有别"。① 宋朝至鸦片战争时期，君主专制主义日益发展，封建统治阶级更加重视加强"德治"，禁止破坏封建等级制度，禁止改革革新，特别是禁止新的资本主义生产关系的发生发展。宋明时期的程朱"理学"甚至认为三纲五常、忠孝仁义等封建道德规范是千古不变的，强调要从人们的动机上断绝有违封建道德的"恶念"、"破心中之贼"。

从孟子提出民本思想以来，劝诫君王实行德治就成为民本思想的核心内容。体现孟子民本思想的著名论断——"民为贵，社稷次之，君为轻。是故得乎丘民而为天子，得乎天子为诸侯，得乎诸侯为大夫。诸侯危社稷，则变置。牺牲既成，粢盛既洁，祭祀以时，然而旱干水溢，则变置社稷"，②明确指出了天子对人民负责、诸侯对天子负责、大夫对诸侯负责，这样一个权力与责任系列；这是孟子第一次提出来的，也成为日后封建社会民本思想的核心内容。孟轲的民本思想来源于西周的"重民"思想，他首先认为民心的向背是治国理政成败的关键。"桀纣之失天下也，失其民也；失其民者，失其心也"，③他将得天下归之于得其民，得其民又归之于得其心。这的确抓住了问题的根本，对于巩固

---

① 《唐律疏义·贼盗律》。
② 《孟子·尽心下》。
③ 《孟子·离娄上》。

政权来说,没有比民心向背更重要的了。孟子的"人和"思想是民本思想的进一步深化。他说在战争中,天时不如地利,地利不如人和。"人和"即人的团结,进而他又提出"得道者多助,失道者寡助","道"成了"人和"的精神支柱,同心同德的"人和"就是同在"道"上。这里的"道"就是指受到人民拥护的正确的思想和原则。孟子这里的民本思想是将爱民作为为君者的一种责任和义务来说的。如违反此义务者如何? 孟子说那就可以不承认他为君王。当然,那时自然经济状态下的人民不可能觉悟到投票将暴君放逐的程度,方法只能是"以暴制暴",对于行暴政恶政的君王,人民可以像对待犯偷盗抢劫或杀人的老百姓一样对待他。孟子所提出的方法不可能超越他的时代。

以后唐代的魏征,将君与民的关系比喻为舟和水的关系,是民本思想的继续发展。明代李贽的君民平等思想就把民本思想推向更高的一个层次。他说:"夫圣人亦人耳,既不能高飞远举,弃人间世,则自不能不衣不食,绝粒衣草而自逃荒野也,故虽圣人,不能无势利之心。"①又说:"圣人之所能者,夫妇之不肖,可以与能,勿下视世间之夫妇为也。夫妇所不能者,则虽圣人亦必不能,勿高视一切圣人也。"②他认为圣人、君王也是人,不比普通人高明,甚至在某些方面还不如普通人。尤其令人自叹弗如的是,李贽公开为商人辩护,给予商人以平等和同情:"高贾亦何可鄙之有? 挟数万之赀,经风涛之险,受辱于关吏,忍诟于市易,辛勤万状;所挟者重,所得者末。然必交结于卿大夫之门,然后可以收其利而远其害,安能傲然而坐于公卿大夫之上哉?"③这种言论在我国封建社会历史上是不多见的。

以德治国是以德治官的进一步发展,以德治国,就像孔子讲的"为政以德"一样,是希望也是规劝,在孟子提出民本思想以后,行德政就被提升为君王的责任和义务的高度。

可见,古往今来,我国一贯重视道德建设,特别是在封建社会,以德治国、以德治官,为历代王朝所推崇为治国方略。封建社会的"德治"思想,对治理官宦队伍,维护封建生产关系和自然经济的持续不变、对维持自耕农为主的经济发展是起到了有效的作用。但其重农抑商,对商业经济中的一些有利于社

---

① 李贽著:《明灯道古录》(卷上)。
② 李贽著:《明灯道古录》(卷下)。
③ 李贽著:《焚书》(卷二)。

会进步的道德规范的视而不见,也使我国渐渐固步自封起来。

(三)对我国古代社会德治的评价

自秦至清朝的历史,我国以自然经济为特征的道德治国,任由各级官员以伦理道德规范自觉控其自由裁量权,总的来说是取得了成功的。君臣父子、仁义礼智信等为特征的儒家伦理和君轻民重的民本思想,再加上重农抑商的基本国策,更有以纲常伦理的灌输培养儒生,然后科举取士以行使统治权,这些制度和做法无论从实体上还是程序上都保障了儒家道德规范发挥治国安邦的作用。从两千多年的历史上统一多民族封建国家占据历史长河的主流,从封建大一统的皇权不断在天灾人祸中重生,从汉族的儒家文明不断同化周边游牧民族,甚至远播海外,让日本和南洋等地的封建国家都效仿儒家德治文明的历史事实看来,以自耕农的自然经济下的伦理道德(儒家伦理道德)控制国家权力的制度建构,成绩是主要的。

二、 我国近代以来的"德治"与"以德治国"

(一)道德规范适应新的经济基础而发生内容上的根本变化

首先,我国封建社会解体以后,西方商业文明不断冲击着传统的自然经济和森严的等级制专制社会,这时我国社会的传统道德因为不能为新的商品经济的发展提供保障而越来越遭到鄙视和抛弃,商品市场经济的发展,特别是商业城市的发展,需要建构新的道德规范。鸦片战争以后,我国在外国资本主义的入侵下,自然经济形态加速了解体,商品经济终于摆脱了政府的控制,获得了长足的发展。20世纪中叶,新中国成立以后,特别是70年代以后,商品经济经政府推动,逐渐占据社会经济形态的主导地位。进入21世纪,我国已经加入WTO,市场经济进一步被我国政府确定为统治阶级认可的经济基础。在这种情况下,适应自然经济状态的道德观念已经成为阻碍商品经济发展的桎梏了。适应商品经济状态的新道德规范应运而生。

1. 崇法意识,亦可以叫做规则意识。封建社会也有法,但当时法在社会生活中、在治国之策中都不占主要地位,立法司法等也很不发达。市场经济的规范有序内在地需要规则意识,需要市场经济主体的崇法意识。崇法意识在以商品经济立国的国家古已有之。古罗马奴隶制商品经济社会就普遍产生了崇法意识,那时法律发达、法学家具有崇高社会地位,法学理论在公元 2 世纪至 6 世纪的罗马社会成为知识阶层的普遍思潮,人们对法律的理解层层深入,法律原则成了普遍的社会和伦理观念而深入人们脑海深处,成了民族的传统。法学家西赛罗就宣称"我们是法的奴隶,正是为了我们可以自由"①;13 世纪以后的西欧,随着罗马法复兴运动的蓬勃开展,资本主义商品经济大发展的同时,人们的崇法意识再度高涨,终于引发了各国的资产阶级革命,使资产阶级法制得以建立。法律至高无上,法律面前人人平等都是资产阶级法制确立以来的法制原则,也是商品经济条件下的道德规范之一。美国独立战争的领导者、美利坚合众国第一届总统乔治·华盛顿就以实际行动抵制了专制(否定个人职务终身制),毅然退出第三届总统竞选。

发展商品经济是我国走向现代社会的必然选择,崇法意识也是现代国家国民应有的道德素质。我国国民的崇法意识虽较 20 世纪有了长足的进步,但还不够,需要主流媒体持续不断的推动。

2. 诚实信用观念。我国古代传统道德讲求"仁义礼智信","信"是排在最后一位的;古代的道德君子或者皇帝并不是最讲究诚实信用的。但在商品经济社会,必须讲究诚信,否则,商品交换就因此不能正常进行,经济的有序发展也就成为泡影。在商品经济国家,信用制度是同商品经济一样悠久、一样发达的。如现代信托制度就起源于古罗马奴隶制商品经济社会②,而形成完善于英国中世纪末期商品经济恢复和发展时期。

3. 公开、公正和公平观念,即"三公"意识。这种意识在我国古代和西欧中世纪时期是不存在的,相反那时的等级特权观念却相当发达,因为商品经济很不发达。以商业立国的古雅典奴隶制国家、近代的资本主义国家都非常推崇此观念。马克思说过,商品是天然的平等派,商品交换的双方必须而且也只能将对方平等相待,奉行等价交换原则,否则交换就无法发生。"三公"观念是我国现代社会所提倡的重要道德规范,它的普及程度是社会文明程度的标尺。

4. 敬业意识,即爱岗敬业的职业意识。职业意识亦是西欧中世纪晚期商

---

① 沙宾语。转引自徐大同主编《西方政治思想史》,天津人民出版社 1985 年版,第 74 页。
② 周枏著:《罗马法原论》,商务印书馆 1996 年版,第 391 页。

品经济发展的产物。马克斯·韦伯在他的《新教伦理与资本主义精神》一书中指出:考察一下"职业"这个词在文明语言中的历史,我们就会发现,无论是在以信仰天主教为主的诸民族的语言中,还是在古代民族(如古代中国)的语言中,都没有任何表示与我们所知的"职业"(就其是一种终生的任务,一种确定的工作领域这种意义而言)相似的概念的词,而在所有信奉新教的主要民族中,这个词却一直沿用至今。在路德翻译的《圣经》里,这个词的近代含义最先出现在 J. 西拉著《智慧书》(第十一章第二十节和第二十一节)。此后,在所有新教民族的日常语言中,这个词都迅速地带上了它目前所具有的含义。同这个词的含义一样,这种观念也是新的,是宗教改革(而宗教改革则是商品经济全面发展所引发的)的结果。职业道德是个人道德活动所能采取的最高形式,是对其履行世俗事务的义务进行评价。就是这一点使日常的世俗活动具有了宗教意义,并在此基础上首次提出了职业的思想。这样,职业思想便引出了所有新教教派的核心教理:上帝应许的唯一生存方式,不是要人们以苦修的禁欲主义超越世俗道德,而是要人完成个人在现世里所处地位赋予他的责任和义务——从事某种职业是他的天职。这种职业意识现已超出西方民族国家的范围而成为一切现代国家的主流道德意识。

以上几种道德规范仅是商品经济社会中众多道德规范中的若干主要规范,不是其全部。共产党始终以先进生产力的代表者而自我定位,以建立和维护适应新生产力发展的先进生产关系为己任。在进入 21 世纪的今天,提升社会生产的机械化、信息化、国际化水平是我国先进生产力的发展方向;建立健全市场经济法律法规体系是培育与我国新的生产关系(社会主义商品经济)相适应的上层建筑;提倡与市场经济社会相适应的新道德更是当务之急,因为它能够在精神文明方面营造新经济基础成长的良好环境。

(二)德治在市场经济条件下的效用

道德规范和法规范都是规范人们行为的规范。任何时代的法规范都不可避免的与同时代的道德规范有千丝万缕的联系。在自然经济状态下如此,市场经济状态下仍然如此。但鉴于道德和法,在各自形成、表现和效力发挥等方面的内涵不同,在自然经济状态下,由于熟人社会为社会生活的常态,人们在其中生活就自然地以道德规范以及类似的惯例为自己行为的主要或者说首要的规范。而在市场经济状态下,由于以人财物不断地流动为特征的陌生人社会为社会生活的常态,约定俗成的惯例习俗等道德规范由于在陌生人之间缺乏认同而使其作用力下降;相反,由共议达成的法规范,特别是它有国家强制力的保障,规范城市市民(陌生人)行为的作用越加有效。因此人们甚至认为市场经济就是法治经济。尽管如此,这里的法也不是脱离道德规范而独立存在的。

因为一方面获得普遍遵守的法律都是符合道德的——即制定良好的法律。人们甚至说,法律是道德的底线。道德水平有高低,而守法却是人人都平等的,没有高低之分。规范市场经济的、在陌生人社会——城市社会盛行的行为规范(法律),在内容上吸收了许多商品经济社会公认的道德规范,并将这些道德准则确立为法律原则并以法律条文的形式表现出来。在英美法系中的法官的自由心证,陪审团制度,都很难脱离道德因素的影响和制约;在古罗马,乌尔比安为法学所下的定义是"人和神的事务的概念,正义和非正义之学";塞尔萨斯的法律定义:"法律是善和公平的艺术"。这些都说明了法律中所包含的道德,甚至可以说法律就是道德的体现。同时自然法的所谓理性、正义、诚信等不过是伦理的最高准则,是道德要求的内容,而这又是法律的最高价值所在。由于道德本身不可能成为实现其价值的工具,其自身即是价值,而法律的崇高价值正义、公平、秩序等又都是道德的内容,最后法律归于道德的范畴。自上而下观察这个过程,基于人类普遍理性而存在的正义、公平等至高道德法则在现实中实现的一个途径就是通过法律手段对这些原则的遵循,并在法律领域中建立起体现这些道德法则的相应的制度,而另一个途径则是通过具体生活中的道德要求实现。在生活和工作中,人们遵守道德的行为表现为守法。

另一方面,法作用的实现也离不开道德。如果没有道德,即使有了良好的法律也不可能得到严格的实施,甚至基本上得不到实施。执法者作为个人自有他的个人利益存在,如果他没有公正执法的道德观念,他就必定会徇私枉法。再说,监督者又由谁去监督呢?因此,严格执法必须有一个道德良好而生活有保障的执法者集团,监督和惩戒只能作为对付少数枉法者的办法。监督机构的发动和正常运转,还必须有当事人的监督和新闻舆论的监督为依托。如果社会上多数人的道德都堕落到了恃强凌弱的境地,监督机构是不可能发挥什么作用的。如果没有道德,法律的任何改良都无从谈起。这些年来学术界的主流意见是强调制度的作用,强调通过建立新制度来改变我们的行为方式,改变我们的文化,这自有其合理的一面。但问题还有另一面,就是必须有一批具有跟新制度相适应的新道德观念的人来操作，新制度才能避免"桔逾淮则为枳"的命运，才能真正建立起来。就拿各种反贪污腐败的新举措来说吧，如果把这些措施交给心存贪念的人们去操作，结果如何不是一想便知吗？

从法律就是道德底线的见解来看，培养守法意识和进行新道德教化是一致的。在此基础上理解党中央高度重视新时期道德建设、把德治提到治国之策的高度(与依法治国并列)的举措才是正确的。

(三)市场经济条件下的以德控权

批判地继承我国的德治传统，在操作层面上，除教育全体公民要守蕴含于宪法法律中的新道德之外，更重要的是要加强对全体党员干部的教育。在将新道德入法的同时，更进一步注重将新道德纳入党政干部的选拔任免制度中去，使缺乏道德或公然践踏新道德的人不能继续留在干部职位上，甚至根本进不了干部队伍。

在现实生活中，我们经常可以看到这样的现象：一个地区，一个部门，腐败问题屡禁不止。人们将这种现象归咎于法制不严，希望通过加大惩罚的力度来遏制腐败的发生。然而，正如人们所看到的，腐败问题依然严重。为什么如此呢？因为法是行为艺术，它不需要也不可能对人的内心活动进行规范。法可以使人恐惧，但却无法阻止人们的贪心，无法彻底根除人们赖以作恶的内心贪念。道德则不同，它同样是一种行为的标准，但德治从"灵魂深处"开始，约束和规范人们的行为，自觉破"心中之贼"，因而可以从根本上起到预防的作用。强调德治推行的教化作用，实际上是强调人们内心的约束力量，强调行为的道德归属感。我们接受法律主治(权力)，但必须看到法律的限度；法律鞭长莫及之处，正是道德规制(权力)的用武之地。如果说法治是建立在"性本恶"的基础上，那么德治则是建立在"性本善"的基础上，它强调人们的内省和自律，强调人们的内心行为准则。

在干部任免制度上需要总结我国传统德治文化的经验教训。我国封建社会历史上，历朝历代的统治者不可谓不重视道德教化，也不可谓对贪官污吏处罚过轻，但为什么都无法彻底根除腐败呢？原因就在于官吏的任免同道德的监督实施者——人民群众相脱节，民间舆论无从制约官吏的任免，没有权力对人民群众认为缺乏道德或公然贪污腐败的官宦说不。现代的中国是人民的中国，人民群众是国家的主人，这就为从根本上根除腐败提供了基本条件。现在就需要将人民群众的道德舆论评价从操作层面上纳入干部任免机制中去。中共中央近年来在这方面作了不少尝试,以求找出符合我国国情的民主选拔任用干部的制度,如任前公示制度、民主评议制度等。2002年7月24日公布实施的《党政领导干部选拔任用工作条例》在任用干部上首先强调发扬党内民主(第32条规定选拔任用党政干部应按干部管理权限由党委集体讨论决定);其次注重发挥人大的作用(第48条规定党委推荐、由人大选举任命的领导干部落选后,经二次推荐又落选后,党委不得再次推荐)。在对干部监督方面首先规定"在年度考核、干部考察中,民主测评不称职票超过三分之一、经组织考核认定为不称职的"为免去现职的法定情形之一;其次规定"下级机关、干部、群众对干部选拔任用工作中的违纪违规行为,有权向上级党委(党组)及其组织(人事)部门、纪检机关(监察部门)举报、申诉,受理部门和机关应当按有关规定核实处理。这些举措是以德治官、根除腐败的良好开端。

2010年初,党中央出台政策,规定引咎辞职的干部在规定时期结束后可以复出。当然这是党的以往政策——惩前毖后治病救人在新时期的继续,但是对于那些因玩忽职守造成人民财产和人身重大损失的领导干部不能再安排在领导岗位上,对于因故意犯罪而被刑罚处罚的人,应当终身禁止其担任任何公职,更莫说领导干部。

但是,我们必须认识到道德控权的局限性,因为道德约束还只是软约束,是靠长期的教化才能起作用的。同时还应当看到,市场经济的高效率、陌生人社会不断发生的迅速变化,人们思想观念的多元化,都使传统的道德教化手段失去了赖以生存的条件。古诗文有曰:江山代有才人出,各领风骚数百年。现在社会的变化如此迅速,独领风骚数十年的人已经非常难了!控制权力的手段也必须随着时代而更新。于是,道德教化控制权力的手段必然要退据次要地位。在这个意义上,法制控权与道德控权之间呈现一种互补的关系,每一方都必须把另一方有机地看作其本来的协同者而构成统一的秩序。如果因主张依法治权而淡化、忽视甚至否定道德教化的重要性,将两者绝对对立起来,那就走向了法的万能主义,依法治权也不能真正奏效。因为法律必须以道德为基础并与道德要求相一致,道德建设是法治建设的内在要求。同样,如果因看到法律调节政治生活具有局限性,从强调道德教化的重要性转而对治国方略的转变表示怀疑,发生动摇,甚至再去主张德高于法,那就回到了道德主义立场,这种道德主义立场必然终于人治。因为德治是一种非正式制度约束,如果它不是内在于法治以促成法治的实现，就势必动摇"法律主治"原则。

第二节　法律控权

一、法律控权

关于法治，亚里士多德有句名言："已成立的法律获得普遍的服从，而大家所服从的法律又应该本身是制定得良好的法律"。近代以后，关于法律治理，戴雪在《英宪精义》里面有精彩的论述。第一，他认为，人民除非普通法院曾以普通法律手续，讯明此人实已破坏法律而不能受罚或被法律处分。第二，凡人皆受制于普通法律，而普通法律又执行于普通法院。国王以外的所有在职官吏，自内阁总理以至巡士或征税差役，倘若违法，一律与庶民同罪。① 当然英国法一直以来还有一个"国王不能为非"的原则，这不是说国王不会犯错误，而是说，倘若国王犯了错误，一定要找出个官吏（或者没有尽到谏议的责任，或者没有及时制止，或者疏于审查盲目执行终酿成错误）来顶替国王，为国王的错误埋单。当然光荣革命以后，由于国王实际上不再治国理政，所以因错而酿成祸害社会重大后果的情形不再能够发生了，国王不能为非的原则也就没多大意义了。② 第三，人权保障是英国宪法的重要内容，而它的成立缘由起于司法判决，而司法判决又起于民间讼狱因牵涉私人权利而发生。③ 戴雪的法治观代表了资产阶级战胜王权取得统治地位之后，巩固胜利成果防止强权再起的民主政治需要。以法律的形式，特别是以宪法的形式将资产阶级获得的政治权力以权力分离和制约的架构固定下来，就是法律控权的集中表现。

在有的国家，鉴于政党践踏共和民主而为祸的教训，比如德国，在宪法中还特别对政党制度作了法律规定，以使政党制度在宪法和法律框定的界限内运

---

① ［英］戴雪著：《英宪精义》，雷宾南译，中国法制出版社2001年版，第237页。
② 需特别注意的是，这和我国的"只反贪官，不反皇帝"的民间口号大异其趣，因为皇帝从来都是大权独揽的，其权力中最重要的当属任免中央和地方的主要官员。
③ ［英］戴雪著：《英宪精义》，雷宾南译，中国法制出版社2001年版，第239页。

行。德意志联邦共和国宪法第 21 条专条规定了政党制度。它的第 1 款规定："政党的内部组织必须符合民主原则,他们必须公开说明其经费来源"。政党作为一个政治性团体,其内部组织只有符合民主原则才能使党员群众享有充分的权利,才能保证政党的性质不至于蜕变成军事管制的暴力政党。公开说明其经费来源的规定,使得政党处于人民大众的监督之下,建成一个民主的阳光政党,这条规定使得暴力政党的建党方针无处遁形。实际上这条规定即是纳粹党执政的教训总结,也是防止这种类型的暴力政党再生的宪法法律控权措施。该条第 2 款规定:"凡由于政党的宗旨或党员的行为,企图损害或废除自由民主的基本秩序或企图危及德意志联邦共和国存在的政党,都是违反宪法的。联邦宪法法院对是否违宪的问题作出裁决"。这就是说,禁止违反联邦宪法所确定的宪政秩序的任何政党的活动,已经成立的政党的宗旨或党员的行为是否违宪,由国家宪法法院根据法定程序审查判定。单独设专条规定政党制度,在西方国家的宪法中还不多见。由于政党都以取得国家执政地位为最高目的,因此控制政党活动的法律,同样也是法律控制国家权力的一个重要表现。

二、 依法律控制行政权力

历史进入到 20 世纪,欧洲经济的发展进入到垄断资本主义时代,人权运动的进步迫使行政权力更多的担负起民生责任,于是福利国家的政策成为各国政府的社会政策主轴,积极行政、给付行政成为行政权力的常见运行方式,于是,在立法行政司法三权架构中,行政权力不断扩大。同时,由于中国特有的中央集权历史,行政权力独大已经是基本的国情。因此,尽管法律控制权力不仅仅限于行政权,应当包含国家权力的全部,但在此仅讨论法律对行政权力的控制,对国家权力全面的控制,留待下一章讨论。

(一)行政权力扩大需要法律控制

在西方文明国家的法制观念中,人们需要政府,因为政府是必要的"恶"。"行政权是国家权力中最接近原始权力或传统专制权力的一种,它具有扩张性和侵略性。"[1]所以,在建立政府的同时,防范政府权力为非的各项制度就建

---

[1]　陈贵民著:《现代行政法的基本理念》,山东人民出版社 2004 年版,第 77 页。

立起来了。

1. 美国

"美国宪法每一行每一句都是对政府的限制,甚至那些说明联邦当局应如何选出,并规定他们可以行使哪些权利的条款也不例外"。[①] 在美国,宪法确立了国家权力的三个分支,行政权力和立法权力分别由人民选举产生,两者相互制约。国会每隔两年就改选和总统每四年一个任期的宪法规定,使得人民监督国家权力呈现出以经常性的常态化的选举为特征的国家政治生活。而立于宪法旁边的、被誉为宪法"守护神"的美国最高法院,更是被赋予了监督总统和国会立法是否合宪的重任,因此,建国之初,美国宪政被认为是三权分立和制衡的典型国家。从本书的角度看,美国也是通过法律控制国家权力方面的典型国家。但随着经济的发展和社会生活的日益复杂化,行政权力呈现出扩张的趋势。

美国联邦政府的权力在第一次世界大战期间就出现了膨胀的事例。1913年,威尔逊总统极力强化行政权力,主张行政机构领导立法机构,建立了七个重要委员会。大战爆发后,总统权力进一步扩大,1917年,威尔逊请求国会授权,使其有权下令在美国商船上装备武器弹药,国会开会期间对此争论不休,未能表决,最后威尔逊对持反对意见的议员进行了谴责,迫使国会通过了该项授权法案。战争期间,总统获得了国会广泛的授权。

在大萧条以后,为了振兴美国经济,罗斯福总统推出了新政。为落实新政,总统的行政权力获得了迅速的扩大。表现在两个方面:第一是联邦政府机构的设置大量增加;第二是总统经济法规的数量大量增加。

联邦政府职权的扩大主要表现为三个方面:第一,联邦政府规模的迅速膨胀,角色和功能发生转变。联邦文职雇员和财政支出迅速扩大。联邦政府开始执行全方位的管理职能。第二,相对于立法和司法两个职能部门,行政权力急剧扩大。总统主导了立法和外交,并且充分利用民意和总统对联邦法官的任命权来影响最高法院。第三,在联邦与州的关系上,由"二元联邦主义"发展为"合作联邦主义"。[②] 新政之后,联邦政府大量介入传统属于州管理的事

---

① [美]查尔斯·A. 比尔德著:《美国的政府与政治》(上册),朱曾汶译,商务印书馆1987年版,第21页。

② 李振营:"新政时期联邦行政权力扩张的原因探析",《济南大学学报》2005年第1期。

务,联邦和州共同执行行政职能。同时,联邦还通过各种项目对州政府和地方政府实行"资助",并有权以撤回资金的方式实施制裁。于是到 1939 年新政结束时,联邦政府已经具有了全面的社会和经济管理职能,有权管理经济的总体运行、社会保障、公共事业、环境资源、农业、劳工等各种经济和社会事务。同时,福利社会和观念的普及,也使人们在新政后认可了联邦政府应该对国民福祉负责并可以采用各种措施去解决特定问题这一理念。当然也应当看到,三权互相制约的基本格局仍未改变,也就是说行政权并没有一权独大到完全侵吞其他权力的地步。美国学者在这方面有比较精准的论述:"三权分立和制约与平衡这两者交错的目的,是防止政府的任何一个部门行使没有约束的权力";"美国宪法使三个部门的每一个都负有一项重大的政治责任。每一部门在它的责任领域内都享有最高的权威。对于国会来说,那就是创制法律;对于总统来说,那就是执行法律;对于法院来说,那就是解释法律,包括解释宪法。然而这并不是说,这种权力分立是完全的。三部门中两个部门分别负担的责任,创制法律和解释法律,在所有部门当中也是要进行分配的。但是对法律的创制、执行和解释的最终权力,分别属于国会、总统和最高法院"。① 同时,联邦政府与各州之间仍然属于联邦制;行政权力的扩大并没有压制民间的积极性。

2. 英国

威廉·韦德在自己的《行政法》一书中曾这样写道:"有人曾说,'直到 1914 年 8 月,除了邮局和警察以外,一名具有守法意识的英国人可以度过他的一生却几乎没有意识到政府的存在'。但是,这位可敬的先生不是一位善于观察的人……。现代行政国家正在形成,纠正社会和经济的弊病是政府的职责……。有公民权的公民现在可以表达他们自己的愿望了,并且通过选举箱已经获得使政治体系对其要求予以回应的权力"。② 韦德在这里所说的是英国国家政权的行政权力在 1914 年时已经十分强大,已经开始积极干预和纠正社会和经济的弊病。在此书中的稍后部分,他把这种积极行政的国家叫作福利国家,并认为这种福利政策使政府对公民从婴儿照管到死,"保护他们的生存环境,在不同的时期教育他们,为他们提供就业、培训、住房、医疗机构、养

---

① [美]里克斯·E. 李:"三权分立的基本原理:分离与分配",《法学译丛》1983 年第 3 期。
② [英]威廉·韦德著:《行政法》,徐炳、楚建等译,中国大百科全书出版社 1997 年版,第 3 页。

老金,也就是提供衣食住行",而这种福利政策的执行只能交由行政机构来完成;"仅仅靠议会通过法律,然后交法院实施,那只能做些微不足道的事"。完成福利国家的任务不仅要有大量的行政机构,而且必须赋予行政机构以自由裁量权。也就是说,行政权力的扩大是社会进步特别是公民权利保障的现实需要,同时,公民社会在容许行政机构的自由裁量权的同时,也必须跟上对行政权力的两种控制:议会的立法控制和法院对行政行为的司法审查控制。

第一次世界大战以后,行政权力伴随福利国家政策的推行有所扩大。特别是第二次世界大战以后,这种趋势更加明显:即传统的议会主权发生了向以行政为中心的位移。首先,议会的议事规则向有利于内阁控制的方向发展。早在1881年,议会就通过了《关于紧急情况的决议》,根据该项决议,首相取得提请下院认定某项问题为紧急问题的权力。这种提案不需任何讨论而交付表决。从1882年起该项规则成为议会议事规则的一条常规。其次,原属议会的大部分立法权逐渐以直接或间接的、公开的或隐蔽的形式转移至以首相为核心的内阁。预算案和其他财政法案的提出权属于内阁。议会还通过对内阁的大量"授权立法"而使立法权实际上落入内阁之手。20世纪30年代以来,英国所有重大的政策都是由与首相关系密切的阁僚商量决定的,且内阁决定政策从不表决。

3. 法国

法国革命的一个重要的诉求就是"迟缓而高成本的司法体系。这种诉求不仅来自劳苦大众,也来自于君主的顾问们"。① 这个诉求实际上就是追求行政权力的高效率,为此一方面要阻止普通法院干预行政活动;另一方面也要摆脱议会的掣肘,因为大革命之前的议会在阻碍行政改革的努力方面也有着较坏的记录,尤其是君主专制的最后几年。拿破仑推行的强权政治,其特征就是限制普通法院的管辖权,他的参政院受理行政争议,解决公权力与公民之间的矛盾和纠纷,不让普通司法权力染指有关公权力的纠纷。自拿破仑伊始,直到法兰西第三共和国建立,法国人民经过一个多世纪前赴后继的努力,终于使行政法院制度得以完善,使行政权和司法权永远分离的理念得到完全实现,行政法院判例构成的行政法为个人享有防御国家的自由权利提供了一套最为严密的保证,践行了"凡是分权没有建立的地方,就没有法治"的《人权宣言》规定,

---

① F. F. Ridley and J. Blondel, *Public Administration in France* (London,1970),125.

被誉为行政法的"母国",成为法律控制行政权方面的模范。

总的来看,在大陆法系的其他国家,也表现出共同的趋势,即行政权在传统的分权体制中进一步膨胀,似有突破和打破均势的倾向。这里共同的原因,首先,因为议会的授权立法或委托立法,使得行政立法获得发展;其次,行政司法也由于现代社会经济和科技的发展而导致新兴的高度专业性的行政纠纷为普通法院审判力量所不逮,而迅速发展起来。比如行政裁判所在英国的发展和美国行政法官制度的发展,也使行政权力获得了对行政案件的准司法审查权力;法国的行政法院是行政司法的典型。尽管如此,国家权力的分工体系仍没有被突破。因为"法治的实质必定是:在对公民发生作用时,政府应忠实地运用预先宣布的应由公民遵守并决定其权利义务的规则,如果法治不是指这个,那它什么意思都没有"。① 早期的控权,主体是立法控权,后来又发展到司法控权,行政法的形成就是伴随着对行政行为的司法审查的发展而生的。

(二)行政法的产生和发展

何谓行政法? 在英国,韦德认为,行政法的一个含义就是控制行政权力的法,无论如何,这是此学科的核心。② 美国同英国一样,也将行政法看作是控制行政权力的法。这样在英美法系,行政法就被看作是控权法。同时相对于刑法、民法、宪法等部门法,行政法的产生相对较晚。英国在戴雪时期不承认有行政法,"英国并不存在行政法这样一个法律部门",③但是鉴于调整行政机关与私人法律关系的特殊性,鉴于福利国家政策的推行导致行政机构的扩张,行政法到 19 世纪末已经不可阻挡。20 世纪 30 年代詹宁斯对戴雪的上述观点进行了有力批判,他认为行政法是关于公共行政的全部法律,是公法的一个部门。内容不以行政诉讼为限,包括行政机关的组织、权力、义务、权利和责任在内。④ 在 80 年代,韦德认为英国的行政法早就出现了,"直到大约 19 世纪末,行政法一直伴随着国家权力的扩大同步发展"。⑤ 但是,叶必丰认为,英国

---

① L. L. Fulle, The Morality of Law(revised edition),Yale University Press,1969,P. 209.
② [英]威廉·韦德著:《行政法》,徐炳、楚建等译,中国大百科全书出版社 1997 年版,第 5 页。
③ [英]戴雪著:《英宪精义》,雷宾南译,中国法制出版社 2001 年版,第 393 页。
④ 转引自王名扬著:《英国行政法》,北京大学出版社 2007 年版,第 2 页。
⑤ [英]威廉·韦德著:《行政法》,徐炳、楚建等译,中国大百科全书出版社 1997 年版,第 18 页。

行政法是借鉴欧陆行政法的结果。他说英国人对远从欧洲大陆传来的"行政法"，就从本国的文化即"补救法"而不是从大陆的文化即"权利法"的角度加以理解，认为行政法就是由"行政法院"加以适用的行政程序法或行政诉讼法，并将其套用在英国已有的、控制行政权的程序性法律规范上。这些控制行政权的程序性法律规范，就成了英国的"行政法"。由此可见，英国人认为，行政法的对象仅限于权力和补救。行政法的内容"涉及对行政机关的授权，行使行政权力必须遵从的方式，以及对行政行为的司法审查"。①

在法国，行政法是指调整行政活动的公法。行政活动包括行政活动的组织、行政活动的手段、行政活动的方式，以及行政活动的监督和责任全部过程在内；而公法就是法律关系主体至少一方为国家机关的法律。与其他国家的行政法相比，法国行政法的特点表现在：第一，具有独立的行政法院系统。王名扬先生说，由于行政法的基本原则就是行政活动必须遵守法律，所以首先必须解决究竟由谁决定行政活动是否违法。在法国大革命以后，逐渐建立起一套独立于普通法院系统的行政法院系统，由最初拿破仑所设立的参事院发展而来。第二，行政法是独立的法律体系。在法国，行政活动原则上适用和私人活动不同的法律。"他们所谓公法和私法的区别，主要是法律规定的对象不同，不是法律的原则不同"。② 但是，这并不影响法官的适用法律的审判行为，即行政法官在审理案件时是根据案件本身的需要也可以适用私法，而普通法院法官在审理案件时如果案件有需要也可以适用行政法。可是，行政法是不是就像英国的戴雪所攻击的那样——是保护行政机关（官员）特权的法呢？不是！王名扬先生说："行政法是给予行政机关权力同时又限制行政机关权力的法律，行政法院努力在行政利益的需要和公民利益的保护之间，维持一个令人满意的平衡"。③ 行政法院通过撤销行政机关的违法行为和判决行政机关赔偿相对人因行政行为所受的损害，来实现对公民及其他相对人权益的保护。第三，行政法的重要原则都是由判例产生的。同时法国的行政法没有编纂成法典。

最高国家权力的控制、分权和制约等，都是涉及国家公共利益的，是处理

---

① ［美］伯那德·施瓦茨著：《行政法》，徐炳译，群众出版社1986年版，第1—2页。
② 王名扬著：《法国行政法》，北京大学出版社2007年版，第15页。
③ 王名扬著：《法国行政法》，北京大学出版社2007年版，第15页。

作为整体的人民同国家之间权利义务关系的宪法规范内容。这些宪法规范内容以分权学说等为基础,大多都表现为以民主共和原则来实现国家权力之间的平衡和合作,这是国家最高权力层面的宪法性法律控权。从上文的考察可以看出,行政法无论在英国还是在法国,其内容无外乎两个重要方面:给予行政权力(英国叫授予行政权力)和限制①行政权力(有的学者也称之为"控制行政权力")。所以,我认为在个体的公民与国家权力之间的关系中,控制权力就表现为行政法的任务。也就是说,法律规制权力,或者说法律控制权力表现在宪法层面和行政法两个层面。

1. 宪法层面的议会以立法授予行政主体以行政权

议会,在中国相当于人民代表大会,在俄国国民议会有联邦委员会和国家杜马,在美国国会由参议院和众议院组成,在英国国会由上议院和下议院组成。不管是采用一院制还是两院制,议会都被本国宪法定位为国家最高权力机关,掌握立法权,即人民主权。这些国家最高权力机关都是由本国人民大众行使选举权选举出来的,都是由人民代表(议员)组成的民意代表机关。这是所有的标榜为民主共和国的宪政国家政治体制的共同特点,不论是资产阶级掌权信奉资本主义的国家,还是无产阶级(人民)掌权信奉社会主义的国家概莫能外。

(1)在英国,法律主治是自光荣革命以后所确立下来的君主立宪的政治体制的基本原则之一。

法律主治的内涵就是在议会主权前提下法律只能由议会作出,即议会独享立法权。以首相为首的内阁(最高国家行政权的实际掌握者)对议会负责,即部长个人和集体通过内阁对议会负责。没有议会的信任,部长们不能存在。议会制定的法律需要由政府去执行,所以服从和执行制定法是政府的宪法责任。但是近年来,随着议会改革的进展,1949年议会法颁布施行以来,上议院的立法职能被限制和缩减,特别是重要的法案,如财政案,上议院至多只能拖延审议一个月,而且即使不批准,如果下议院以2/3多数将原案重新通过的话,下议院就可以直接让国王签署而使其生效;况且在财政预算案未有新案的情况下,内阁还有权沿用上一年度的预算案。如此一来,在现实生活中,政府

---

① 孙笑侠著:《法律对行政的控制——现代行政法的法理解释》,山东人民出版社1999年版,第2页。

控制议会成为司空见惯的事。"议案由政府部门拟定,由党魁操纵在议会通过,许多条款都不可能有充分时间予以认真讨论","内阁负责制在事实上没有能有效控制立法,绝大多数法律几乎在与政府先前决定的形式完全相同的情形下通过"。①　虽然表面上还是法律主治,但由于法律议案往往都是由内阁向议会提起,因此,行政权力对立法的影响越来越大,这在近年来已经是不争的事实。

（2）在美国,给予和控制政府权力是美国建国者的共同意愿,也是宪法典的主旨。

对于控制专制,麦迪逊（美国第二任总统）曾经指出:"立法权、行政权和司法权全部集中于同一管理者之手,不论其为一人,少数人或许多人,不论他是世袭的,自己指定的、或选举产生的,都可以正当地称之为专制（均可公正地断定是虐政）"。对于行政权力受制约的必要性,他又指出:"防止各种权力逐渐集中于一个部门的最大保障,在于给予每一部门的主管者必要的宪法手段和个人动机,以抵制其他部门的侵犯……为了控制政府滥用权力必须使用这种方法,这也许是人性的一种反映,但政府是什么呢?　政府难道不是人性的最大反映吗?　如果人们都是天使,根本不需要政府;如果人们都由天使统治,也不需要对政府的外在的和内在的控制。在组织一个由人统治人的政府时,最大的困难在于:首先必须使政府有力量控制被统治者,其次必须使政府本身控制自己"。②　政府必须拥有权力才能维护人民安居乐业的外在社会环境,而这个权力只能由民选的国会通过法律授予,法律独立于政府之外,政府权力受法律的限制。这也是西方社会由来已久的法治原则,即法律最高原则。王名扬先生指出,法治原则承认法律的最高权威,要求政府依照法律行使权力,包含一个基本假定,就是:法律必须符合一定的标准,包含一定的内容,如果对于法律没有要求一定的标准或内容,则法律也可作为专制统治的工具。③　这种一定的标准就是宪法规定的基本人权,保护美国宪法前十条修正案中规定的基本人权（包括政治自由等基本人权,还有不得强迫自证其罪等正当程序条

---

① ［英］威廉·韦德著:《行政法》,徐炳、楚建等译,中国大百科全书出版社 1997 年版,第 33—34 页。

② ［美］汉密尔顿、杰伊、麦迪逊著:《联邦党人文集》,程逢如、在汉、舒逊译,商务印书馆 1980 年版,第 246、264 页。

③ 王名扬著:《美国行政法》,中国法制出版社 2005 年版,第 114、117 页。

款)是政府权力行使的基本限制,当然国会的立法也可作为公民权利的渊源而成为政府行使权力必须要遵循的。除此以外,国会的立法也对政府的活动规定了一些程序,如1946年的联邦行政程序法。这个法律对行政机关制定法规、进行行政裁决、举行听证会等行政行为都规定了必须遵守的程序或标准。法治国家允许行政机关掌握自由裁量权,因为"不允许自由裁量权的存在,任何法律体系不能运行",法治原则只是反对不必要和过分的自由裁量权力,因为它必然导致自私自利、恣意妄为和腐败,导致暴虐的专制。美国总统作为最高行政权力的拥有者,虽然是由选民选举产生,但是国会有权对总统的违反宪法和法律的行为进行追究,进而启动弹劾程序。总统根据宪法(总统有保障法律忠实执行的义务)的默示而拥有发布行政命令的权力,比如总统在不能得到国会的合作时,可以使用行政命令作为推行其政策的工具。但是,无论如何,总统的行政命令不能和国会的法律相冲突。

(3)法国的议会制虽然受到选民直选总统的制约,但通过立法给予政府权力的基本职能未变。

法国同德国等其他欧洲国家在实行议会制共和方面具有共同特征,即政府须向议会负责,议会有权对内阁进行信任投票,如果未获议会多数信任票的支持,政府的辞职便势所必然。但在法国,由于实行选民直选总统制,议会所受的限制比较多,但其对政府的信任表决并没有被取消。法国现代行政权力更多的是交由政府官员(即公务员)行使,而且行政权还随着国家任务的增长而增长。法治行政是大陆法系国家行政法的一个基本原则,在法国,它表现为:第一,行政行为必须依据议会制定的法律。行政机构固然有一定的自由裁量权,但是这样的裁量权却必须在法律所规定的限度内行使。第二,行政行为必须符合议会制定的法律。即使有法律授权依据所为的行政行为,如果在行为过程中违反法律,也必须承担行政法上的责任。第三,以积极的行政行为保证议会制定的法律的实施。必须根据法律、符合法律的要求并不意味着行政机构只是消极地在法律范围内活动;他还必须通过积极的行政行为保证议会通过的法律的实施。另外,虽然政府总理由总统任命,总统有权根据总理的要求解散国会,但是国会仍然通过有效的部长责任与专家委员会来实现控制。①

---

① [英]L.赖维乐·布朗等著:《法国行政法》,高秦伟、王锴译,中国人民大学出版社2006年版,第24页。

(4)德国的议会中心地位。

德国与法国不同,根据现行宪法(1949 年联邦宪法),联邦政府尊重联邦议院的中心地位:第一,联邦总理由联邦议会选举产生,而不是由总统任命;第二,联邦议院及其专门委员会可以要求政府成员出席会议,并随时接受议员的质询;第三,联邦议院可以通过对联邦总理的不信任案,亦可否决联邦总理要求表决的提案。

德国学者将行政权接受立法机构的控制表述为行政行为行使过程中必须遵循的法律优先和法律保留原则。法律优先原则是指行政行为应当受现行的议会通过的法律的约束,不得采取任何违反法律的措施。它无限制和无条件地适用于一切行政领域,源自有效法律的约束力,由基本法第 20 条第 3 款的规定予以确认。① 它的含义主要就是指法律大于行政权力,在政治的框架内,我们可以说一切权力来源于人民,但在法治的框架内,我们应当说一切权力来源于法律。政治意义上的人民主权原则转换成了法治意义上的法律主权原则。如果在法治的框架内仍然强调权力来源于人民,那么结果就是:国家的权力来源于人民,国家运用这一权力来制定法律并管理人民,国家权力是法律的本源,法律只是国家权力的结果,国家权力就不必、不可能向法律负责,因而也就无法治可言。法律对行政应当具有绝对支配性和拘束力。支配性要求行政主体应严格以行政法规范为依据来实施行政决定,调整特定利益关系。拘束力表现在法律规定行政权力的界限。

法律保留原则是指行政机关只有在取得法律授权的情况下才能实施相应的行为。法律保留意义上的"法律"是指正式法律(即议会法律)。同法律优先原则相比,法律保留第一,比优先原则严格。优先原则只是(消极地)禁止违反现行法律,而保留原则则是(积极地)要求行政活动具有法律依据。在法律出现缺位时,优先原则并不禁止行政活动,而保留原则却排除任何行政活动。② 第二,法律优先原则无可置疑地适用于所有行政领域(行政机关不得违法),但法律保留的范围却经历了由小到大的变化。起初,在君主立宪时期,奉行"侵害保留"学说,即只有在行政的一定领域,即行政侵害私人的自由和

---

① "立法权应服从宪法秩序;行政和司法权受法律和正义的制约"。转引自[德]毛雷尔著:《行政法学总论》,高家伟译,法律出版社 2000 年版,第 103 页。

② [德]毛雷尔著:《行政法学总论》,高家伟译,法律出版社 2000 年版,第 104 页。

财产的行为,需要法律的根据。也就是说,只要不侵害财产和自由,行政即使没有法律根据也是能够运作的。① 在当今行政的活动领域已经飞跃地扩大的情况下,如何界定保留范围,也就成了划定不需要议会授权的行政权的活动范围。议会民主的发展、给付行政意义的扩大以及宪法对所有国家领域的约束都要求扩大法律保留的范围。国家发放补助金或给付物资援助往往对处于困境中的公民和法人是至关紧要的:拒不提供助学金会导致贫病家庭的学生无法上学、拒不提供补贴可能使处于暂时资金周转困难的企业破产。因此,现在的德国因其奉行社会市场经济政策,主流思想认为"在社会法治国家,自由不仅来自国家,存在于国家之中,而且需要通过国家"。因此,现行行政法治将以社会、经济和文化为目的的给付,以及在较大的人群或者较长时期分配的给付,要求法律保留。但对突然出现的非常情况,如自然灾害、特别是经济危机,议会应当给行政机关留出灵活处理的充分余地,以使后者能够及时提供必要的及时救助。

2. 宪法层面的法院以司法审查权限制行政权力

司法权一般都掌握在法院手中。西方法治发达国家的司法制度一般都有以下几个共同的特点:

(1)司法权由独立设置的法院独掌。

司法管辖区与行政管辖区域并不完全重合,各级法院的经费由议会独立预算决算,不受同级行政机关操控。

(2)奉行法官独立。

法官任职一般由最高行政领导(总统或首相)任命,议会(国会)上院批准;法官实行高薪制;法官非经审判确定为刑事犯罪而不得被解职但可以自己申请退休;法官不参与选举、任职期间不参与党派活动、不兼任议员或行政官职。

(3)解释宪法和法律的权力归法院独立行使,有对议会制定的法律和总统政令的合宪审查权。

法院对成熟的行政行为进行司法审查是多数西方国家的通行做法,也是宪法层面上的权力分离和相互制约的表现。但在不同的法系中也表现出各自不同的特点。

---

① [日]盐野宏著:《行政法》,杨建顺译,法律出版社 1999 年版,第 51 页。

在英美法系,英国自从一战后出现了由议会决议设立的行政裁判所,在二战后获得广泛的发展。它由政府提供行政支持,人员由政府任命,财政依赖于政府拨款。尽管如此,由于行政裁判所必须在查明事实的基础上公正地实施法律规则,所以,大部分裁判所所做的裁决实际上是司法性质而不是行政性质。"最根本的是,裁判所是独立的。对于任何特定案件的判决,裁判所都绝不服从行政干预"。① 当事人向裁判所告诉才能引起裁判所的审理和裁判,对裁判所的裁决不服,当事人还可以向法院提起上诉。法院也可以通过提审令对裁判所的裁决进行司法审查。因此,英国的行政裁判所就相当于专门受理民告官的行政诉讼的基层行政法院。相对于普通法院,行政裁判所的优越性表现在:第一,行政裁判所组成人员具有专业知识,符合行政案件对专业性的要求。第二,行政裁判所的程序具有非正式性。行政裁判所受程序束缚的程度远远低于法院,它能够考虑行政管理的特殊要求,针对不同的行政争端适用不同的程序规则。裁判所办案程序的非正式性恰好满足了行政管理的效率性要求。第三,行政裁判所的审理具有灵活性。行政裁判所在审理行政纠纷的过程中完全不受先例的制约。裁判所的职责是要作出在当时情况下的正确的裁决,而不是去盲目地遵从其先前的判例。第四,行政裁判所的审理费用较低。由于行政裁判所的审判人员中,只有裁判所主席是有报酬的,其成员通常没有报酬,他们的工作同治安法官一样,是一种公共服务。此外,寻求行政裁判所解决纠纷的当事人通常是没有法律代理人的。这些都为当事人节省了开支。第五,行政裁判所便于普通公民提起诉讼。行政裁判所办案程序灵活简便,审理过程中的氛围较为轻松,且诉讼费用较低,普通公民在遇到纠纷时比较倾向于求助行政裁判所。解决行政纠纷的职能理所当然地落于行政裁判所肩上。第六,行政裁判所解决纠纷相对迅速。政府在行使管理社会的职能时做出的决定直接关系到行政相对人的切身利益,审理速度影响到相对人的利益是否能得到真正的维护。行政管理的特性也要求行政纠纷能够高效率地解决。又由于行政裁判所的组成人员具有专业性,这样在审理专门的问题时就不必像律师对法官那样耗费很长时间向法官解释某些专门的技术性问题。另外,裁判所办案程序的非正式性也为案件的审理节省了时间。② 基于以上原

---

① ［英］威廉·韦德著:《行政法》,楚建译,中国大百科全书出版社 1997 年版,第 624—625 页。
② 陈小娟:"英国行政裁判所制度探源",《研究生法学杂志》2003 年第 2 卷第 1 期。

因,作为特色鲜明的行政法制度,行政裁判所在英国正发挥着越来越重要的作用。

美国没有专门的行政法院,行政裁决又不同于司法裁决,其认定事实的程序主要由听证来完成,而且主持听证的人和裁决人员分离。行政裁决的作出,根据行政程序法的规定,一般都需要经过听证,除非当事人放弃听证的权利。所谓审判型听证,又叫作正式程序的听证,即法律规定必须举行的听证,听证要遵循法定的程序,听证记录是最终裁决的依据。行政法官就是美国行政机关行使审判型听证权的一类特殊行政人员。根据1946年的美国《联邦行政程序法》,国会的文官事务委员会从具有律师资格和律师工作经验的人中,通过考试录用听证主持人员(1972年改称行政法官),其管理和工资都由文官事务委员会负责,不受听证所在行政机关的影响。他们没有试用期,轮流听证,实行职能分离,不能执行和听证工作不相容的职务;除非有文官事务委员会所规定和确认的正常理由,并经正式的听证程序,不能罢免。从权限上看,不同于司法官,行政法官对案件只有初步决定权或建议权。联邦行政程序法所要求的听证,都由行政法官主持,这是正式听证的正常情况。但也存在例外情况,即非行政法官也可以主持听证,只要有法律的特别规定即可。①

3. 行政权力系统内设的机构对行政主体实行的监督和控制

从方式来看,分为主动积极方式和被动消极的方式两种。前者是指上级行政机关对下级行政机关的监督和控制或者专门的监察机构对行政工作人员(公务员②)或政府雇员纪律监督;后者是指应行政管理相对人的申请,对行政行为的合法性合理性进行的审查监督,从而实现控制行政行为的目的。

我国现行宪法第89条规定,国务院有权统一领导全国地方各级国家行政机关的工作,规定中央和省、自治区、直辖市的国家行政机关职权的具体划分;有权审定行政机构的编制,依照法律规定任免、培训、考核和奖惩行政人员。宪法第108条规定县级以上的地方各级人民政府领导所属各工作部门和下级人民政府的工作,有权改变或者撤销所属各工作部门和下级人民政府的不适当的决定。同时第107条规定,乡、民族乡、镇政府执行本级人民代表大会决议和上级国家行政机关的决定和命令,管理本行政区域内的行政工作。以上

---

① 王名扬著:《美国行政法》,中国法制出版社2005年版,第448、449页。
② "政府工作人员"即公务员。在美国称谓"政府雇员"。

规定表明,我国的行政管理系统从中央政府到地方基层的乡镇政府,实行的是层层负责制、本级政府管理下一级政府,这种管理即为"有权改变和撤销下级政府的不适当的决定",这就是上级行政机关对下级行政机关的监督和控制的表现。这种控权是宪法规定的职权,其行使方式是主动和积极的。我国有关法律还规定,中央政府设监察部,地方政府设监察厅、监察局等机构,《监察法》规定监察机关有权主动检查国家行政机关在遵守和执行法律法规和人民政府决定命令中的问题;受理对公务员各种行为(包含行政行为)违反行政纪律的控告和检举。监察对象为本级政府公务员和下级政府领导人,县级政府的监察部门对下级政府所有公务员都有权监督。监察部门的行政检查活动主要是以积极主动的方式控制公务员的职权行为守纪守法,对公务员的行政恣意行为进行行政处分。

行政复议机构是设在各级政府的准司法机构。它行使职权的方式完全是被动消极地受理行政相对人对行政主体的行政行为不服而提出的复议审查申请,复议机关应当按照《行政复议法》的要求对被申请的行政职权行为从合法性和合理性双方面进行全面地审查,并有权变更或撤销原具体行政行为。如果说行政监察是对人的行为进行监察并做出相应的处分,进而保证宪法法律的正确实施和政治纪律的维护的话,那么行政复议就是对事的审查,对行政行为的审查,结果是维持变更或撤销行政行为,从而达到保护行政相对人合法权益的目的。

在日本,政府上级对下级的监督和控制表现在依法由司法机关通过诉讼程序进行控制。因为地方公共团体的负责人往往根据《地方自治法》由当地的选民选举产生,不是由上级政府任命产生的。但地方公共团体的领导人根据宪法有义务服从上级政府的行政命令,如有拖延或公然的违背,上级政府可以依据宪法法律向法院起诉地方公共团体,以追究地方公共团体领导人的违法责任。至于行政相对人的权益保护,日本也有一种制度——行政上的不服申诉制度和苦情处理制度。这是由行政机关内设机构负责受理并作出裁决和处理的。行政上的不服申诉制度是行政内部的自我统制,相当于行政复议制度。行政苦情制度,即行政苦情申诉与处理制度,简称苦情制度或怨情制度,它在广义上是指行政机关受理国民有关对行政的不满、不服等的苦情申诉,并为谋求对此的解决而采取的必要措施。苦情制度的优势在于:第一,专门性,日本的苦情处理设有专门的部门,如行政监察局,处理机构的隶属关系明晰,分工明确,避免出现互相推诿的情况,有效地化解了矛盾。第二,主动性,日本行政法对于苦情处理的规定中,多次提到苦情处理部门有主动发现问题以及主动采取措施予以救助的任务和使命。主动发现问题意味着行政机关能够尽早掌握主动,更有利于对苦情的合理处理,以及能够在一定程度上缓和与行政相对人之间的矛盾。第三,规范性,日本的法律是非常严密的,不仅包括完整的对苦情处理程序和内容的规定,甚至连一些配套措施都有正式的法律作后盾。如对于行政商谈委员制度,已经实现法制化;出台了相关的法律来保障行政商谈委员制度的规范性以及保护行政机关的权威性。①

在我国的台湾地区有行政诉愿法所规定的诉愿制度,相当于中国内地的行政复议制度。其《诉愿法》第 1 条规定:"人民对于中央或地方机关之行政处分,认为违法或不当,致损害其权利或利益者,得依本法提起诉愿"。其管辖机关就是原处分机关之事务管辖的直接上级机关,如原处分机关为国家最高机关时,则以原处分机关为受理诉愿机关。② 诉愿程序是行政诉讼开始的必经程序,也就是说,行政相对人寻求司法救济必须先经过诉愿程序。

(三)我国法治政府建设

在宪法 1999 年修正案将依法治国写进宪法以后,国务院当年就向国务院各部委和地方各级政府发布了《关于全面推进依法行政的决定》(国发〔1999〕23 号)。该决定共七个部分,明确了对依法行政重要性的认识,意识到了各级政府和政府各部门领导必须带头依法行政的历史责任,提出了政府法制建设的指导思想和要求,明确提高政府立法质量在推进依法行政方面的基础性作用,提出了当时的加大执法力度和强化行政执法监督的重要任务,最后还清醒地认识到全面推进依法行政的长期性。总起来说,该决定仅仅是一个中央政府推进依法行政、建设法治政府的一个开端,政策宣示的作用比较明显。

进入 21 世纪,国家进一步推进依法行政。(1)2004 年国务院发布了推进依法行政工作的十年规划纲要,首先,明确提出法治政府的基本要求:有权必有责,用权受监督;违法受追究,侵权要赔偿。(2)确立了建设法治政府的十

① 陈丹、唐茂华:"试论我国信访制度的困境与'脱困'——日本苦情制度对我国信访制度的启示",《国家行政学院学报》2006 年第 1 期。
② 吴庚著:《行政法之理论与实用》,中国人民大学出版社 2005 年版,第 386—387 页。

年目标(即七项任务):转变政府职能与深化行政管理体制改革、提高制度建设质量、法律实施应确保法制统一与政令畅通、建立健全科学民主决策机制和政府信息公开制度、探索建立化解社会矛盾解决各类纠纷的机制、强化对行政行为的制约和监督、提高行政机关工作人员依法行政的观念和能力。其次,为扎实推进法治政府建设,2008年国务院又颁布了"国发[2008]17号"行政法规,加强市县政府依法行政工作。首先,将依法行政知识的培训及考核成绩作为任职和晋升的依据;其次,建立重大行政决策听证制度、合法性审查制度、集体决定制度和实施情况后评价制度,为行政决策的科学化建立制度保障;再次,建立和规范规范性文件制定、备案和定期清理制度,将行政立法在内的规范性文件的制定保持同宪法法律一致的范围内;又次,对行政执法活动加强监督,在积极推进政府信息公开的基础上,畅通各种监督渠道,自觉履行法院判决和裁定;最后,完善上级政府对下级政府,同级人大对政府依法行政工作的监督,将依法行政工作报告作为市县政府向上级政府和同级人大常委会汇报的年度任务。(3)2010年国务院又发布关于加强法治政府建设的29条意见。规定要把公众参与、专家论证、风险评估、合法性审查和集体讨论决定作为重大决策的必经程序。规定政府作出重大决策前,要向各方面反馈或公布意见采纳情况及其理由;未经法制机构合法性审查的,政府不得将重大决策提交会议讨论,更不能作决定;国务院的意见还规定,明确支持新闻媒体对违法或者不当的行政行为进行曝光,并责成有关行政机关及时依法处理,将处理结果向社会公布。

中央政府的上述决定,是在社情民意的推动下,自觉践行法制、自我约束的重要举措;也是自觉践行承诺,切实促进法治政府建设,促进法治社会建设的重大战略决策。它不是在立法权的监督督促下这样做的,更不是慑于选民选情,而是政府的自觉行动。本届政府这样的自觉行动,必将形成惯例,为以后历届政府的法治建设树立榜样,与此长久进行下去,随着经济的发展,人民法治觉悟的进一步提高,法治行政必将日益巩固和完善。遵循先例,将成为我国行政权自我法律约束的主要途径。如此发展下去,就可以说,我们自觉摸索出了一条不同于西方国家权力制约宪法架构的一条控权新路。

三、 法律控权的作用

（一）法律控权的首要作用表现在他律上

法律由于自身的普遍性和公开性，及自身的形式正义特性，因此，法律控权能够使权力被控制的范围或者说权力边界公开明晰，便于权力的相对方或公众的监督和评价，慑于公众对自己掌握权力情况的法律评价和对违法后果的恐惧，掌握权力的人必定谨慎从事，不敢超越法律"雷池"一步。与此相对，道德控权由于道德本身的个体性和差异性，由于道德评价没有公开明确的标准，往往是谁有权谁是正义和道德的化身，因此，道德控权主要依赖自律或者说掌权者的自觉，其不确定性是主要的；又因为道德控权时，掌权者没有或者不用担心越权滥权的后果，谨守道德准则仅仅是自己的修养使然，所以，社会甚至无法避免阳奉阴违的专权者出现，即表面上对"廉政"、"控权"讲得信誓旦旦，暗地里却大肆以公共权力自肥。行政权力的扩张性和逐利性的本性，使领导干部的道德防线时刻面临严峻的考验。在我国改革开放的社会转型时期，干部的道德防线所受到的挑战尤为激烈，一方面是市场经济冲击下的逐利要求，另一方面是调控市场的法律制度和规范权力运行的法律制度还没有完全具备和形成。在这种情况下，完全靠干部自身的道德力量来抵御权力本身具有的逐利性不但疲乏无力而且也是不公平的。因此加强法制建设，完善法律这种他律机制，不仅能够有力地防止干部不滥用权力，而且也使干部的道德缺乏蜕变的温床，这样既保护了广大干部，又是对干部的一种爱护，更有利于维护政府与社会的和谐的社会氛围。

（二）法律控权体现出法律的强制力

一方面，法律对行政权力的强制是硬约束，法律一经公布，其实体规定和程序内容对所有人都是客观的，法律的约束力是靠广大守法的人和守法的国家机关的正义力量来维护的。一旦某个掌握国家权力的人违法运用手中的权力，法律控权的整个程序就会启动，而违法行为人必然要承担违法后果和得到相应的法律制裁。法律的强制力原本是指通过国家暴力机器实现的法律硬约束,但这还不是法律权威的全部内涵。另一方面,法律对行政权力的强制力是具有内在的约束力的。法律控权是以法定的强制和制裁措施为依据并由专门的机关依照法定程序执行的。这种程序明确的、内含正义的法律就是人们看得见的正义运行过程轨迹,是不容许任何个人不经合法正当的程序而任意改变的。法律的内在约束力表现为法律是内含正义的,法律内容是深得人心、深入人心的,法律是被信仰的。所谓法律为人们所信赖,是指人们对法律的执行过程和结果的公正性的信任和依赖,外在的强制性不可能换来信赖。①

(三)法律控权是民意控权

法律控权的整个过程就是公共利益(公众集体利益)经过公众事先确定的程序对个人利益进行调控的过程。例如,在美国对克林顿总统的弹劾案,从立案启动到调查取证,再到对各种证据进行质证和辩论,对庭审确定的事实适用宪法和法律,到最后审理组织进行表决裁判,整个过程不仅涉及国会两院、涉及最高法院,而且经过新闻媒体的追踪采访报道,更多的民众间接参与了案件的审理过程,民意(公共利益)控制的现象明显显现。道德控权不仅没有可见的程序运作,更没有任何民意的参与,其完全地内在于掌权者内心活动,外人是无法明确认识的,更无从施加影响了。我国迄今控制权力的基本方式是以权力部门进行内部自我控制为主的。当权者能够自觉地进行内部自我控制是可贵的和重要的,但是仍然需要高度的重视并进一步采取措施加强广大民众的外部控制,让更多的民众参与到控权过程中来,让他们看到其中正在运行着的正义;同时对于权力的内部控制需要进一步法制化。我国历史上大凡发生权力严重失控,无不同民众控制乏力和法律控制欠缺相关。因为民众意志对于权力的控制本来就包括外部控制和责令权力部门自己实行内部控制两种。真正符合要求的内部控制也体现着民众意志,也需法律作出规定,因而也是一种法律控制。②

---

① 孙笑侠:"论法律的外在权威与内在权威",《学习与探索》1996 年第 4 期。
② 漆多俊:"控权:通向法治之路的关键",《经济社会体制比较》2006 年第 3 期。

第三节　控权的其他手段

一、　舆论对行政权力的监督

(一)舆论监督的含义及其依据

媒体的从业者,特别是新闻记者,常常被人们称为"无冕之王"。在西方社会,相对于立法、司法和行政权力,人们还把媒体的权力称为"第四种权力"。足见其被社会重视的程度。我们在谈到舆论监督时,一般是指舆论对立法、司法和行政这三方面的监督,而在本书的论题之下,我主要谈的是狭义上的舆论监督,即舆论对政府的监督——具体的公民或组织表达一种对政府机构和政府官员行使权力行为的评论、建议和相关活动进行披露的活动。不能简单地认为舆论监督就是批评报道,也不能仅仅认为它是新闻界的自由权利,更不能错误地认为它是党政权力的延伸。

舆论监督是宪法赋予公民的权利。从宪法上看,我国的舆论监督是有充分依据的。首先宪法规定了公民享有言论自由权。我国宪法第 35 条规定:"中华人民共和国公民有言论、出版、集会、结社、游行、示威的自由"。这是言论自由的一般规定。言论自由是舆论监督形成的前提条件,但言论自由还不等于批评政府的权利,所以宪法第 45 条又规定:"公民对于任何国家机关和国家机关工作人员享有提出批评建议的权利"。其次,公民享有知情权和参政权。知情权包含两层意思,既是指公民具有知道真相的权利,也是指政府有告知的义务。从宪法的层面上看,知情权是公民参政权的一个基本前提,因为信息不对等就谈不上有效参与。我国宪法第 2 条规定:"中华人民共和国的一切权力属于人民……人民依照法律规定,通过各种途径和形式,管理国家事务,管理经济和文化事业,管理社会事务"。这就是公民参政权的宪法表述。为了维护与保障公众的参政权,党和国家在许多文件与报告中有过具体表述与强调。党的十六届六中全会通过了《中共中央关于构建社会主义和谐社会若干重大问题的决定》,再次强调要"实现社会主义民主政治制度化、规范化、程序化,保障人民享有广泛的民主权利","依法保障公民的知情权、参与权、表达权、监督权"。党的十七大报告又作了具体强调,指出:"人民民主是社会主义的生命",提出要"坚持国家一切权力属于人民,从各个层次、各个领域扩大公民有序政治参与,最广泛地动员和组织人民依法管理国家事务和社会事务,管理经济文化事业"。2008 年 5 月 1 日,《中华人民共和国政府信息公开条例》施行,该《条例》对公民知情权的明确保护,有利于公众进一步的政治参与。由此可知,我国公民的舆论监督权是有宪法依据的。这充分反映了我国宪法中的民主性原则。因此,在公民将此权利委托或让渡给具有广泛影响力的专业新闻媒体时,就产生了舆论监督,而公民个体转而成为监督新闻素材的积极提供者。

舆论监督的理论基础源于西方的"公共领域"论。"公共领域"是指"社会文化生活领域,是人们就各种问题进行讨论、争辩从而形成公共意志和公共观点、分享个人体验、传递和创造文化价值的公共论坛和场所"。[①] 大众传媒是公共领域的重要组成部分和内在机制。它既是报道公共事务和公共政策的信息平台,又是人们自由发表对公共事务批评和评价的舆论平台。实际上,从世界范围来看,在宪法规定了言论自由的背景之下,政府以及政府官员的行为受到公民以及大众传媒的监督是民主制度的重要标志。其中,新闻报道有力地影响公民的政治言行,政府及其官员的行为如果违反宪法和法律,一旦被新闻媒体曝光,则政府处于十分被动的地位,有时甚至引起政府倒台。这种监督也有利于提高公民的政治热情和宪法意识,实践证明,它对政府的监督发挥了不可替代的作用。

在一个民主社会中,公民就应该享有批评政府机构及其官员的权利,因为民主的核心就是公民与国家之间的关系。卢梭认为,政府是建立在人民同意与授权的基础之上的,政府官员是人民的代理人或人民的公仆,民主的基本原则是"人民主权"和"民有民治民享的政府"(林肯),政府存在的目的在于维护公民对于影响到他们利益的公共决定的发言权和参与权。这个理论已经为宪政国家所接受,并称为人民主权论,以同主权神授的封建专制君主制相区别。既然政府是人民的公仆,应为人民的同意和为了人民的幸福而存在,由公民选举产生,向选民负责,所以人民批评政府顺理成章。任何一个批评政府及其官员的人都是在行使自己的权利,这一权利源于他作为一分子的社会整体

---

① 朱云:"社会制约:一种治理行政权力腐败的途径研究",《中南大学学报》2004 年第 4 期。

的自治权利,他有权检查仆人的过错,并对他认为不对或不当的行为提出批评。在现代社会里,在大多数情况下,公民由于人数众多而不能享有行政权力,不得不把权力委托给通过选举产生的政府机构及其官员。而这种检查和批评权是公民不能让渡的权利。

我国是人民民主的社会主义国家,人民主权当然是我国建国的理论基础。因此,人民是社会的主人,政府机关及其官员是人民的公仆,为人民服务是其工作宗旨,他们必须对人民负责;人民是主人,有权对政府及其官员的行为加以监督。这就是人民主权论的主旨。

因此,舆论监督在我国不仅有宪法依据,而且是有充分的理论基础的。舆论监督所承载的代行民众的知情权和批评权的功能,使其成为社会良知和多种智慧的体现物①,有利于形成制约行政权力的强大舆论。

(二)舆论监督的特征

1. 监督控制行政权力的综合性和全面性

法律监督注重对行政主体的行政行为进行监督,对其违法行为通过让其承担行政责任的方式实现监督控权的目的。但法定监督机构履行责任,有赖于发现和掌握有关官员违法的充分信息。社会信息具有分散性,一个监督机构无论怎样地主动和积极,都不会收集尽全部的社会信息,况且其时间和精力有限,而舆论监督由于其搜集信息的专业性,可以弥补法制监督的不足。道德监督或控权是针对行政官员个人的言行,不管是职务行为还是非职务行为,不论是行为还是语言都进行监督,但仅限于道义上效果,往往不能使被监督者受到应有的惩罚。而舆论监督是全面的综合的监督:它不仅监督官员的公务行为,而且监督官员的私人行为,包括其个人的人格、道德品质;它对政府机构的行为,不仅作出合法性判断,而且作出合理性判断;行政权力中的法律依据往往给予行政主体以很多自由裁量权,特别是我国行政机关部门立法的现实更加使行政机构的部门利益得到特殊保护,而舆论监督的合理性监督正好弥补了其他监督的缺陷,所以它是全面的监督。在美国,媒体的力量能与传统的"三权"分庭抗礼,其咄咄逼人、无孔不入的攻势,将政府内部的运作方式与普通民众更紧密地联系起来,已成为巨大的政治透视镜,使政治事务对每个公民

---

① 展江:"新世纪的舆论监督",《青年记者》2007 年第 6 期(上)。

不再遥远、陌生、神秘,犹如身临其境;它改变了公民参与政府决策的途径和从事竞选运动、制定公共政策的方式,被认为是"位于实业界之后和联邦政府之前的第二号最有权力的政治机构",成为权力制衡之外的监督、制约政府和民主政治不可替代的重要力量。①

2. 监督和控制行政权力的公开性

阳光是最好的防腐剂。腐败只有在隐蔽的情况下才能够产生,公众一旦知道腐败的存在就有理由收回让渡出去的权利,将有关公仆的行政权收回。所以,任何腐败都惧怕阳光,媒体的曝光常使腐败者来不及遮掩,就被暴露在光天化日之下。而公诸报端或被发布到网上之后,就能引起全社会的注意,知情人就可能有勇气向新闻媒介和司法机关披露内情,提供证据;而腐败者的幕后疏通打点活动也容易被阻断。媒体信息传播的公开性,正好能满足公众监督政府、实现政治参与的需要。2010 年 3 月新修订的《云南省人民政府工作规则》中,就新增了"省政府及各部门要接受新闻媒体的舆论监督"的规定。而四川巴中市巴州区白庙乡政府网上公示公务开支明细表的新闻报道,就将政府的支出情况向白庙乡、向全国甚至全世界公开了。这种公开就会使此乡政府今后的财政支出甚至日常公务开支行为都必须向社会公开,无形中对政府工作人员的行为构成了强大的监督。不仅在此新闻以后不能不继续公示开支情况,而且将来还必须采取将收入和开支一起公布的进一步措施,才能满足公众的需求。开放信息只能是逐步加大力度,如果有放有收,有时开放有时遮掩,就会招致舆论的批评,就会导致威信扫地,轻者影响施政效率,重者导致社会群体性事件出现。

公开性会使任何违法或违反社会公德、违背公共利益的情事无处遁形。政府信息向社会公开,不仅仅是政府建立发言人制度,一个口径向媒体介绍自己愿意主动公布的信息;更重要的是应公众的要求、或通过答记者问的形式公布自己掌握的各种信息,除非有正当理由,政府及其发言人必须公布相关信息。而且这里的"正当理由"也必须拿给公众"晒一晒",取得公众的认可,而不是政府自己认为是正当理由就拒绝公开。由于现实中媒体的生存依靠公众(发行量或收视率或点击率),所以媒体可能也必须代表公众说话,向媒体公

---

① 陈相雨:"媒体舆论监督和公众政治参与",《西南民族大学学报》(人文社科版)2009 年第 7 期。

开也就等于向公众公开,满足媒体的知情权也就等于满足公众的知情权。被媒体曝光,就是让公众知晓,然后公众就会有的放矢地参与到政治中来,从而自觉地行使自己的民主权利,从这个意义上讲,媒体的公开性就是促进真正落实人民当家作主权利的利器,同时也是控制行政权力合法合理行使的不二法门。传统的以权力制约权力,在我国的国情下,由于公众有理由怀疑官官相护,因为我们的政治体制中没有严格的权力分离和制衡机制,所以在公众的心目中其监督行政权力的作用有限。媒体却不一样,因为它们是以受众(广大的公众)的支持为其生存基础的。即使是官方承办的媒体如果只说假话空话套话,受众也有"用脚投票"的权利;因此为了生存和发展,这些媒体也只能使劲浑身解数深入基层贴近百姓,反映公众的声音、满足公众的知情权和参与社会生活的权利,而不只是服务和听命于政府。

3. 监督和控制行政权力的及时性

及时性也是媒体运行的职业特点。公众的政治参与有直接和间接两种方式,直接参与就是参加选举、听证、质询等活动,间接参与包括通过人大代表、政协委员的提案、讨论等形式影响政府决策。但这些形式往往不是经常性的,无法将公众的意见及时传递给政府。而媒体的职业特征,即新闻的时效性(各媒体之间的生存竞争就是以其提供新闻的时效性为核心展开的)本身正可以及时地传递信息、反映公众舆论,随时监控政府公共权力的运作。媒体抓到"蛛丝马迹",就可以及时亮出,然后穷追不舍。20世纪70年代,美国的"水门事件"就是由媒体发现线索及时报道,进而穷追不舍而被彻底揭露出来的。同样在日本,很多贪污、受贿案也是由媒体发现线索及时报道而暴露出来的。

舆论监督或者说媒体的监督权,说穿了就是媒体代表公众(即政治概念——人民;社会概念——老百姓;法律概念——公民)行使宪法赋予公民的对国家机关和国家工作人员的批评权建议权。[①] 但是我国媒体在这方面的功能并没有很好地发挥过。在过去相当长的时期内主要是怕"暴露社会主义的阴暗面",后来主要是怕"诱发动乱,影响社会安定"。所以我国媒体的净化社会的功能仍然是靠正面宣传。

在大力发展民主和法治、推进经济市场化的中国社会发展的现实情境下,中国的舆论监督承载着公众的巨大利益和高度期待。从新闻工作者的职业理

---

① 《宪法》第45条。

念来说,监督权贵、为民请命、捍卫社会公正从来都是一种值得追求的目标。权力——尤其是最高行政权力——的滥用必然损害某个社会,甚至国际社会的许多成员。所以,发挥舆论监督的应有作用,在我国还有很多工作要做。

(三)社会转型期媒体的舆论监督功能定位

从本质上说,舆论监督应该属于新闻专业理念的范畴,是大众传播的一个客观效果而非手段,但是在社会转型期(我国从计划经济到市场经济的社会转型),舆论监督已经成为媒体经营自身形象的一种手段,成为获得社会效益或曰美誉度的一种高回报的行为。可是,我们作为受众,究竟怎样才能够既有效地利用媒体又能够保持理智?媒体从业人员又应该如何来对待自己面临的种种压力、诱惑,如何能够在商业利益和道德准则之间求得一种平衡?毫无疑问,媒体无形而强大的力量是我们不能忽视的,但这不应该妨碍我们以一种更加冷静、客观的态度审视媒体。正确认识媒体和舆论监督的作用,有学者认为要从媒体的去神圣化开始:

> 在这里,我们不能忽视的一个重要因素是中国传媒特殊的政治身份,在传媒和舆论监督神圣化的情境中,这是一个极其重要的充分条件。在计划经济体制下,传播媒介被视为党政机构的一个部门,舆论监督事实上是执政党政治行为的一种途径。在各国无产阶级革命史上,新闻媒介都曾执行过批评和自我批评的任务。因而在我国,党管媒介是政治权力的延伸,媒介话语实际是政治话语在媒介的延伸和衍生。计划经济体制下的传媒和舆论监督是代表党和政府监督、审查工作,具有浓厚的政治和政府工作色彩。进入市场经济后,尽管媒介的功能、角色、地位以及受众对媒介的认识都有了很大变化,然而传播体制并未发生根本的变革,从新中国成立初期建立延续至今的一元化党报体制仍然是传播体制的主要特征。因此,转型期的媒介身份呈现出多重性和复杂性:一方面,传媒把政治解放出来送到民众那里,另一方面,恰恰是记者的半官方身份又使其成为政治、政权的代表。作为市场经济的行为主体,传媒又只能是追求经济和社会双重效益的独立实体,在公众利益、政府控制和自身生存之间求得一种利益关系的平衡。
> 因此,媒介的去神圣化,首先应该从体制入手,传播体制的改革重在

使媒介脱离于政治和政府的依附关系,实现传媒的市场化运作。淡化媒介的行政色彩是廓清媒介和舆论监督身份的基础,也是净化舆论监督功能的关键。此外,新闻传媒应该树立专业主义理念,将舆论监督和传播活动回归新闻的本质。事实上,包括舆论监督在内的所有传播活动其本质都是对事实的报道。舆论监督是传媒环境守望功能的表现之一,守望的目的是通过向公众提供关于社会的全部信息,使社会成员及时了解环境变化及产生的社会影响以及可能由此引发的危险。对社会全面信息的提供包括了两个方面:正面信息的报道和负面报道。一方面是反映社会进步,另一方面,媒介还应该"同时揭露和批评贪污腐化、违法乱纪,渎职或工作的失误,社会上其他不良现象等"。从这个角度说,舆论监督也只是一种事实的采集传播过程。舆论监督只是一种"权利"而非"权力",其独特性在于以公开报道的方式形成强大的舆论压力,能够最大限度地调动社会舆论的支持,迫使职能部门作出决策。批评权利或舆论监督的权利也并非媒介特权,舆论的真实力量存在于民众之间。媒介并非神圣传媒或"青天",记者并不会永享光荣。他们进行舆论监督只是一种报道事实的形式。

因此,媒介和舆论监督的责任在于报道事实、挖掘新闻,"并体现出客观公正的职业立场,体现出对事实、对公众'知'的权利的充分尊重,体现出不屈从于任何利益、任何权威的勇敢和独立性,以及对真理和改造世界之理想的孜孜不倦的追求[①]"。

这些看法是比较中肯的。我国媒体确实需要回归自身本来的社会定位,这个定位当然是要认同国际上通行的新闻从业者的从业准则,即固守自己作为人民的代言人的社会角色定位,社会良心的守护神,为公民的知情权、参政权、对政府的批评建议权等等宪法权利的实现而不懈奋斗。

当然,舆论监督仍然要遵循法律规定的边界。如媒体的报道必须避免先入为主,应当注重让事实说话等等。但是,由于目前我国还没有新闻法,因而舆论监督的外部环境还不尽如人意,因此尽快制定出台新闻法,将舆论监督纳入法制化,就会有利于舆论监督自身的规范行使,有助于保证对政府行政的舆

[①] 严显艳:"转型期舆论监督中新闻媒介的社会角色分析",《中国地市报人》2009 年第 6 期。

论监督权的有效行使。

二、　放松政府管制和放权于民

国家权力的控制除了外在的各种手段的规范和控制以外,放权于民在一定程度上也能起到促进民本位社会秩序的形成,建立社会和谐的作用。有鉴于此,在此顺便讨论一下放松管制与国家机关放权于民的问题。因为放权于民并不是一放了之,一方面是有序放权,在民间有能力自治以及国家无力进行有效的集中管理的领域,才能放权;另一方面,放权以后,国家也要按照正当程序进行适时适当的监管,所以放权与民当然要求体现正当程序的法制监管。

(一)国家权力干预经济和社会生活的由来

在世界范围内,20 世纪 30 年代的世界经济大危机彻底宣告了自由放任经济理论的破产,导致了国家对市场经济的干预成为政府治理经济的主要手段。在国家对市场干预之后没有出现大规模的经济危机的事实,使国家干预理论成为人们公认有效的经济学理论。虽然国家干预解决了不少国家经济发展过程中的疑难问题,但客观上导致了政府权力持续扩张;个人自由从 19 世纪中后期开始就已受到政府的管制,到了 20 世纪中后期终于导致政府管制无处不在。与此同时,这种对社会、个人过度的干预因其以国家直接经营企业、决定私人的生产生活为根本特征,所以它产生的弊端——即社会因个人自由的限制而减弱了其发展的内在动力——直接制约了国家经济的发展,阻碍了人民群众生活的不断提高。因此,20 世纪 70 年代以来,在英美等西方国家兴起了一场以放松管制为核心的行政改革运动。放松管制作为政府的一种治理方式逐渐得到了人们更多的认同。[①]

虽然我国没有因自由放任经济导致国家干预个人自由的历史,但是在长期的封建统治时期,国家权力在县以下是放给民间自治的,县政府是最基层的政府。在共和国成立以后,我国借鉴苏联才实行了计划经济制度,以及相应的集权政治体制,国家权力延伸到了乡镇,执政党的力量甚至到达了所有有人居住的自然村落,导致了国家权力过分挤占社会与个人的自由空间,政府成为全

---

① 章剑生著:《现代行政法基本理论》,法律出版社 2008 年版,第 467 页。

能政府,民间力量无从存在和发展,从而窒息了经济和社会发展的活力。自1978年以来政府的各种改革"直接表现为行政作用的缩小或行政法调整范围的缩小。相应地,就是个人自由空间的扩大",同时民间有组织力量也逐渐恢复和发展起来。这些民间组织从放松管制的政府那里得到了原本应该有的自由,从而通过自律负担了部分原来全能政府承担的社会管理职能。如各种行业协会、城乡两委的人民群众自治、各种仲裁组织等等。从某种程度上说,这种政府放权也是一种控制行政权力的手段。因为不适合政府管理或政府管不好的事务放手让行业或民间自治组织自我管理,集中精力管好政府应当管的社会无法自我管理的事务,既能够提高行政效率,又能够满足人民民主的一些要求,同时又是防止行政权力恣意和滥用的事半功倍的良好施政方针。这也是世界发达国家政府开明管理的趋势。可喜的是,2008年底颁布的《国务院关于加强市县政府依法行政的决定》特别将"增强社会自治功能"作为基层人民政府依法行政的一项重要工作任务,充分体现出我国最高行政机关已经认识到放松管制与还权于民对提高政府威信和政府效率的好处。

(二)放权于民,调动民间力量自己解决民事或经济纠纷

1. 居村两委调解组织的人民调解

在继承我国古代民间调解的基础上,我国将民间调解变为有组织、有领导、有章法的人民调解制度,并将其作为我国社会主义法制建设的重要组成部分。1982年颁布的《中华人民共和国宪法》第113条规定:"人民调解委员会是基层群众自治组织;是居民委员会、村民委员会下设的一个工作委员会,其专门职责是调解民间纠纷"。1989年国务院颁布的《人民调解委员会组织条例》规定,人民调解是依靠人民群众的力量实行自我教育、自我管理、自我服务,解决民间纠纷的一种自治活动,是一项具有中国特色的法律制度。它通过人民群众自己选举出的调解组织,专门调解民间纠纷,协助政府化解社会矛盾,增进人民内部团结,维护社会稳定。由此可见,我国的人民调解制度具有群众性、民主性的特征,是一种人民民主的自治制度,是人民群众自己解决纠纷的一种手段。

人民调解解决民事纠纷,相对于以国家司法权行使为特征的民事诉讼,具有程序简易、效率高、成本低、保密性强、解决纠纷周期短、不伤和气的特征,同时也是其魅力所在。第一,法院调解属于诉讼内调解,由法院主持,行政调解

由具有行政管理职能的国家行政机关即官方主持,人民调解却是由人民自己选出的组织——人民调解委员会主持;第二,法院调解是法院行使国家审判权,行政调解是行政机关行使行政管理权,而人民调解中的调解人员同当事人之间则是一种平权的关系,没有国家权力的因素;第三,法院调解可以是民事经济纠纷,也可以是刑事自诉案件,行政调解的只是民事或经济纠纷,而人民调解调处的只是公民之间的民事或经济纠纷;第四,法院调解达成并制作的调解书一经送达即发生法律效力,行政调解协议具有行政上的强制力(现官现管),而人民调解达成的协议,则具有合同的性质。

(1)人民调解的发展

20世纪70年代末改革开放以来,人民调解得到全面发展,有资料显示,1989年,全国人民调解委员会等民间调解组织共调解民间纠纷734万件,至20世纪90年代初期,人民调解达到高峰期:1990年,全国各地人民调解委员会共调解民间纠纷740.92万起,远远高于同期人民法院受理和审结民事案件的数字(1990年法院共受理民事案件185.19万件,审结民事案件184.97万件)。[①] 为进一步加强对人民调解工作的支持力度,最高人民法院于2002年9月发布司法解释,赋予人民调解协议以民事合同的性质,在明确法院应当受理当事人向人民法院就调解协议变更、撤销或履行诉讼请求的同时,规定谁主张谁举证,并严格适用民法有关诉讼时效的规定。同年9月,司法部制定了《人民调解工作若干规定》,明确了人民调解委员会的性质,即调解民间纠纷的群众性组织;明确了调解不收费的原则;明确了纠纷当事人的权利与义务;明确了调解委员会的收案范围,即民间纠纷——"发生在公民与公民之间、公民与法人和其他社会组织之间涉及民事权利义务争议的各种纠纷";明确了调解协议等文书格式,由司法部统一制定。除此之外,以上法律文件对人民调解的规范还有以下方面:

第一,广泛建立人民调解委员会。司法部的《人民调解工作若干规定》第10条规定,农村村委会、城市街道的居委会应当设立人民调解委员会,乡镇、城市的街道也应设立人民调解委员会,企事业单位也可以根据需要设立人民调解委员会,也可以根据行业或区域设立人民调解委员会。

第二,人民调解委员会的调解依据。司法部的《人民调解工作若干规定》

---

① 范愉:"当代中国非诉讼纠纷解决机制的完善与发展",《学海》2003年第1期。

第 4 条规定,人民调解委员会调解民事纠纷应当依据法律、法规、规章和政策,国家法没有规定的,依据社会主义道德进行调解,也就是依据我国社会主义社会公认的公序良俗进行调解。

第三,人民调解员一般由选举产生,也可以由人民调解组织进行聘任。调解员应具备高中以上的文化水平,人品公正,具有一定的法律和政策水平。

第四,归口管理上由当地的司法行政部门负责,人民调解委员会的日常工作由乡镇、街道的司法所(科)负责。

第五,人民调解委员会的工作经费、人民调解员的工作补贴由相应的村委会、居委会和企事业单位负责落实;同级人民政府应当保证对人民调解工作的指导和表彰经费的保障。

改革后新的人民调解委员会不同于以前人们熟悉的设在各居委会的"调解委员会",它的成立,实际上是国家司法体制改革的一部分,将区人民法院的庭审准备、调查取证、法庭辩论工作"下移"。人民调解委员会的《调解协议书》经过法院的审定和裁决,具有强制执行效力。① 实际上,自最高法院的司法解释和司法部的《人民调解工作若干规定》颁布施行后,我国人民调解的面貌为之一新,扭转了调处纠纷数下降和调解组织减少的局面:2002 年 10 月至 2004 年底,全国共调解各类民间纠纷 1200 多万件,其中公民与公民间矛盾纠纷 960 多万件,公民与法人及社会组织之间矛盾纠纷 240 多万件,调解成功率达到 95% 以上。②

(2)人民调解的改革和发展

随着市场经济的深入发展,我国社会转型期所产生的新情况层出不穷,又加上法律制度的建构等原因,人民调解还需要进一步加强,因为上述改革并不足以从根本上消除自身的缺陷和不足,主要表现为:

第一,调解组织成员的素质偏低。据统计,目前达到高中、中专以上文化知识或法律中专以上水平的调委会委员有 220 多万人,仅仅占调解委员人数的 25%。另外,我国人民调解员年龄普遍偏大,吸引年轻人加入调解员队伍

---

① 如果义务方不主动履行,权利人可以向人民法院起诉要求认可调解协议并赋予强制执行效力,而只要双方当事人自愿达成调解协议,调解委员会严格按程序调解,就能顺利通过法院的审定,获得认可裁定。

② 李薇薇、吴晶晶:"人民调解组织:2 年调解民间纠纷 1200 多万件",http://legal.people.com.cn/GB/42735/3211539.html(最后访问时间 2006 年 5 月 9 日)。

是当务之急。①

第二,调解协议的效力问题。调解达成的协议无法律约束力,协议达成后一方不履行的情况多有发生,而要使调解协议取得强制执行力,还得上法院起诉,走完一般的民事诉讼程序,于是当事人的"调了白调"的阴影仍挥之不去。

第三,公正性问题。当前的调解,很多调解组织不注重对纠纷当事人民事权利的保护,为淡化当事人权利意识而化解纠纷的"和稀泥"调解相当普遍,人民调解应当把解决民事权利义务争议,保护当事人的合法权益作为调解的首要任务和基本功能。而现实中,调解者往往把缓解矛盾、息事宁人作为优先考虑的目标,不但不鼓励当事人提出正当的权利主张,为达成和解,反而尽量压抑当事人的权利主张。当事人的权利意识一旦觉醒,直接影响到调委会的威信,甚至还会导致矛盾更加激化。

第四,司法审查和法院指导不力。基层人民法院应当能在指导调解工作中纠正其违反法律规定的调解,但法律并无此项规定,同时基层法院在审判任务繁重的现实下,也不能将法院指导和司法审查日常化、制度化、规范化。由于现行制度规定司法指导和行政指导处于并列地位,无疑增强了司法审查的难度,加之人民调解不是诉讼的必经程序,与诉讼无衔接,法院在一般情况下,不会主动审查人民调解委员会主持达成的调解协议。

目光转向国外,我们会看到一种类似于我国的调解制度——ADR②——正在迅速发展。它是诉讼外的民事纠纷调解制度,其优越性表现在:

第一,具有较强的灵活性。这首先表现在程序选择上的当事人自主,比如双方当事人宣布他们自愿参加调解,安排将来谈判的时间和地点,签订一个正式的带有机密性的协议等;其次表现在几乎所有的 ADR 方法都允许当事人选择调解人、中立人或仲裁员。这就能避免暗箱操作,增强当事人对调解结果的信赖程度,从而使调解协议得到较好地遵守和执行。

第二,注重当事人谅解和协商,不是调解员发表演讲,而是双方面对面的互相交换意见,这通常是各方当事人第一次听到对方完全的、不被人打断的观点陈述,双方当事人开始看到事物的两个方面,并开始感到自己并不完全"正确",使当事人可以互相作出一定的让步。这种方式特别是对经济纠纷的当

---

① 邵军:《从 ADR 反思我国的民事调解现状》,《华东政法学院学报》2005 年第 3 期。
② 即 Alternative Dispute Resolution 的简称,泛指各种诉讼外纠纷解决方式和方法。

事人,有利于继续保持友好关系,不影响双方的合作,对于有生意协作关系的当事人来说较为有利。

第三,注重调解人、中立人或仲裁者的素质和资格要求。

第四,具有保密性。ADR 程序的非公开性使得大量涉及当事人个人隐私和商业技术秘密的民事纠纷能在不透露给外人的情况下秘密解决,因此给当事人以很大的吸引力。

第五,对新式纠纷的较强的处理适应性。对于新出现的一些民事纠纷,在法律规定相对滞后而无法及时处理时,ADR 能够迅速及时提供一种或多种适应社会和科学技术发展变化的解决程序。

第六,费用低廉、程序简洁。

因此,我们可以借鉴 ADR 机制,进一步改革人民调解制度。因为我们要建设的和谐社会,首先是正义的社会,因此要在资源利用和利益分配上体现分配正义,就要求立"善法",使颁布施行的法律法规及政策公平且富有可操作性,能真正体现广大人民群众的利益。其次,和谐社会还要求实现矫正正义。使被侵害的利益能得到有效救济,使侵害法制秩序、侵害他人权益的人真正受到损失。这里的矫正正义的实现就是要借助于各种纠纷解决机制。同时,和谐社会的建设,归结起来就是要实现利益平衡,缓和各阶层利益紧张关系,而这一切往往都要从正确解决民事纠纷做起。因为民事纠纷看起来是小事,如果得不到解决就会演变成大事;矛盾得不到缓解就会发展为对抗,最后不仅不能实现社会和谐,破坏社会稳定,甚至会导致严重的社会动荡,社会为此要付出十几倍或更高的成本恢复常态。

而在各种纠纷解决方式中,目前看来,ADR 方式解决纠纷相对于诉讼解决具有成本较低、灵活高效等特点,而且它也优于我国的人民调解制度。当前的人民调解制度发展完善,需要借鉴 ADR 机制,这样就会在社会付出较低成本的基础上实现最大限度的和谐。具体的改造建议如下:

首先,要将当事人自主选择调解员或仲裁者的做法引入人民调解。为此,各级调解组织要聘请有调解经验、懂法律、为人公正、文化素质较高、社会经验丰富的人充实调解员或仲裁人员队伍,建立相应的人才库,以备当事人选择。

其次,要将调解公开的原则取消,以不公开调解为原则,当事人申请公开的可以公开。

再次,要加强调解协议的法律效力。这里台湾地区的做法值得借鉴。我国台湾地区法律规定,乡镇市调解采用司法审查的程序,规定"调解成立之日起七日内,将调解书送请管辖法院审核","调解经法院核定后,当事人就该事件不得再行起诉、告诉或自诉"。这样审核后,调解书就具备了相当于法院判决一样的强制执行力。

最后,调解的程序可以由当事人选定,最大限度地简化程序以便民利民,但是双方交流是原则,调解员提供法律咨询和帮助是原则,即实体上必须坚持以事实为依据,以法律为准绳原则。2010 年 8 月 28 日,全国人大常委会表决通过了《人民调解法》,巩固和坚持了人民调解的群众性、自治性和民间性,确立了对人民调解协议的司法确认制度。

2. 健全各类仲裁组织和机制,强化仲裁解决民事经济等纠纷力度

(1)仲裁制度的国内外现状

毋庸讳言,建立完善市场经济管理制度,只能借鉴市场经济发达国家的管理经验。对仲裁制度的建立和完善也是一样的道理。因此,我们首先来看一下发达国家的经验。

①美国。在 1976 年的 Pound 大会上,哈佛大学法学院的弗兰克·桑德教授提出一个被学界和实务界称为"多门法院"的观点:认为法院是一个多元化的纠纷解决中心:在书记官那里,他会同当事人组成"个案甄选会议",通过"望、闻、问、切"的诊断,在充分介绍各种纠纷解决机制的特色的基础上,按照当事人的意愿,将案件转介给具体的某个纠纷解决程序:"谈判"、"调解"、"仲裁"、"小型审判"、"简易陪审团审判"、"案件评估"、"正式法庭审理"等(此谓"多门")。此种观点得到美国律师协会的响应,为此他们建立了有关纠纷解决的新委员会,"鼓励建立三种模式的示范性'多门法院大楼'"。在 1998 年,美国会通过"替代性纠纷解决法"(ADR 法),指示每个联邦地区法院都要依据当地的规则建立自己的 ADR 项目,并要求诉讼当事人在每个案件中都应当考虑在一个合适的诉讼阶段使用 ADR。州法院系统对于当事人参与各种审前纠纷解决方法的坚持也是有增无减。[①] 可见,在美国仲裁是非诉讼解纷机制的一种。但是,提供仲裁服务的机构在美国并非一家:美国仲裁协会(AAA)、公共资源中心(CPR)、联邦调解与和解服务(FMCS)等。这些机构都

---

① ［美］斯蒂芬·B. 戈尔德堡等著:《纠纷解决—谈判、调解和其他机制》,蔡彦敏等译,中国政法大学出版社 2004 年版,第 7 页。

会帮助当事人选择仲裁员、管理仲裁审理。

美国仲裁协会是民间组织,当然具有独立仲裁的权力。建于1926年的美国仲裁协会制定了道德原则声明:称协会管理案件但不决定案件的实质问题;仲裁员决定案件,协会工作人员不写裁决而且不审查裁决的推理,协会只审查裁决的程序问题。在受案范围上,有商业纠纷、未保险汽车事故纠纷、无过错事故纠纷、劳动纠纷、建筑纠纷和选举纠纷、运动员比赛资格争议和宣布某组织为特定运动以及全国理事会的权利争议等。在仲裁程序方面,集中表现就是它的灵活性,他们将调解内含其中而且鼓励当事人双方和解,就各种不同类型的仲裁,制定了若干仲裁规则:有2001年的《在线仲裁补充规则》、2005年的《商业仲裁规则和调解程序》;同年生效的还有《劳工仲裁规则》(包括加速劳工仲裁规则)、2006年《就业仲裁规则和调解程序》;近年还有建筑产业仲裁规则和调解程序、遗嘱和信托仲裁规则、财务计划商业调解规则、微型审理程序、证券仲裁补充规则、无线电产业仲裁规则、房地产产业仲裁规则、职业会计和相关服务争议解决规则、专利仲裁规则、消费者相关争议补充规则、域名争议补充规则等等。1996年成立的国际争议解决中心是美国仲裁协会的单独部门,协会制定了国际争议解决程序(包括调解和仲裁规则)。为鼓励和解,美国仲裁协会2003年始规定,在商业纠纷中,当事人在确定仲裁员之前(协会帮助指定调解员和仲裁员),如果案件在30天内解决或撤案,一半的申请费可以退还;在提出申请的60天内解决或者撤案可以退还25%。同时,仲裁方式灵活多样。协会总部设在纽约,在全国各主要城市都设有办公室,在欧洲也有办公室。为方便当事人,仲裁审理地点可以不限于协会办公室。在当事人的授权下,协会还有权在商业纠纷处理中采取紧急保护措施,如证据保全等。他们近年来还发展了在线仲裁技术,2003年,通过在线仲裁的案件比上年增长了38%。① 最后,在仲裁的效力上,美国仲裁协会的仲裁案件都是一裁终局。仲裁裁决本身并无强制执行力,除非得到法院的司法确认,不履行就构成藐视法庭罪。

②英国。1996年英国仲裁法实行以后,首先,司法对仲裁的干预减少了,减到同1985年联合国《国际商事仲裁示范法》一样的水平:当事人最大程度的自治,仲裁地法院最小程度的司法干预。1996年英国《仲裁法》第69条规

---

① 刘奋宇编译:"美国仲裁协会概述",《仲裁研究》第12辑。

定,如果当事人的约定一致,可以排除就仲裁裁决的法律问题向法院上诉的权利;①同时该法还确立了"法院不应行使撤销仲裁裁决的权力,除非法院认为将裁决发回重新仲裁是不合适的"之原则。其次,仲裁范围。英国1996年仲裁法没有对可仲裁的事项加以限制,"只要当事人愿意仲裁,有意思表示的,均列为受案范围"。② 这样就推定使用一切法律允许私人处置的权利争议皆可申请仲裁。再次,有关仲裁程序的问题。第一,在仲裁程序开始前或者仲裁过程的前期,当事人可以选择仲裁规则和仲裁地点,在当事人未做出选择时,由仲裁庭决定采用何种仲裁规则,确定仲裁地点。第二,仲裁庭组织形式。1996年《仲裁法》规定:当事人可自由约定组成仲裁庭的仲裁员和是否有一名首席仲裁员或公断人。从该法第74条③来看,英国还承认临时仲裁的形式,而且对于临时仲裁中仲裁员任命机构的范围规定得相当宽泛,可以是法院、仲裁机构以及个人。第三,对于管辖权,英国仲裁法只要求当事人有请求仲裁的书面协议即可。而且,仲裁庭对仲裁协议还有自裁管辖权。1996年仲裁法第30条第1款规定,仲裁庭有权决定其自身的管辖权和裁定仲裁收费的权利。第四,高度重视当事人的意思自治。在当事人的意思自治与仲裁员的职责发生冲突时,1996年仲裁法强调前者应予优先考虑。最后,仲裁员的任职条件和责任。英国对仲裁员的资格条件要求宽松,他们在立法上并不作直接规定,但要求法院尊重当事人对仲裁员资格的直接或间接约定。英国的仲裁员享有同法官一样的民事责任豁免权,因为这样可以排除仲裁员工作顾虑,提高仲裁质量,保持仲裁完整性。④

③德国。德国的仲裁程序法律规定是在民事诉讼法中加以规定的,为了与联合国1985年《国际商事仲裁示范法》接轨,1997年德国制订了《仲裁程序修订法》,对其传统的仲裁程序进行了改革,该法1998年施行后德国的仲裁制

---

① 郭树理:"西欧国家晚期仲裁立法改革述评——以英国、比利时、瑞典为例",《中国对外贸易》2002年第2期。
② 王小莉:"英国仲裁制度研究——兼论我国仲裁制度的发展完善",《仲裁研究》第13辑。
③ 该法第74条规定:"由当事人指定或选定的仲裁机构、其他机构或个人指定或提名仲裁员的,对其不履行或意欲不履行此职时的作为与不作为均予免责,但是这种作为与不作为表明是出于恶意的则除外;指定或提名仲裁员的仲裁机构、其他机构或个人,不因选定或提名而对该仲裁员(或他的被雇人员或代理人)不履行或意欲不履行仲裁员职责的作为与不作为负责。"
④ 凌瑞金:"透视中英仲裁制度",《职业时空》2007年第1期。

度呈现如下特征:第一,仲裁协议。该法统一适用于国际和国内仲裁。该法将可仲裁的事项确定为当事人有权进行和解的争议事项,不限于财产争议,但离婚以及其他涉及人身的争议仍不得提交仲裁。对于仲裁协议的形式,规定"仲裁协议必须载于当事各方签字的文件中,或者载于往来的书信、电传、电报或提供协议记录的其他电讯手段中"(第1031条第1款)。这比单纯用"书面形式"来表述更符合发展变化了的世情。对于协议的效力,该法规定,如果仲裁协议未满足形式的要求,但当事人却未对此提出异议就进入了审理主要事实的程序,则认为当事人通过自己的行为默认协议有效,从而弥补了形式上的缺陷。第二,仲裁庭。仲裁庭的组成人数默认为三人,仲裁员可以以未能满足当事人约定的要求为由申请回避。该法还规定仲裁庭有权对自己的管辖权作出裁定,但不排除法院的监督检查。仲裁庭还有权宣布临时措施,由当事人向法院申请强制执行(仅限于国内仲裁)。第三,仲裁程序。该法规定,当事人在遵守其强制性规定的前提下,可以自己制定程序规则,也可以选择适用某仲裁机构的仲裁规则。这充分体现了对当事人意思自治的高度尊重。第四,仲裁裁决。该法明确规定,按和解协议作出的裁决和根据案情由仲裁庭作出的裁决具有同等的效力。还规定当事人向法院申请撤销仲裁裁决的期限为3个月;而且规定,法院在必要时以当事人的申请在撤销裁决后可以将案件退回仲裁庭而使得仲裁协议重新生效,但重新仲裁时,应由当事人另行指定新的仲裁庭。①

相对于英美,德国的仲裁机构对于法院的独立性不强,司法干预仲裁的力度较大。

从以上介绍,可以看出,美英德等国仲裁解纷制度的共性有以下几点:

第一,高度重视当事人的意思自治。仲裁是当事人意思表示一致的产物,当事人的意思自治贯彻于仲裁各个环节之中。第二,仲裁庭有自裁管辖权。但仲裁庭对自己管辖权的决定要接受法院的复审,法院的决定具有最终的效力。第三,仲裁的范围广泛。除了传统的商事纠纷,还扩展到家庭纠纷、劳动纠纷、专利纠纷、房地产纠纷和证券纠纷等。第四,仲裁的民间性。仲裁机构是民间机构,在人员、组织、经费上与政府都无任何关系,这就保证了仲裁机构的独立性。第五,一裁终局,仲裁裁决除非违反正当程序,经当事人申请法院

---

① 孙珺:"德国仲裁立法改革",《外国法译评》1999年第1期。

应当给予强制执行。

再来看一下我国的仲裁情况。1994 年,我国仲裁法颁布实施,使我们确立了与国际通行仲裁制度接轨的新型民商事仲裁法律制度,将隶属于工商行政的经济合同仲裁,改为独立的民间仲裁机构从而使其摆脱了行政属性。《仲裁法》第 6 条规定仲裁不实行级别管辖和地域管辖;第 8 条规定仲裁机构的独立性;第 9 条规定了一裁终局制度;第 10 条规定仲裁委不按行政区划层层设立;第 14 条规定仲裁委与行政机关没有隶属关系,仲裁委之间也没有隶属关系。

但是,我国仲裁事业的发展状况怎样呢? 国务院法制办前主任曹康泰在纪念《中华人民共和国仲裁法》颁布十周年座谈会上的讲话中指出:"十年来,我国仲裁事业呈现出快速发展的势头,特别是近几年,发展速度有了明显加快。2002 年全国 173 家仲裁委受理案件同比增长 48% ,2003 年增长 60% 。"但受案增长比例并不均衡:据统计,2005 年,全国 185 家仲裁委共受理案件48339 件,比上年增加 23% ;案件标的额共计 654 亿元,比上年增加 21% 。[①]到 2006 年底,185 家仲裁委年均受案超过 500 件的只有 27 家,仅占总数的15% ;而受案不足 50 件的竟有 44 家,占总数的 24% ;在年受案超过 500 件的27 家仲裁委中,争议标的超过 100 亿的仅有北京仲裁委 1 家。[②] 相比之下,在国内设有 34 家办公室的美国仲裁协会,2004 年全年处理 159000 宗案件。这表明我国仲裁机制并不能同市场经济的需要相适应,而且同联合国 1985 年《国际商事仲裁示范法》相比,同欧美发达国家的仲裁机制相比还存在许多问题:第一,对当事人意思自治的尊重还不尽如人意。首先,在仲裁协议的要件问题上,我国仲裁法第 16 条的规定过于严格,因为国际上通行的做法是只将"请求仲裁的意思表示"作为必备要件。其次,在仲裁员的选定上,仲裁法设定的门槛太高,有直接剥夺当事人自主选择权之嫌:仲裁法规定了仲裁员学识和经历条件,而且规定仲裁员必须公道正派。为此,有学者认为:这其一是倒果为因——是因为当事人选择了专家为仲裁员所以仲裁具有专业性,而并非

[①] 重庆仲裁委员会:"2005 年全国各仲裁委员会受理案件情况",http://www.cqac.org.cn(最后访问时间 2008 年 10 月 30 日)。

[②] 闻戒:"2006 年全国各仲裁委受理案件情况",http://www.china-arbitration.com(最后访问时间 2008 年 10 月 30 日)。

是因为仲裁具有专业性所以当事人必须选择专家为仲裁员,其二是且不说人品问题不是容易衡量的道德问题,即使专于修身养性的人也未必能在个案仲裁中真正做到依法独立仲裁。① 她的见解比较中肯。事实也是如此,与其由仲裁机构严把仲裁员入口关,还不如尊重当事人的意志,将权利交给当事人,从程序上赋予当事人申请回避权、建立信息披露制度和异议制度,以程序控制仲裁员公正中立地审理案件。最后,在程序选择上,当事人无权,法定干预和司法干预过强。当事人选择仲裁而不选择到法院打官司,原因就是仲裁的快捷、高效和灵活,如果仲裁程序被法定仲裁规则束缚得像"第二法院"一样,②那么当事人的期望就会落空,这直接影响到当事人对仲裁的选择。第二,仲裁机构的独立性、民间性仍有不足。首先表现在仲裁机构的建立上,《仲裁法》第10条规定仲裁委由市人民政府组织有关部门和商会统一组建,直接导致政府主导和包揽仲裁机构的组建以及随后过多地介入仲裁机构的管理和干预仲裁制度的运作。"如果一直赋予行政机关组建仲裁机构的权力,将使仲裁机构行政化的倾向始终难以根除"。③ 其次,劳动争议、人事争议等等仍然游离于仲裁法的约束之外,还隶属于行政机关,名为仲裁实为行政裁决;这都不利于仲裁事业的发展。最后,司法对仲裁的干预过多过强。我国仲裁机构没有自裁管辖权;没有证据保全诉讼保全的决定权。对于仲裁裁决,《仲裁法》第58条规定当事人可以向中级法院申请撤销仲裁裁决,第63条规定当事人可以向基层法院申请对仲裁裁决不予执行。这就很容易造成冲突从而影响仲裁裁决的及时执行,断送仲裁的效率。④ 另外,不仅仅限于司法对仲裁的程序审查(国际通行做法仅限于此),而坚持对仲裁的实体审查,"无异于将仲裁活动纳入诉讼程序中,从而导致法院实质性介入仲裁程序,最终导致仲裁活动独立性的丧失。"⑤第三,仲裁庭的自主性、自治性不足。除了上述行政权力介入仲

---

① 李婧:"论我国仲裁员的法定资格",《北京仲裁》第64辑。

② 根据《仲裁法》第28、46条的规定,当事人申请证据保全或财产保全的,仲裁庭既无批准权也无执行权。应当赋予仲裁庭批准权,法院只做形式审查无误便应给与执行;以满足仲裁效率和民间性的要求。

③ 毛建岳:"略论仲裁机构民间性的法律保障",《时代法学》2008年第4期。

④ 尽管最高人民法院2005年关于适用《仲裁法》的解释第26条规定当事人申请撤销仲裁裁决被驳回后,又在执行程序中以相同理由提出不予执行抗辩的,法院不予支持。但是这种法律规定显然会影响效率。

⑤ 王亚明:"关于仲裁裁决不予执行制度完善的思考",《北京工会干部学院学报》2008年6月。

裁、司法权力介入仲裁以外,仲裁庭对仲裁委的自主性和自治性也显得不足。《仲裁法》第20条将仲裁管辖确定权赋予仲裁委而不是仲裁庭,不符合将自裁管辖权赋予仲裁庭的国际通行做法;该法第52和54条将仲裁案件的处理权交由仲裁庭和仲裁委共同行使,严重侵害了仲裁庭的自主权。

（2）加强我国仲裁事业发展的必要性和可能性

在商品经济日益发展,社会生活愈加繁荣和人们的社会关系日益复杂的今天,人们在商事活动、民事活动以及在单位内部劳动关系人事关系所遭遇的争议和纠纷日益经常化的今天,如果再让法官每遇到诉讼案件,都亲临案件发生地,调查走访,一定查个水落石出,不达到实质正义决不下判决的话,99%的案件会久拖不决,而且有限的诉讼资源也会捉襟见肘,无效率的公正必然会引起民众的反对,逆市场经济规律而动的前"马锡五审判方式"必然要退出历史舞台。1998年我国审判方式改革以后,特别是最高人民法院民事审判证据的司法解释出台以后,高度盖然性的证明标准和法律真实的证明要求使我国的民事诉讼在兼顾公平的前提下提高了效率,但是,法院调解的问题却使得诉讼效率再度降下来。从而我国法院面对越来越多的诉讼案件应接不暇的局面没有根本改观。

2008年,我曾在一篇文章中写道,诉讼和调解的价值取向不同,诉讼的价值就在于程序正义,而调解的价值主要体现在效率上。[1] "只要当事人同意,即使实体上有很大缺陷的'公平'仍可能得到当事人自觉履行"。[2] 我们要根据事物的发展规律,还纠纷解决方式以各得其所的本来面目,而不能诉讼不像诉讼、调解不像调解。诉讼以程序正义为依归,成本高昂但保证公平;调解仲裁等非诉讼解纷机制成本低廉注重效率但公平的程度相对较低。让当事人各取所需,这是成熟市场经济国家在解纷机制上发展出的成熟经验,也是市场经济规律使然。同时缓解法院诉讼压力,提高司法公信力也需要将调解从诉讼中分离出去,让调解交由民间性的解纷机构——仲裁机构去行使吧,法院只对其裁决作形式审查,核心就是保证诚信和当事人意思真实和自治;而法院则专注审判,以体现其社会正义的最后一条防线的重要价值和威权形象。

---

① 赵宝华:"意思自治与公平正义——以和谐社会中民事纠纷解决的理念为视角",《中国仲裁与司法》2008年第1期。

② 李升云:"价值取向:比较仲裁与民事诉讼",《法制与经济》2007年第7期。

我国仲裁发展的必要性可以概括为:第一,适应市场经济需要,多元化解决纠纷的现实需要。第二,鼓励发展民间自治的需要。公权力不能包办一切,在市场经济深入发展的今天尤其重要。公权力的主要定位应该是服务,培植和服务于民间自治而不是代替和隶属。民间仲裁正是民间自治解决纠纷的重要制度。第三,配置社会诚信体系的需要。仲裁是以当事人双方意思表示一致选择仲裁解决彼此之间的争议,根据诚信原则,当事人自愿选择的仲裁机构所作出的裁决理应得到自觉履行。司法对仲裁的监督也应着重于培植诚信,不给利用法律漏洞拖延或以其他方式不自觉履行仲裁裁决行为以任何机会。

其实,我国仲裁事业在《仲裁法》颁行以后,已经取得了一些进步,但近年来仲裁"类诉化"的倾向又有所发展,我们必须高度重视,不失时机地出台改革措施,适应市场经济发展的需要,顺势落实联合国1985年《国际商事仲裁示范法》关于仲裁的普遍原则,全面落实仲裁民间性、自主自治性、灵活性、快捷性、保密性、专业性、成本低及和谐性的特点;借鉴发达国家的仲裁事业发展经验,扩大仲裁受案范围,加大宣传力度,积极促进仲裁事业的良性发展。我国仲裁事业大发展正当其时,因为第一,改革开放三十年来,我国民间自治力量逐渐增强,私有经济的不断壮大发展更使人们加强了自我意识。民间自治的要求是有基础的。第二,商品经济的发展使得诚信意识的建立也有了一定的基础。第三,《仲裁法》颁布十几年来,我国独立的仲裁机构——商事仲裁,特别是国际商事仲裁已经积累了丰富的经验。这都是我国仲裁事业继续发展完善的基础。

(3)重构我国仲裁解纷机制的若干建议

前述英国,特别是德国仲裁机制近年来的改革发展,都不同程度地借鉴了1985年联合国《国际商事仲裁示范法》,我们国家的仲裁机制改革也应遵循国际上的通行规则。总的来看,我国对外商事仲裁,特别是中国国际经济贸易仲裁委员会和中国海事仲裁委员会,由于在业务开始之时就借鉴英国伦敦国际仲裁院的仲裁规则制定自己的仲裁规则,所以,在仲裁机构的独立性、民间性、仲裁协议的要件效力、仲裁规则的选用、仲裁裁决的执行等方面与国际接轨做得比较好。但是,我国的国内仲裁,受长期计划经济体制的影响,与市场经济的要求,与国际上各国通行的仲裁机制相比较还有较大的差距。为此,我们应从以下几个方面来加以完善:

①充分尊重当事人的意思自治

当事人的意思自治是仲裁区别于诉讼的根本特征。因此也是发展仲裁事业所要坚持的根本原则。在尊重当事人的意思自治方面,第一,要求承认临时仲裁。对于仲裁协议的要件,我国仲裁法限定得太死,根据该法第 16 条和第 18 条,我国不承认临时仲裁。承认临时仲裁,就意味着不将选定仲裁机构作为仲裁协议的有效要件之一,只要当事人有仲裁意愿,并且以书面形式达成一致即可。国际商会仲裁院、伦敦国际仲裁院都规定有临时仲裁。"临时仲裁就是发生争议后,无须任何仲裁团体或仲裁机构进行程序上的管理或控制,而是根据当事人之间订立的临时仲裁协议,由当事人任命仲裁员组成仲裁庭,负责审理有关争议并在裁决作出后自行解散的仲裁。"[1]第二,要求承认当事人选择仲裁规则的自由。程序意思自治是指当事人可以根据自己案件的特殊情况灵活选择适用程序规则,如可以选择适用简易程序、普通程序;如果当事人对实体不存在争议,仅希望仲裁员主持调解,可不可以省略质证和辩论阶段?根据尊重当事人意思自治的原则,应当允许;但是我国仲裁法却没有授权性规定。伦敦国际仲裁院于 1985 年 1 月 1 日起实行新的《伦敦国际仲裁院规则》,仲裁庭组成后,一般应当按照伦敦国际仲裁院的仲裁规则进行仲裁程序,但同时,该仲裁院也允许当事人约定按《联合国国际贸易委员会仲裁规则》规定的程序仲裁。美国仲裁协会制定了一系列规则和程序,供不同案件的当事人进行选择。香港的仲裁法允许当事人选择司法干预力度大的香港仲裁制度,也可选择适用司法干预较少的国际仲裁制度(适用 1985 年联合国《国际商事仲裁示范法》)。我国仲裁机制改革应当为当事人准备多种仲裁规则,分别简繁案件、各类别案件、司法干预强弱,供当事人选择,核心是灵活高效,方便当事人。第三,作为当事人意思自治的保障,仲裁机构应当完善自己的服务,充分履行释明义务。一方面让当事人了解选择仲裁的好处,仲裁同诉讼的主要区别及对于当事人的利好方面,让当事人了解选择仲裁是可以行使的权利;另一方面也要让当事人了解当事人选择仲裁之后的诚信责任,了解当事人选择仲裁后要承担的义务。当事人或选仲裁或选诉讼,但不可兼得;一裁终局,裁决有强制执行力,拒不执行会受到法院制裁。

　　②扩大仲裁范围

　　我国仲裁法虽然将经济合同仲裁从行政的隶属下解放出来,但是劳动仲

---

[1]　贺季敏、王晓娟:"论我国临时仲裁制度的构建",《经营管理者》2008 年 8 月。

裁还在行政的隶属下,人事仲裁的效力甚至还未能得到司法的保障。农村土地承包合同的纠纷实行或仲裁或诉讼的制度,由当事人选择,法律明确了当地政府的指导职责。① 由于仲裁是"私了",双方当事人任意选择任何仲裁机构,不公开,国家审判权无权干预,由私人自治,仲裁员也应当没有法定资格限制,只要当事人选择他;所以根据国际上通行的可仲裁性解释,任何国家宪法和法律授权当事人可以自由处分的权利争议都可自愿提交仲裁。但我国《仲裁法》第2条和第3条明确将婚姻、收养、监护、扶养、继承等家事纠纷和依法应当由行政机关处理的行政争议排除在仲裁以外。对于仲裁范围,我认为,首先应当将家事纠纷纳入仲裁范围。仲裁具有私密性、专业性、民间性、和谐性和快捷高效的特点,家事纠纷也具有私密性、民间性和要求和谐的特征,当事人双方碍于亲情不愿将纠纷公之于众,不愿经官动府,仲裁的特性正好与此要求适合,为什么非要将家事纠纷排除在仲裁之外呢?

其次,劳动纠纷也应当纳入仲裁范围,而不是像现行劳动争议处理机制那样将劳动争议仲裁作为诉讼的前置程序。因为:第一,劳动纠纷应当是用人单位和劳动者双方平等主体之间基于劳动合同而产生的纠纷。双方就劳动合同的主要条款达成协议则达成劳动合同;双方都受合同约束,双方都有按合同约定条款解除合同的权利。为什么劳动合同不能纳入独立仲裁范围呢? 第二,目前的劳动仲裁前置,不利于保护劳动者的合法权益,因为劳动者相对于用人单位往往处于财力上的弱势地位,仲裁的时间成本再加上两审终审制的诉讼成本往往会让劳动者望而生畏,而用人单位则毫不惧怕。劳动者往往一个人承担整个家庭的生活重担,他一个人的失业影响到一家人的生计;而用人单位少一个人干活一般不会对生产经营产生多大影响。如果劳动争议处理机制的设置偏重于保护用人单位的利益,那么在价值取向上我们就会认为它不符合人权保护的法理诉求,是不正义、不公平的法律制度。第三,目前劳动争议仲裁设置与国际通说的"仲裁"含义是完全不同的:当事人自愿选择仲裁机构、一裁终局、民间性、裁决的司法强制力保证等等特性,在现在的劳动仲裁上,它一样都没有!"劳动争议仲裁制度从本质上讲属于'行政裁决'而非真正意义上的'仲裁'"。② 第四,我国劳动争议仲裁设置上的"三方机制"在实践中形

① 《中华人民共和国农村土地承包经营纠纷调解仲裁法》第4、5、6条。
② 陈忠谦:"从仲裁的本质谈我国劳动争议仲裁制度的改革",《仲裁研究》第13辑。

同虚设。根据《劳动争议调解仲裁法》，劳动争议仲裁委经费由当地财政保证，由当地劳动行政部门负责设立，负责管辖本区域发生的劳动争议，虽然没有明确仲裁委同当地劳动行政部门的隶属关系，但仲裁案件不收费和当地财政保障经费已经使它与当地劳动行政部门的隶属关系以及仲裁委工作人员的行政编制都很明确了。工会代表和用人单位代表与劳动行政部门构不成平等的关系，劳动行政部门既是裁判者又是运动员的尴尬身份直接影响到工会和用人单位代表参加"三方机制"活动的积极性。

再次，土地承包纠纷在内的农事纠纷也应当纳入仲裁范围。尽快本着保护农民人权的立法目的，将农事纠纷纳入仲裁范围。根据《农村土地承包法》第51条第2款以及第52条的规定，一调一裁两审终审制的土地承包纠纷处理机制不利于保护农民的利益，况且也没有涵盖所有农事纠纷（林地承包等其他承包合同纠纷等）。因为第一，成本高昂，违背农时，更违背农民快捷解决纠纷的愿望。第二，农村土地承包纠纷仲裁属性不是行政而是民事。土地承包合同和土地流转合同不是行政合同，作为发包方的村委会不是政府机关，不是行政主体；集体所有的土地不是发包方有所有权承包方没有所有权，发包方是代表村民集体行使总承包权，承包方行使个体承包权。双方根据意思表示一致达成的分割总承包权的标准，由发包方主持划分。双方地位平等，本着自愿和公平原则商定划分总承包权的标准，双方在履行合同中的争议属于平等主体之间的民事纠纷。因此，对此纠纷的仲裁是民事仲裁，当事人对自己的承包权可以处分、放弃、流转。可以处分的权利争议当然可以适用一裁终局的机制进行仲裁。

最后，消费纠纷、医疗纠纷、知识产权纠纷、人事纠纷（比照劳动争议）、体育纠纷、教育纠纷等等，凡是平等主体之间就当事人可以处分的权利发生的争议都应纳入仲裁的范围，适用当事人自愿选择仲裁机构、一裁终局、民间性、裁决的司法强制力保证等规则。当然，当事人可以选择仲裁并不意味着必须选择仲裁，他也可以选择诉讼，但不可兼选。

③强化仲裁机构的民间性

从西方遥远的古代罗得岛海法到罗马商法，它们的形成都是商人在长期的贸易往来中，为调处纠纷而设立的商人仲裁庭，日积月累，将判例编纂而成。在中世纪晚期，地中海贸易区，意大利各城市市政当局和法院也开办了"商事混合仲裁庭"，由外国商人和本地商人代表组成；这种法庭积累的判例就形成国际通商法律规范和惯例,然后传播到西欧和北欧各城市。因此意大利商法就成为欧洲各国商法的"母法"。至今,法国的商事案件不论金额大小,都要向政府在商业中心设置的商业法院起诉。说是政府设置的,实际上其法官全部由辖区内商人间接选举产生;即法国当今的商事法院都还保留着其半民间性。① 保证仲裁机构的民间性,首先要求仲裁机构同行政机构脱钩,断绝经济上仰仗于政府财政的现状。为此建议取消仲裁委组成人员的国家干部编制改为由一定资质的人员(由司法实践经验的退职法官或退职教授,三人以上,最低十万元注册资金)自主办仲裁委,将仲裁委列为社会团体法人在民政部门进行登记,接受其管理。将财物及办公场所统统变为社会团体法人财产,只有如此,仲裁机构才能保证业务上的独立性,才能拒绝行政机构向仲裁机构下派干部,真正做到自负盈亏,独立自主。

其次,应当减少司法干预力度,让仲裁机构放手独立仲裁。第一,让仲裁管辖权回归仲裁庭,使其享有自裁管辖权,取消法院对仲裁协议效力的初始管辖权,②只赋予当事人不服仲裁庭关于管辖权裁定时提起司法审查权,法院对此实行一审终审,法院的裁定具有终局性。第二,赋予仲裁庭依证据保全和仲裁保全的决定权。第三,赋予仲裁庭进行"友好仲裁"的自由权利。一般认为"友好仲裁"是指经双方当事人授权,在认为适用严格的法律规则会导致不公平结果的情况下,不依严格的法律规则,而是根据他所认为的公平标准作出对双方当事人有约束力的裁决。③ 仲裁庭的民间性要求其灵活仲裁,在不违背法律禁止性规定的前提下,完全可以参照行业管理和法理裁决案件。第四,修改《仲裁法》第58条,在司法对仲裁裁决的审查上应当仅限于程序审查,取消有关实体审查的规定,否则仲裁庭独立审理的权力就会受到减损;仲裁相对于诉讼的灵活快捷的优势也将不复存在。

再次,明确将仲裁案件的处理权完全交由仲裁庭,严格限制仲裁委的程序决定权。仲裁委的工作只是对仲裁庭提供服务,不得过问具体案件的处理。仲裁裁决只要仲裁员同意并签字即可,不需要仲裁委在裁决上加盖公章。

最后,强化仲裁机构的民间性还要求加强行业自律,为此建议尽快成立中

---

① 由嵘主编:《外国法制史》,北京大学出版社1993年版,第341页。
② 即当事人对仲裁协议的效力有异议的,不得直接向法院请求裁定,只能由仲裁庭进行裁定。
③ 李双元著:《国际私法学》,北京大学出版社2000年版,第624页。

国仲裁协会的全国体系,建立健全业界自律规则和违规惩处规定,以保证仲裁业良性发展。

④加强仲裁裁决的执行力度

仲裁之区别于其他非诉讼解纷机制的最根本特征在于其准司法性:即仲裁裁决在法院有强制执行力。这就要求第一,在将仲裁裁决付诸法院强制执行时,法院也不得将审查拖得时间很长,也影响仲裁快捷高效解决纠纷的本质特征。《仲裁法》第59条规定当事人申请撤销仲裁裁决的应当于收到裁决书之日起6个月内提出的时间显得太长了,应当改为2个月;法院收到申请至作出裁决的时间也应当由2个月(该法第60条)改为1个月。因为现代社会,通讯手段已经高度快捷方便了,仲裁法中申请撤销到法院作出裁定最长8个月的时限规定明显是抵消了仲裁相对于诉讼的快捷高效的特色。第二,法院在撤销仲裁裁决程序中,通知仲裁庭重新仲裁的时限应当限定在3个工作周内,以保证仲裁裁决的效力能够得到较快地实现。第三,当事人申请撤销仲裁裁决被驳回的,该当事人以同样的理由再向法院申请不予执行的,法院不予受理;对方当事人有权行使抗辩权。这在最高人民法院2005年关于适用《仲裁法》的解释第26条已经作了规定,是仲裁机制改革向前迈进的重要标志。但是,我认为,司法对仲裁裁决的监督,应当在赋予当事人申请撤销权和不予执行权上只保留其中之一。

调解、仲裁两种解决民事经济纠纷的方式都是在改革开放之后,政府逐渐放松对社会管制、还权与民的表现,同时也是人民群众自治、民本位秩序初步建立的端倪。政府放权于民、让利于民,不仅能够激发人民的劳动热情,将蕴含在民间的创新力量充分调动起来,能够促进社会主义物质文明、政治文明和精神文明的持续进步,同时也能够促进政府将有限的力量集中用于国家全局的经济建设、产业政策和民生保障上来,促使政府履行好宪法和全国人大赋予的国家管理职能,不越权、滥权,加强自律意识,用好人民赋予的权力。

由于社会发展,社会关系日益复杂,人们的需求不断增加和变化,为此,政府治理社会的方式也要不断地变化。许多国家的政府以改革作为改善治理方式的办法,对中国政府也是如此。正处于社会转型期的中国社会,政府控制社会的能力不足、方式失效等问题,迫使政府近年来做出种种变革。将适合于行业自律、民间力量自我管理的事务从政府职能中剥离出去,就是政府寻求善治的举措。这些努力从根本上说也是在寻求治理之道的变革,力图处理好政府与市场、社会与个人之间的关系。其核心问题是还权与民的问题。随着社会的不断发展，我们在这方面仍然有许多工作要做，因为非经济领域中的个人自由，特别是在传统的特别行政权力系统的从业者，仍然受制于政府的管制。

第四章　程序控权与社会和谐

有一个例子发生在英国开发澳洲的时候。英国政府最初采取在英国本土港口船舶出发地,将补贴按移民人数发给船东。但是,船到澳洲以后,实际能够活着登上澳洲土地的人只有十之二三。后来,英国政府改变了发放补贴的程序,由驻澳洲的总督代表英王根据登上澳洲移民的数量向船东发放政府补贴,每个移民所得补贴与先前一样。这样的程序改变既没有影响船东运送移民从英国本土到澳洲来的积极性,而且实际上,经过漫长的海上航行,移民活着到达澳洲的比率却大大高于政府改变发放程序以前。这个例子说明什么呢?不同的程序对实体正义的实现并不是可有可无的,而是内涵正义的程序有助于实体正义的实现。

在社会生活中,为了形成一定的结果或状态,人们从事的伴随着一段时间经过的活动过程是必要的。这个过程就是广义的程序。这里的"结果或状态"就是实体。如果将重点放在实体正义上,程序则可能被视为只具有次要的意义。我国传统文化中,常常是只重视实体正义的。例如,我们只看到或羡慕人家富裕起来了,却从来不去探究人家如何、通过什么途径富裕起来的,反映到执法或用法方面就是重实体而轻程序。可是,经验证明,程序确实有自己独立的价值,不是可有可无,必须予以重视。因为它决定着实体正义的实现。

前述控权的各种手段,无论是从法律控权、道德控权,还是舆论控权,都是从实体控权角度来讲的,实际上,控制权力运行还有程序控权这种重要手段。

第一节　程序控权与实体控权

一、程序及其价值

（一）程序

什么是程序？从字面上看，它包含着"规程"和"次序"两层含义，通常被解释为"事情进行的先后次序"或"按时间先后或依次安排的工作步骤"。总之，程序就是进行活动的过程及所规定的途径。任何单位的任何事情，首先强调的是程序，比如管理界就有句名言：细节决定成败。程序就是整治细节最好的工具。于是，现在所有工作，无时无处不在强调程序。因为有了规范的办事程序，公民（行政相对人）就感觉到事情好办多了。最起码知道办什么事该找哪个部门，知道办这事应该用多长时间。程序有人为的，也有自然的，如行为过程和步骤含义上的程序。从人为的角度来看，程序的设计是以有序为目的的。

程序有什么价值呢？一般来讲，程序具有两种价值，第一是其工具性价值，第二是其自身价值。前者就是它本身具有的实现实体价值的手段价值。在这个方面，程序是实体的附庸，即程序是为实体服务的。后者即程序本身具有独立的价值。正像季卫东先生所说："一方面，对程序或者过程的评价可以独立于对实体或者结果的评价，例如程序的正当过程（due process）原则本身就是一把尺度，'程序的正当过程的最低标准是：公民的权利义务将因为决定而受到影响时，在决定之前他必须有行使陈述权和知情权的公正的机会'；在这一方面，存在着不同于强求统一的特定价值判断和维护某种个人主观偏好的程序性价值，例如通过平等对话和商谈的正当过程达成合意以及共识、确保判断和决定不偏不倚、容许各种不同信仰和世界观的并存——价值多元主义，或者'当价值一元的状态不复存在时，程序就一跃而成为价值的原点'那样的作为中立性价值生产装置而出现的程序"。[①]　正当的程序具有独立的价值，它

[①]　季卫东："法律程序的形式性与实质性——以对程序理论的批判和批判理论的程序化为线索"，http://www.law-thinker.com/（最后访问时间 2007 年 7 月 30 日）。

不依赖于实体,也不取决于案件的决定结果。但无论如何,程序和正义永远有难舍难分的关系,程序以正义价值为依归,正义借程序得以表现。选择什么样的程序更有助于实体正义的实现,却是取决于正义和理性在程序设计中的含量。

　　美国著名哲学家罗尔斯把程序的正义分为三种。第一种称为"纯粹的程序正义",指的是关于什么才是合乎正义的结果并不存在任何标准,存在的只是一定程序规则的情况。例如不需要任何技术的赌博,只要严格遵守其程序规则,得到什么样的结果则都被视为是合乎正义的。换言之,只要那里的规则并不有利于某个特定的参加者,是否合乎正义就只取决于程序(如是否遵守规则)而不取决于结果。第二种称为"完全的程序正义",指的是在程序之外存在着决定结果是否合乎正义的某种标准,且同时也存在着使满足这个标准的结果得以实现的程序这样的情况。例如把蛋糕完全均等地分给数人的场合,如何达到均分的结果才合乎于正义,取决于实现均分的程序。这就是动手切蛋糕的人最后领取自己的一份。他为了使剩给自己的蛋糕尽可能多一些会尽最大努力来均分蛋糕,其结果则是均分结果的实现,所以这样的程序合乎正义。第三种是"不完全的程序正义",指的是虽然在程序之外存在着衡量什么是正义的客观标准,但是百分之百地满足这个标准的结果得以实现的程序却不存在。例如,刑事诉讼中的真实就是程序之外的标准:无论如何精巧设计程序,认定无辜的人有罪或相反的结果总是难以避免的[①]。罗尔斯关于程序正义的这三种分类可以说比较恰当地反映了程序正义的性质。程序的正义总是被与通过程序而达到的结果正义联系起来考虑。只是纯粹的程序正义因为不存在衡量结果是否合乎正义的外在标准,因此与结果的妥当与否不发生关系。不过,从理论上承认这些分类并不意味着现实生活中总是能够按此来区分程序的正义。例如对赌博的结果进行是否"正确"的评价也不是完全不可能的。我们既可以说从大量的结果来看输赢机会分布比较平均的方式更合乎正义。根据这些评价的不同,可以设计赌博的不同规则及程序。如果这样来考虑的话,赌博的事例就有可能被分类为完全的程序正义或不完全的程序正义。[②]

① 　[美]罗尔斯:《正义论》,何怀宏译,中国社会科学出版社1988年版,第85页。
② 　(日)谷口安平:《岩波讲座·基本法学》第8卷,王亚新译,中国人民大学法律社会学研究所1983年印。

由此看来,程序总是和实体正义联系在一起的,完全的程序正义就是最有助于实现实体正义的程序。正如 Robert Cover 先生所言,程序是正义的蒙眼布。程序是正义给自己绑上的蒙眼布,是"刻意选择"的与当事人及外界权势保持距离的一种政治与伦理"姿态"。于是,程序对于建设中的法治,便具有双重的含义:一方面,假定蒙眼的正义不会偏袒,就是现代法治的"形式平等"原则。另一方面,因为正义不再"直视对象",无需关照个案的特殊性,程序上的公正或"正当程序"就可以脱离实体权利而表现其独立的价值。①

(二)程序法及其价值

当我们就法律领域来考虑问题时,各种各样的解决争议与决定的程序就纷至沓来。行政行为的过程是行政程序,司法行为的过程是司法程序,诉讼行为的程序是诉讼程序,仲裁行为的程序是仲裁程序,总之,各种各样的调解和谈判,季卫东先生称之为交涉理性展现的过程,在它们预定好的框架中进行的,都被视为程序。法律程序就是法律调整或规定的程序,它由主体、时间、空间和结果四要素组成。② 根据调整对象和方法的不同,法律体系被分为实体法和程序法。实体法就是规定法律主体之间权利义务的法律,它规定着执法行为(行政行为和司法行为)的内容。程序法是规定实体法如何运用和如何实行的程序手续的法律,决定着执法机关(或适用法律)必须遵守的程序。

历史上最早出现的程序法是司法程序法。古罗马的司法程序受民间仲裁程序的影响很大。当时地中海地区商业活动十分兴隆,纠纷相应地也就很多,在民间进行着大量的解决纠纷的仲裁活动。仲裁是在纠纷双方当事人自愿的前提下进行的,仲裁人由双方当事人自愿选择。那些在仲裁程序上体现"不报成见、不偏不倚"的公正性的仲裁人能够吸引更多的当事人,这就促使仲裁程序发展起来。法院在解决商业纠纷时,不得不吸收民间仲裁的程序规则。现代程序法在广义上不仅包括诉讼法、仲裁法、调解法,而且包括行政程序法。实体公正就是在立法时,立法者在确定各个法律关系主体权利义务时所要遵循的价值标准,如平等、公平、和理性等。程序公正也叫做程序正当,或正当程序,一般是指立法者在程序的设计、执法者(适用法律者)在程序操作中所要

---

① 冯象:"正义的蒙眼布",《读书》2002 年第 7 期。
② 张保利、苏红:"程序公正的现实价值探讨",《甘肃政法学院学报》2002 年第 5 期。

遵循的价值目标。

正当的法律程序,也即程序正义、程序公正的观念。季卫东认为:"程序公正的实质是排除恣意因素,保证决定的客观正确"。① 他特别提醒道:"程序不能简单地还原为决定过程,因为程序还包含着决定成立的前提,存在着左右当事人在程序完成之后的行为态度的契机,并且保留着客观评价决定过程的可能性。另一方面,程序没有预设的真理标准。程序通过促进意见疏通,加强理性思考,扩大选择范围,排除外部干扰来保证决定的成立和正确性"。② 在阐释程序的结构性要素时,他认为程序的正当过程的最低标准就是"公民的权利义务将因为决定而受到影响时,在决定之前他必须有行使陈述权和知情权的公正的机会",这是一个正当的程序所应具备的最基本内容,不管是立法程序、行政程序、诉讼程序,还是调解仲裁程序。美国前联邦最高法院大法官杰克逊认为"程序的公正、合理是自由的内在本质,如果有可能的话,人们宁可选择通过公正的程序实施一项暴力的实体法,也不愿意选择通过不公正的程序实施一项较为宽容的实体法"。③ 在公正的法律程序中,不同的主张或异议可以得到充分表达,各种利益要求能够得到综合考虑与平衡,不满情绪因广泛的参与而得以消弭,利益争执通过心平气和的对话而得以解决,这就极大地减少了对立法结果事后怀疑和对抗的危险。

国家机关对违法行为的查处,其社会效果直接取决于对程序法的重视程度。一般来说,查处违法行为,无外乎两种方法。一种是通过法律预先规定的程序,收集违法行为的证据,并通过收集的证据认定违法事实,再依法给予处罚。这种方法重视查案的过程,关注查案手段的正当性,即注重程序法的适用,并不以查清所有违法行为的每一个情节为执法的目标。另一种办法就是不重视法律预设的程序,只注重查案的实际效果。只要查获违法行为的事实,不管用什么方法和手段都行,即所谓"结果好,什么都好"! 从实际效果来看,前一种办法比较不灵活,低效,对国家机关查案的权力有很大的制约,不利于"从快从严打击违法行为"。可是,法治发达国家却都接受了这种查案的方

---

① 季卫东著:《法治秩序的建构》,中国政法大学出版社 1999 年版,第 14 页。

② 季卫东著:《法治秩序的建构》,中国政法大学出版社 1999 年版,第 12 页、第 24 页。

③ Christopher Osakwe:the bill of right for the criminal defendant in american law,in human rights in criminalprocedure,1982,by martinus nihoff publishers.

法,即非常重视程序法。后一种办案方法比较灵活,有利于国家机关查处"隐藏"得较深的违法行为,甚至能够使违法事实水落石出,也能够满足一些民众的心愿,符合最重实体正义的要求。可是,这种查案方法却经常或大量地出现在法治比较不发达的国家中。2009年10月发生在上海闵行区的钓鱼执法①被曝光一事,就凸显了我国有关执法机关的程序法意识极度缺失的情况。在此类案件中,执法机关并不是把精力用在如何用合法的手段,或开发、找寻合法的手段和方法查办案件,却用在精心设计、布置"鱼饵"、设计"陷阱",用不正当的手段引诱他人陷入事先编制好的法网。虽然这种查案的效果可能增加了当地领导保一方平安的政绩,甚至取得一些社会稳定效益,但是,这种取证方法却为我国基本法律所否定。《行政处罚法》第36条规定,行政机关必须全面、客观、公正地调查、收集有关证据。《最高人民法院关于行政诉讼证据若干问题的规定》第57条规定:"以利诱、欺诈、胁迫、暴力等不正当手段获取的证据材料"不能作为定案依据。遭基本法律否定的理由主要在于,该方法不符合宪法保护人权的本意,与服务性政府的本质相左。"鱼饵"是国家机关通过故意编造事由,引诱他人违法,导致陷他人于不利的境地,因此,它是一种国家机关的"说谎"行为,是一种故意地违反程序正义的行为。以这种手段完成行政任务,代价就是政府的威信扫地,公信力尽失,尽管可能导致"河水"暂时变清,但是它却严重污染了"水源"。

所以,程序法的价值不仅仅是保障实体法实施的工具,不能仅看到程序公正是实现实体公正的手段的价值,它理应具有独立于裁决结果的内在价值。英国有句古老的箴言,正义不仅要得到实现,而且要以人们看得见的方式得到实现。"人们看得见的方式"不可能是别的,只能是程序。

这种程序的内在价值首先是最低限度的自然公正。即程序法的设计至少应尊重程序参与者作为自主、负责和理性主体的地位,要求裁决者与他一起参与裁决结果的形成过程,向他论证裁决结果的正当性和合理性,从而使他成为裁决制作过程的协商者、对话者、辩论者和被说服者,使其作为人的尊严和价值得到充分的尊重。这也是一个法治社会的最基本要求。

---

① 即执法人员在取缔非法营运车辆的时候,采用"钓鱼"的方式,即派人假冒乘客,诱使非法营运的车辆司机上钩,然后加以拘捕。参见:"'钓鱼执法'无异于公权欺诈",《晶报》2009年10月19日。

其次,效率、安定、民主等也是程序法内在价值的一个重要内容。因为在当今经济全球化和法律国际化的情况下,效率、安定和民主价值对实现社会的全面可持续发展来说已经成为必要前提。同时约束自由裁量权,约束行政权和司法权,保障相对人的程序权利是程序法的宗旨和目标。

章剑生认为行政程序具有以下功能,同时我认为这些功能也适用于所有国家机关的执法或适用法律的程序。他认为,第一,程序具有完善沟通的功能。人民主权不仅仅体现在国家根本制度上,更要体现在具体的国家管理体制、体现在与公民个人生活息息相关的行政管理事务上。这种国家体制及行政管理事务上的民主实现就得通过公众参与的方式。公民通过自己的代表在人大会议上同行政机关的沟通和交换意见,或者公民个体通过行政诉讼与行政机关通过庭辩的方式交流意见,都是公民事后的参与权。但是"事先参与显然优越于事后参与,预防性参与显然优越于追惩性参与"。① 无论是行政机关执法还是司法机关适用法律,相关主体的(相对人或当事人)参与,都是程序正义的不可或缺的内容,而唯其如此,程序的完善沟通的功能才能尽显。第二,有助于建立和维系一个可持续发展的稳定社会。"现代社会选择稳定社会的机制不仅仅是强制力,而是以民众参与为前提的妥协性的制度性机制",社会稳定的追求当然不能没有强制性的规则,但是,这种强制性虽然效率高却难以持久性地发挥作用,人的热情不可能长期保持高位运行,国家的强制力也不能长久不变地维持高位运行,否则只能再次陷入我国历史上常有的"以暴制暴"的怪圈。维持社会长期稳定而又得到良好发展的机制只能是妥协性制度性机制,西方近代国家在这方面已经给了我们以经验式的证明。这种妥协性的制度性机制就是通过具有可操作性的法律程序表现出来的。无论是选举程序、诉讼程序,还是行政程序概莫能外。第三,确保实体法律规范的实施,并展示自身独立的法律价值。"一个理性的人介入行政法律争议的规程,无不以实现行政实体上的权利和摆脱或减少行政实体法上的义务为终极目的","在这种情况下,行政程序法只能作为他实现这一终极目的的手段,单纯的程序权利对于大部分人来说是没有多大意义的"。② 程序的工具性价值,正像上文已提到的那样,是其首要的价值。但是,同时也应看到,程序通过公正公开

---

① 章剑生:《现代行政法基本理论》,法律出版社 2008 年版,第 293 页。
② 章剑生:《现代行政法基本理论》,法律出版社 2008 年版,第 296 页。

等环节和步骤的设置,使得其自身的独立性价值得以体现。这种独立价值表现在它"具有缓解当事人对抗行政权的情绪,促使其自愿接受行政决定的功能"。其独立性还表现在"它利用预设的程序,在当事人的参与下,通过证据规则确定一个为当事人接受的并成为实体法适用基础的事实依据,没有这个行政程序过程,行政实体法则永远处于理想化的状态"。① 对现代程序法的两方面的价值,即工具性和独立性,要同等重视,二者不可偏废。

(三)实体控权的效力及其局限

通过立法、行政、司法三权分立及相互制约或者制衡来实现的控权,前文已有所述及,但那只是传统的控权模式,局限于实体控权的范畴。现代社会的日益发达和人们社会关系的不断复杂化,相应的对行政权力扩大和加强的需求也日益增长。但行政权力的日益增长又导致传统的实体控权不断告急。正像程燎原、江山等人在其所著的《法治与政治权威》一书中所说的:"在宪法和法律之中约束政治权威及其权力的制度安排,也必须关注规范与约束政治权力,或实际行使权力的过程及其方式问题。假如不约束其过程,不限定其方式,那么对政治权力空间范围的确定,就可能变得毫无意义",因为"权力的滥用,就是在行使权力的过程中出现的问题"。② 所以程序控权逐渐受到重视而被提到议事日程上来。程序控权作为控制国家权力的制度设计,应该是由一系列程序制度构成的完整体系。20世纪初,新自然法学派的代表人物富勒明确提出了法的外在道德——"实体自然法"和内在道德——"程序自然法",将古典自然法推进到新自然法发展阶段,为西方社会程序法理论的建构奠定了基础。

从法治国家建设的实践中我们也不难看出,国家权力应当分权行使,各部分的国家权力应当相互制约,这只是控权的理念。即使是将它写到宪法里,并按照预设的权力架构建立起国家政权,控权的效力还只是停留在实体法控权的层面,而没能落实到现实中去。实体法规定得再好,没有具体程序法的相关配套,即使明知有法定权利,公民也不知怎样行使。

英国有句法谚,没有救济的权利等于无权!这句话用在这里就是,没有程

---

① 章剑生:《现代行政法基本理论》,法律出版社2008年版,第297页。
② 程燎原、江山等著:《法治与政治权威》,清华大学出版社2000年版,第191页。

序法保障的实体法只能是空中楼阁,是镜中月、水中花! 例如,1954 年宪法规定了国家保护公民的人身权不受非法侵犯。但是,相应的具体法律特别是程序法制始终没能及时跟上,于是"文化大革命"中侵犯人身权的事情就无从得到纠正。

(四)程序控权的作用

在控制国家权力方面,程序相对于实体来说有其自己独到的独立价值。汪进元等认为,第一,程序展示权力运行的过程,具有较大的开放性和较强的透明度,因此,程序中出现的问题容易被发现并及时予以纠正,可以实现将权力运行可能造成的危害限制或消灭在萌芽状态的作用。在非诉讼(不涉及司法权的运用)程序中,程序一经展开,程序参与者利用平等沟通的场合和充分发言的机会以及程序中得知的信息资料,做出理性的判断,选择合理的结果,从而减少和杜绝了不公正程序可能给国家、社会和人民带来的危险和损害。[①]第二,在科学技术高度发达的今天,传统的国家权力之间的界限逐渐模糊,而且在已经划定的权力范围之内也有交叉或重叠的现象存在,如行政立法、法官造法等;此外,立法的滞后性也往往出现一些难以通过立法加以界分的权域范围。这都给行政机关或司法机关留下自由裁量权发挥作用的广阔空间。由此,实体控权就无能为力了,只好求诸程序来控制国家权力。程序的设计不以权力界分为前提性条件,更不需要有既定的标准或可预测的结果,而只是规定做出决定的过程、时限、方式和方法等,所以,程序恰恰在权利范围模糊的领域、在自由裁量的领域发挥自己的独特作用。

二、 我国有关程序的立法

对于我国这样后发性的国家来说,程序的重要作用还远未得到一般的发挥。所以,我在这里首先考察一下当前我国在传统的"三权"范围内,程序法运行的情况。

---

① 汪进元、汪新胜:"程序控权论",《法学评论》2004 年第 4 期。

（一）控制立法权行使的立法

1. 我国现行立法体系

立法权是国家机关按照宪法的规定,行使制定具有国家法规范效力的规范性文件的权力。这里的"具有国家法规范效力的规范性文件"就是广义的法。

根据《宪法》和《立法法》的规定,从实体法的规定上看,在我国,国家法的体系由下列规范性文件构成:全国人大及其常委会制定的这种类型的文件叫做法律;国务院根据其宪法规定的职权或人大的授权制定的这类文件叫做行政法规;国务院各部委制定的此类文中叫做部门规章;省、自治区或直辖市人大制定的此类文件叫做地方性法规;省级政府所在的市或国务院批准的较大的市和经济特区所在的市人大制定的此类文件也叫地方性法规;民族自治地方的人大制定的此类文件叫做自治条例;省级政府所在的市或国务院批准的较大的市和经济特区所在的市人大政府制定的此类文件,叫做地方政府规章。上列我国法的体系,从效力上,由高到低排列就是:第一位的是宪法;第二位的是法律;第三位的是行政法规;第四位的是地方性法规和自治条例;第五位的是部门规章和地方政府规章。

就我国的法律体系来看,狭义的法律专由立法机关行使。我国《立法法》第7条明确规定,全国人大和全国人大常委会行使国家立法权。其他具有国家法性质的规范性文件,如行政法规,是为执行法律而制定的,或根据立法机关的授权而获得的立法权,属于派生的立法权,不得与宪法法律相抵触。各种立法性规范性文件如地方性法规、自治条例、部门规章和地方政府规章都不得与上位法相抵触。它们与其说是立法,不如说是在本地区本部门就法律的贯彻执行制定实施细则。因此,狭义的法,不包括行政法规、地方性法规、自治条例和规章;同理,狭义上的立法权,也仅仅是指全国人大及其常委享有的立法权。

为保障上述实体法规定的落实,《宪法》和《立法法》的有关程序条款又规定了保障各位阶法效力的程序规定。如,《立法法》第57—62条规定了从行政法规起草、审查、决定,到签署、公布等各阶段的程序规定。《立法法》第二章第二节规定了全国人大的立法程序,第三节规定了全国人大常委会的立法程序。

2. 我国立法体系存在的问题

我国的立法体系就是由上述具有国家法性质的规范性文件组成。法律是由狭义的立法权所造就,行政法规、地方性法规和规章等是由广义上的立法权,即广义上的立法行为所造就。从"没有监督的权力必然产生腐败"这一客观规律性格言来看,立法权的腐败无外乎立法权监督机制阙如。其表现可从狭义立法权和广义立法权两方面来看。

(1)狭义立法权

狭义的立法权运行就是指狭义的立法行为,即代议机关的立法行为,在我国就是指全国人大及其常务委员会的立法行为。

首先,问题出在有关法律制定和监督的程序。根据《宪法》第62条,全国人大有权修改宪法和监督宪法实施,同时还有权制定和修改刑事、民事、国家机构的和其他的基本法律。那么,全国人大的立法权由谁来监督呢? 在同时行使上述权力的情况下,如果有人怀疑全国人大为了使自己的立法不违宪法而在制定法律之后再去修改宪法以适应先前制定的法律的话,在宪法规定上,是无法推翻这种怀疑的。法律违宪的话,现在的宪法没有规定有什么程序如何救济;《立法法》也没有规定救济途径。《宪法》第67条在规定全国人大常委会的职权时,明确指出:它有权"撤销国务院制定的同宪法、法律相抵触的行政法规、决定和命令"、有权"撤销省、自治区、直辖市国家权力机关指定的同宪法、法律和行政法规相抵触的地方性法规和决议",但是它却无权撤销全国人大制定的与宪法相抵触的法律,更没有规定自己(全国人大常委会)制定的法律如果同宪法相抵触或与全国人大制定的基本法律相抵触的情况下,如何以及通过什么程序进行救济。尽管可能有人说,全国人大不可能制定与宪法相抵触的法律,但是因为抱有良好的愿望就否定监督保障的程序法规定存在的合理性,这种观念是违背法治精神的。

针对狭义上的立法权的监督,我国(正向前文所述)并没有承担此项任务的国家机关,也没有将此项职能赋予任何现有的国家机构,一句话,没有任何规定。可是,关于对狭义立法权的监督,在世界上的法治发达国家,其宪法或宪法性判例是明确规定好了的。如在美国,最高法院掌握违宪审查权,任何国会的制定法如果经司法审查认为违反宪法,最高法院就有权宣布其无效。[1]德国联邦宪法法院有权对联邦法律或州法与宪法在形式上和实体上是否一

---

[1]　任冬冬、陈伟、白雪峰等著:《美国宪政历程:影响美国的25个司法大案》,中国法制出版社2005年版,第22—39页。

致,或州法与其他联邦法律是否一致方面发生意见分歧或怀疑时,经联邦政府、州政府、联邦议院三分之一议员的要求进行裁决。[①] 法国宪法规定,议会的制定法在实施以前,必须先交宪法委员会进行合宪审查并作出裁决。[②]《日本国宪法》第 81 条规定:"最高法院为有权决定一切法律、法令、规则以及处分是否符合宪法的终审法院"。

比如,在 1979 年 7 月 1 日我国全国人大通过的《中外合资经营企业法》颁行以后,其中的第 5 条规定中国的合营者可以将"场地使用权"作为投资的一部分,这明确就是将国有土地作为出资对象,将国有土地使用权进行有偿转让。可是这一法律规定确实违反当时的宪法。因为 1978 年的《宪法》第 6 条规定土地等海陆资源属于国家所有,只规定了国家可以依照法律规定的条件,对土地实行征购、征用或者收归国有,并没有规定国有土地可以有偿转让。即便是 1982 年制定的《宪法》第 10 条也没有规定国有土地的有偿转让。所以,当时的《中外合资经营企业法》第 5 条不合宪法是明显的。这种情况直到 1988 年的宪法修正案通过以后,由于允许国有土地的依法有偿转让,中外合资经营企业法的这条规定才去掉了不合宪法的隐忧。这就是上文所说的,全国人大自己有权制定法律也有权修改宪法,因此,在宪法不合法律时,可以修改宪法以适应法律,也可以修改法律以适应宪法,在现行的宪法和法律的框架范围内,其他国家机构是无权置喙的。

就立法权行使的立法行为来讲,从法理上来看,仍然必须适用依宪法立法的原则,即没有宪法依据的立法就推定为违宪的立法。因为受托行使立法权的人民代议机关同政府等其他国家机关一样,其运行必须坚持依宪法行使立法权原则,这同行政机关必须以宪法和法律行政一样。世界上通行的法治原理即一切国家机关必须依宪法和法律行使各自的职权,没有宪法和法律的明确依据,他们不能有任何作为;而对于公民来讲,只要不违反宪法和法律的禁止性规定,并不要求一切行为都有宪法和法律的根据。

狭义立法权在依据宪法运行的问题上有瑕疵,其危害对于法治国家和法治社会的建立来说是严重的,因为它危害的是宪法的权威,不是一般的水污染,而是污染了水源。在一个国家里,如果宪法没有权威,而是执政党的文件

---

① 《德意志联邦共和国基本法》第 93 条。
② 《法兰西共和国宪法》(1958 年)第 61 条。

和决议、乃至其领袖的话语比宪法更有权威,怎么能够说这是一个法治国家呢？在法治国家,执政党的治国理政应当是通过宪法和法律,而不是抛开它而直接以党的文件和党的会议决议行使执政权。

（2）广义立法权

广义立法权包括狭义的立法权,同理,广义的立法行为包括狭义的立法行为。除此之外,我国的立法行为还包括国务院制定行政法规的行为,国务院各部委制定部门规章的行为,省、自治区、直辖市和省、自治区政府所在地的市、经济特区和国务院批准的较大的市,这两级地方人大制定地方性法规或自治条例的行为以及其政府制定地方政府规章的行为。从这些国家机构制定的规范性文件的效力来看,行政法规是仅次于法律,而高于其他任何规范性文件的,其他的规范性文件效力等级依次是:地方性法规或自治条例,部门规章和地方政府规章。根据《立法法》的规定,下位法不得与上位法相抵触。国务院有权撤销与上位法相抵触的部门规章和地方政府规章;全国人大常委会有权撤销与上位法相抵触的行政法规、地方性法规或自治条例。但是实践中的行政法规同法律相抵触的情况,全国人大常委会并没有行使其应当行使的权力。

如2003年5月17日《南方都市报》报道:5月14日,俞江、滕彪、许志永三位法学博士,以传真形式向全国人大常委会提出"关于审查《城市流浪乞讨人员收容遣送办法》的建议书",认为1982年由国务院颁布的《城市流浪乞讨人员收容遣送办法》与我国现行宪法和有关法律相抵触,应予以改变或撤销。因为第一,违宪和违法表现。《城市流浪乞讨人员收容遣送办法》第6条的规定、其实施细则第13条的规定实际上为限制公民自由条款;而根据现行宪法第37条规定,公民的人身自由不受侵犯;《行政处罚法》第9条规定,限制人身自由的行政处罚只能由法律设定;《立法法》第8条和第9条规定,对公民政治权利的剥夺、限制人身自由的强制措施和处罚,只能制定法律;根据《立法法》第87条的规定,对超越权限和下位法违反上位法的行政法规应予以改变或撤销。第二,全国人大常委会的职责表现。现行宪法第67条第1项规定全国人大常委会有解释和监督宪法实施的职权,第4项规定其享有解释法律的职权,第7项规定其享有撤销国务院制定的同宪法、法律相抵触的行政法规的权力。《立法法》第88条第1款第2项也明确规定:"全国人民代表大会常务委员会有权撤销同宪法和法律相抵触的行政法规……"。第三,公民享有提请全国人大常委会进行违宪审查的权利。因为根据《立法法》第90条规定,公民认为行政法规、地方性法规、自治条例和单行条例同宪法或者法律相抵触的,可以向全国人民代表大会常务委员会书面提出进行审查的建议。三位博士向全国人大常务委员会递交"关于审查《城市流浪乞讨人员收容遣送办法》的建议书"的行为,是公民主动行使宪法和法律监督权的具体体现。事情的结局并没有创造宪法先例,因为全国人大常委会不作为,既不做肯定答复,也不作否定答复,同时间接获知消息的国务院却在接下来的当年6月份,主动颁布了《城市生活无着的流浪乞讨人员救助管理办法》,同时宣布废止《城市流浪乞讨人员收容遣送办法》。①

这就形成了一种惯例,即对"公民上书"不予任何回应,转而让违反宪法和法律的行政法规的制定主体以自裁的方式"自行了断"。至今,全国人大常委会仍没有行使过对违反法律的行政法规的撤销权。2009年12月7日,北京大学五位法律学者向全国人大常委会提交的关于对国务院的《城市房屋拆迁条例》进行审查并加以修改的建议,直接指出它同《宪法》和《物权法》相抵触的事实。到目前,全国人大的有关部门仍在积极推动《拆迁条例》的修改工作。②

另外,我们并没有给司法权以宣布违反上位法的立法性文件无效的权力。这样就导致大量的违反上位法的地方性法规或地方政府规章仍然保留在现行有效的法律体系之中,继续贻害。如河南种子案所揭示的问题,充分表明了我国立法体系越权立法情形得不到有效根治的根本原因。

案情:2003年5月27日,洛阳市中级人民法院在审理一起种子赔偿纠纷案时,遭遇法律冲突问题。在庭审中,就赔偿损失的计算办法,原告(汝阳县种子公司)与被告(伊川县种子公司)争议激烈,原告主张适用

① 姚小林:"公民的宪法监督权:三博士上书全国人大常委会",http://5doc.com/doc/404539(最后访问时间2006年4月12日)。
② 王亦君、崔丽:"全国人大法工委:正积极推动拆迁条例修改",《中国青年报》2009年12月27日。

《种子法》，以"市场价"计算赔偿数额；被告则要求适用《河南省农作物种子管理条例》，以"政府指导价"计算。经审判，洛阳市中级人民法院下达 (2003) 洛民初字第 26 号民事判决书，原告和被告都不服判决，向河南省高级人民法院提起上诉。洛民初字第 26 号民事判决书写道："《种子法》实施后，玉米种子的价格已由市场调节，《河南省农作物种子管理条例》作为法律位阶较低的地方性法规，其与《种子法》相抵触的条（款）自然无效。"

洛阳中院判决书的这一表述激起河南省人大的强烈反响，河南省人大认为"洛民初字第 26 号民事判决书中宣告地方性法规有关内容无效，这种行为的实质是对省人大常委会通过的地方性法规的违法审查，违背了我国人民代表大会制度，侵犯了权力机关的职权，是严重违法行为。"10 月 18 日，河南省人大常委会办公厅下发了《关于洛阳市中级人民法院在民事审判中违法宣告省人大常委会通过的地方性法规有关内容无效问题的通报》，要求河南省高院对洛阳市中院的"严重违法行为作出认真、严肃的处理，对直接责任人和主管领导依法作出处理"。洛阳市中院党组根据要求作出决定，撤销判决书签发人民事庭赵广云的副庭长职务和李慧娟的审判长职务，免去李慧娟的助理审判员资格。后来鉴于法学界的强烈反响，此处理决定终未得到执行。

河南省高级人民法院受理此案后，向最高人民法院进行了请示。最高人民法院于 2004 年 3 月 30 日作出《关于河南省汝阳县种子公司与河南省伊川县种子公司玉米种子代繁育合同纠纷一案请示的答复》，指出《立法法》第七十九条规定："法律的效力高于行政法规、地方性法规、规章，行政性法规的效力高于地方性法规、规章"。《中华人民共和国合同法》解释（一）第四条规定："合同法实施以后，人民法院确认合同无效应当以全国人大及其常委会制定的法律和国务院制定的行政性法规为依据，不得以地方性法规和行政规章为依据"。根据上述规定，人民法院在审理案件过程中，认为地方性法规与法律、行政法规的规定不一致，应当适用法律、行政法规的相关规定。河南省高级人民法院作出终审判决，维持洛阳市中级人民法院的原判。①

---

① 参见曾金胜："李慧娟事件再调查"，《时代潮》2004 年第 9 期。

3. 立法权腐败及其程序法规制

立法腐败就是指发生在立法领域内的腐败,它主要表现为,在法律制定过程中将小团体或部门利益法制化,或因所参与修改的法律对政府部门之外的某些利益群体有利,而收取该利益群体给予的贿赂或好处。① 立法腐败不同于一般的腐败行为,它既有一般案件的普遍特征,又有其自身的特点。

首先,立法腐败者大都是具有专业水平的官员。早期的贪腐者大多是不懂法、不明纪而犯法违纪,现在的贪腐者大多是懂法明纪而犯法违纪。因为在市场经济已经得到发展的今天,某些贪腐官员已具有很高的学历,并在本行业中已成为行家里手,甚至具备了专家水准,他们不但懂法,而且堪称专业高手。他们利用独当一面的法学专业知识在立法领域开后门、留后路,掩耳盗铃地将腐败输入到立法的某些隐晦的、不易被常人察觉的层面。

其次,立法腐败者大都身居关键部门或要害部门。他们是占据大量信息,拥有统摄某一行业的巨大平台,具有某一领域的法律、法规、规章的拟订或解释权力的人。在拟订和解释法律、法规、规章时,他们往往对下采取垄断、屏蔽流程和信息,对上利用程序或环节的疏漏蒙混过关等多种方式使法条出现漏洞。

最后,立法腐败涉及面更广,危害更大。法律、法规、规章所涉及的领域都将为其覆盖,而该领域的守法者的权益将受到不同程度的剥蚀。过去用人上的腐败往往被视为深层面的腐败,而今立法腐败的危害则有过之而无不及。贪腐者以堂而皇之的手段从立法源头到执法、守法的深处为所欲为地腐蚀国家机器,侵害公民利益。

立法腐败危害之深、负面影响之广,警示我们要认真借鉴国外经验,深入研究我们的惩防对策。西方发达国家在不同程度上都存在着利益集团游说立法者,并造成立法有可能失衡的状况。为此,许多国家先后制定法律法规以防止这种现象发生。以美国为例,美国议会通过《游说信息披露法》以及《外国代理人登记法案》、《联邦院外活动管理法》和《院外活动公开法》等法律法规对立法游说行为进行规制。这些法律要求游说立法的信息必须公开化,游说者和议员双方都要随时披露信息,游说行为要暴晒于阳光之下,否则将予以不同程度的高额罚款。同时,禁止一些游说集团或个人使用不正当的手段,甚至以政治捐款为名对立法者进行诱惑。西方国家不但非常注重对立法成型的过

---

① 林喆著:《权力腐败与权力制约》,山东人民出版社 2009 年版,第 130 页。

程与程序的监控和限制,而且对立法者本人以及家属的监督甚是严格,同时加强对利益集团的行为规范。在我国,立法腐败的原因更为复杂。首要的因素并不仅限于规制公众或利益集团的参与,而是缺少公众参与和中立的第三方参与的部门立法,成为导致立法权腐败的重要因素。

一般说来,立法的主要功能,就是规范权力运行、限制权力滥用。既然行政部门的所有权力都来源于法,也必须受制于法。要使各种行政管理在法治的轨道里有序运行,就得先解决权力的合法性和权力的规范性,就不能让行政职能部门来主导地方性立法。一个符合正当程序的立法,必须是由权力机关主导,并由法案涉及各方在一个同等的平台上进行立法博弈,最终达成立法妥协,表决通过并签署公布而发生法律效力。可是,立法实践中,权力机关对自己作为立法机关的职能自认还不够自觉。人大代表兼职化的现实使得这些"立法委员"基本提不出立法草案,而只能提出"立法建议"。在人大常委会组成人员中,专职人员,尤其是通晓立法的专职委员同样极度匮乏。出于一种权力运行习惯,也出于权力机关与行政机关之间现实存在的千丝万缕的联系,委托"部门立法"成为权力机关最经常的选择。社会上流传的"人大立法行政化,行政权力部门化,部门权力利益化,部门利益法制化",就是此类"部门立法"的生动写照。

2010年3月18日,郭京毅涉嫌受贿案在北京市二中院开庭审理。此公原为商务部条约法律司巡视员,和他同时落马的还有原商务部外资司副司长邓湛、原国家工商总局外商投资企业注册局副局长刘伟,他们几年来几乎垄断了多部利用外资方面法律的立法"业务",并在此过程中收受利益相关者的贿赂。他们一边拿了利益相关者的好处,一边发挥自己的特殊影响,在立法过程中为这些利益相关者夹带"私货",甚至按照利益相关者的要求拟定法律草案,或对法规规章进行修改、解释。如2004年国美电器公司为图借壳海外上市,将65%股权转让给一家外资公司,这个比例大大超过了当时政策规定的外资占股上限。经国美公司重金打点,在郭京毅的运作下,上述政策规定很快被新的法规取代,外资占股限制得以放开,国美电器得以顺利上市……。①

---

① 潘洪其:"如何防范'郭京毅式立法腐败'",《检察日报》2010年3月19日。

部门立法已经背离正当程序了,何况还以立法权力来搞权力寻租式的腐败。对此,有学者指出:"不革除封闭式'部门立法'之弊,就存在着法规制定者的腐败";而要去除"政府部门主导立法,实将政府部门利用权力谋取私利的行为合法化"的现象,避免立法腐败,就应当首先从立法部门自身找原因。第一,"尽量不要将部分立法权让渡给相关政府部门或利益群体,以防止他们在其中夹带私货";比如,在 2009 年的深圳"两会"上,市人大代表杨剑昌提出了制定《深圳网络管理条例》的建议。市公安局与市文化局、科技信息局等有关部门进行了研究,均表示赞同。市公安局随后表示,该局将尽快拟写有关立法建议材料报请市政府法制办立项,汇总文化、工商、通管等部门的意见,提请制定《深圳市网络管理条例》,争取在年内完成调研并提出草案,明年列入立法规划。① 从这份报道中,我们可以看出部门立法已经成了惯例,人大代表,本应是按宪法享有立法权的民意代表,却仅仅限于提出立法建议,立法文件的起草工作在习惯上是由行政上的行业管理部门负责,民意代表也习惯上在提出立法动议以后不再关心起草工作了。同时,更为紧要的是,"习惯上"作为被管理者的网络企业和普通网民,却没有任何机会参与有关他们的行政规章的起草和讨论,他们成了被遗忘的一族,直到规章实施之时。该报道的作者为此感慨曰"在这个'被时代'里,'被管理者'显得格外落寞和无助"。为什么会有此"惯例"呢?这还得从体制中找原因。我国权力机关的人大代表兼职化、人大会期太短以及物质补偿捉襟见肘的现实,确实使得这些民意代表提不出立法草案,没有那个能力、精力和物力。同时,将本该自己立法的事项授权给行政部门,也证实了权力机关同行政机关现实中存在各种各样的联系。所以,改变这种现状的根本措施还是要加强立法机构的力量:人大代表专职化、会期延长、物质待遇大幅度提高等。专职化可以让他们有时间和精力专门去研究立法问题;会期延长可以使立法者有充分的时间研讨立法问题;物质待遇的提高使得民意代表有能力聘请各方面的专家作为自己进行立法活动的助手。

第二,人大作为国家立法机关有权制约"行政机关的立法权",人大常委会要敢于行使宪法赋予的权力对违反宪法法律的行政法规及时立案并开展质

---

① 王琳:"网络管理立法,应防部门利益主导",http://news.sina.com.cn/c/2009-09-03/05321623/3165.shtml(最后访问时间 2009 年 9 月 3 日)。

询,及时督促制定机关修改或废除,在规定期限不作为的,人大常委会要作出废除与宪法法律相抵触的行政法规的决定。在立法实践中,更为重要的是行政规章的问题。人大要确实负起监督的职责来,监督行政规章的制定程序,发挥法规备案审查制度的作用,阻止一些严重不公的,与法律原则相抵触的行政规章出台。

第三,是扩大行政立法,特别是行政规章立法过程中的广泛的公众参与,吸收更多的业内精英参与规章草案的起草;广泛开展由中立的第三方,比如专门的研究机构起草行政规章草案,普遍采取由各相关利益主体代表参加的立法听证程序,使其有序参与讨论行政法规和行政规章草案,最后在充分采纳听证意见并修改以后再颁布施行。还可以像有学者所建议的那样,"邀请专业人士参与起草行政法规或规章或提供专业咨询,以及采取直接委托、公开招标等方式,将法规规章草案交由专业人士或专业组织起草"①,以使通过的立法文件最大限度地体现社会公共利益。同时,也只有如此,才能保证程序正当,才能够有效克服部门立法、少数精英立法所带来的流弊,化解立法权寻租的风险。

完善规制立法权的程序法律制度,减少各位阶的法律文件的冲突,表面上是完善法制,更深层次的意义在于切实保障公民法人和其他组织的合法权利,减少立法腐败。

(二)控制司法权行使的诉讼程序法

1. 司法权

司法权力②通常是指法院行使的审判权。在传统的国家三种权力中,司法权是最弱的:与立法权和行政权相比较,它的行使是消极的和被动的,既不具有立法权那样的主动性,也没有行政权那样多的自由裁量权。然而,由于它本身是代表国家行使审判权,代表国家正义裁处双方当事人(两造)之间的争议,因此,其权力运行自古以来就受到严格程序的规制。往往司法程序饱含正义理性设计,代表着司法权本身所体现的社会正义,所以,习惯上人们把司法权力的行使当成社会正义的最后一条防线。

---

① 潘多拉:"立法腐败,郭京毅案恐怖之所在",http://www.xinhuanet.com(最后访问时间2008年9月5日)。

② 在我国,还包括检察院行使的检察权和法律监督权。

2. 司法腐败及其表现

正因如此,规避严格司法程序的司法权力行使,就成了"不在轨道上行驶的火车"。特别是司法权主体将手中的司法权力推向市场进行交换,规避诉讼法的规定;或滥用司法权时,司法权便发生了异化,司法腐败由此而生。

景汉朝大法官早在 2002 年 12 月就法院行使审判权的一些规避法律现象指出,诉讼法规定合议制,"但这么多年来,是否很好地得到了贯彻呢?没有。案子由组长把关,副庭长把关,庭长把关,副院长把关,院长把关。"诉讼法规定的庭审制度,"但这么多年来有多少案子是真正通过庭审来解决的呢?许多庭审实际上是在演戏,法官已作了调查、询问,合议庭也评议过了,然后再开庭,审判人员'胸有成竹',不管当事人怎么说,律师怎么辩,我早已有结论了。"[①]对于这种有法不依的司法行为,即使规制司法权的程序法——诉讼法规定得再好,又有什么用呢?

3. 加大立法机关的监督力度,确保程序法控制司法权效力的发挥

对于司法权力的运行,仅仅立法还不够,必须加大人大的执法监督力度。人大在每年的例会中要勇敢地行使监督权,审议和评议法院上一年的工作,对于徇私枉法、故意规避法律的法官就要及时行使罢免权。司法实践中司法主体的规避法律或公然有法不依等行为是导致司法权力违法运行的主要表现形式。而对于司法权的程序控制仅仅靠制定得良好的程序法还是力有未逮,必须在法律上加大司法权力以外国家权力的监督制约,甚至发动媒体和民众依法定程序行使监督权才能奏效。

公正司法,即司法权的依法(实体法和程序法)规范运行。有学者认为,司法公正的含义有四:适用法律的平等,诉讼程序的规范,判决结果的公平和司法监督的有力。[②] 这还是对司法权运行的道德评价,即公正的司法活动。在这四方面的表现上,我认为判决结果的公平实质上就是实体的公平,其他几项均是广义上的程序公正或者说是执法有力。司法权运行的结果,即对过去事实的判断和应用法律效果究竟如何才是公平正义的,往往公说公有理、婆说婆有理,那么只要在司法权运行的程序中,司法权主体严格执法、司法相对人

① 景汉朝:"审判方式改革的'一二三四五'理论",http://www.civillaw.com.cn(最后访问时间 2002 年 12 月 16 日)。

② 林喆:《权力腐败与权力制约》,山东人民出版社 2009 年版,第 142 页。

双方的诉讼权利和义务得到平等的对待和保障,即无论原告和被告不能举证说明司法权行使主体具有程序上的瑕疵,没有任何程序违法行为,那么就能够推定该司法权的运行结果是公平的。那么如果相反,程序运行中的瑕疵不断,如何能够说服当事人认为判决结果是公正的呢? 如何能够让当事人服判息诉呢? 因为诉讼程序的对抗性决定了只要程序具有瑕疵,必将损害一方当事人的利益,两造中总有一方是受害者,因此总有一方会不服判决申诉或上访不断。

总而言之,司法权的行使必须发挥人大监督法的重要性,让包含立法机关在内的其他主体也参与到广义的程序中来,一起监督和制约司法权力的运行,让有法不依、执法不严的司法主体——法官下课。只有加大监督程序规范的执行力度,才能使法治的威力真正发挥出来,才能增进民众对法治的信仰。

在 2009 年的李庄案件审理中,我们就看到法官在审判中屡屡曝出程序瑕疵。著名律师张思之先生认为:李庄案一审判词认定:"'公安机关因办理文强一案提讯龚刚模时,他揭发了李庄教唆其编造被刑讯逼供的犯罪行为'。可是,前此警方通过那篇《律师造假门》认定的却是另一番情景:龚在狱中突然表现沉闷,连续数日,终于在忍无可忍的状态下,按下警铃,报案检举了李庄律师。据说跟着还写了书面举报。先不说这份书证竟也未当庭交付质证,这里接受口头与书面检举的只能是看守所警员,绝非承办文强案的专案人员,无可争辩。至于对检举人的心态描绘和具体实施的细节,差别之大,不言而喻。两种不同说法形成的矛盾折射出'检举'本身确有重大瑕疵,作为推断事理的法官怎么可以轻信某种说法而不过细审查?"①可是实际上,法官就是在这种不健全程序的情况下进行审理的,最后自然是李庄获罪而且被执行。由一点而窥豹,凸显我国许多地方法治方面程序正义的阙如。

司法腐败的真正源头还在于体制上的原因,所以真正落实从根本上铲除司法腐败,还必须从整个法治体制上入手。首先,应当将宪法和法律的地位真正落实到社会政治生活和其他生活中去。将宪法和法律意识在舆论上置于执政党的方针政策之上,将人大立法机关的地位置于执政党和政府之上,一切权力归人大! 这才是在法制上真正落实了"人民主权"理念。在此基础上,才能实现将政治同法治的适度分离,才能使全社会,特别是各级执法部门、适法部

---

① 张思之:"读李庄案一审判词有感",http://bbs.cqnews.net/thread-948781-1-1.html(最后访问时间 2010 年 1 月 14 日)。

门及其工作人员树立宪法法律至上，而不是上级党委的指示至上的意识。与此相适应，就是要求执政党的执政方式切实转变到通过立法机关施政的轨道上来。这种要求就是要将执政权纳入宪法规定的程序之中，如此一来，作为国家权力中司法权的运行才能置身良好的法治环境之中，进而得到良性发展。

其次，改革现存体制，将司法权提升为同行政权同等重要的地位。将法院院长也纳入同级地方行政机关首长地位相等的执政团队之中。将全国法院系统的经费预算列入全国人大审批的年度预算进行垂直管理，摆脱受制于地方财政的局面，增强法院只对宪法法律负责的司法独立性。只有如此，才能减少受地方行政权力干预的风险，抵御地方党委和行政的干预，才能加强司法的公信力，才能更有力量维护宪法法律的权威。

再次，加强各级人大及其常委会监督权的行使力度，切实依法监督司法工作人员队伍，从宪法法律规定的程序制度上来考评法院的司法活动，切实制裁有法不依、滥用司法权的行为。只有如此，才能约束和震慑司法主体，使其不敢从事违法的司法行为，严格切实地自觉将司法权的运用约束至法律轨道，不敢越雷池半步！

最后，加强行使司法权的国家工作人员队伍建设，提高依法行使权力的自觉性和法律素养。"权"大还是"法"大，一事当前，在法律规定要求同党委政府领导人现实权力要求相冲突的情况下，法官的习惯取舍往往会影响到司法权的正当独立行使还是扭曲屈服行使，进而关乎是否涉嫌司法腐败。外来干预的屡禁不止还在于内部司法人员的不依法办案。对此，景汉朝大法官曾经指出："批条子顶事为什么不批条子？承办人说了不算数，要由庭长、院长把关，所以要找庭长、找院长。"接着他又冷静地说道："我们客观地分析一下，领导批的条子其中有多少个案子他是真心实意地要过问、干预，有没有10%？大多数恐怕是碍于面子，不批个条子，面子上过不去，你实际上怎么判，领导并不感兴趣。如果审判方式改为一切庭上见，当事人、律师就不会下工夫去找领导，而是想办法在庭上表现自己。即使找到领导，领导也会说法庭上决定案子，我批条子顶什么用呢"？[①] 因此，还是那条哲学上的道理，外因是通过内因起作用的，就像俗话所说"苍蝇不叮无缝的蛋"，加强司法工作人员的素养，培

---

① 景汉朝："审判方式改革的'一二三四五'理论"，http://www.civillaw.com.cn（最后访问时间2002年12月16日）。

养程序至上的法律意识并自觉加以运用,才是保持司法权健康运行的不二法门。

4. 控制司法权行使的法治实践

值得注意的是,近年来,最高人民法院开始意识到依法自我约束司法裁量权的必要性。继 2002 年 4 月施行的最高法院《民事诉讼证据若干规定》司法解释以后,同年 10 月最高法院的《行政诉讼证据若干问题的规定》司法解释又正式施行;2010 年,最高法院联合最高检察院、公安部、国家安全部和司法部联合制定了《关于办理死刑案件审查判断证据若干问题的规定》和《关于办理刑事案件排除非法证据若干问题的规定》,该规定已于 7 月 1 日得到实施。这些举措都是规范司法权力运行程序的法律规定,性质上属于以程序控制司法权的范畴。不仅如此,最高法院为了规范和约束基层法院审判权的自由裁量,自 2010 年 10 月 1 日起,在全国法院对其制定的《人民法院量刑指导意见(试行)》和《人民法院量刑程序指导意见(试行)》两个文件全面推行,借以减少司法权行使过程中的恣意行为。

(三)控制行政权行使的程序立法

1. 公民权利和政府权力

日本南博方先生在 1989 年曾经这样描述行政——从前,行政的存在对于一般国民来说几乎是毫无关系的。国民只要安分守己,不做什么坏事,便不会遇到行政方面的麻烦。但是,在现代国家,正如"从摇篮到坟墓"所形容的那样,行政已经渗透、介入到国民日常生活的每个角落。国民对行政的需要和期待日益提高,赋予行政的责任和义务增大,因此,以国家为一方当事人的纷争也随之增多了。这样,随着行政与国民接触的加深,国民在日常生活中掌握一些行政法知识,便成为十分必要、不可或缺的事情。① 的确是这样,行政的无所不在,除了人们会感觉到公权力无微不至的关怀以外,一旦疏于控制,行政权力极易越过边界侵入到私权利中去,从而导致行政权力滥用和腐败。

行政机关实行首长负责制,行政权具有主动性,并且为了适应迅速多变的客观现实,行政主体被赋予了更多的自由裁量权,从而加强了行政权行使的快速性和灵活性的特点。这样一来,行政机关就比较容易侵犯公民的权利,从而

① ［日］南博方:《行政法》,中国人民大学出版社 2009 年版,本书序第 1 页。

使得约束行政权、依法行政成为依法治国中的一个重要方面。

公民的权利和政府的权力在现代社会的具体领域内往往是一种此消彼长的关系。例如重庆"史上最牛的钉子户"的震撼形象经过各种媒体的广泛传布,形成了对拆迁方的巨大的舆论压力,最终使得事件得到和平解决,就表明公民权利每前进一步,相应地就意味着政府权力退一步。当然在这方面英国表现得更为明显,以议会为代表的民权通过合法的不流血的政治斗争不断迫使国王服从人民的权力,每一步民权的胜利都被议会通过法律、通过富含详细程序规定的法律给予固定下来,从而逐渐建成虚君共和的现代政权体制。现代社会的日益发达,社会关系的日益发达还使得公民权利自由的实现,需要或者说离不开政府权力的作用;因此强大政府权力是充分彻底地实现公民权利的有力保障,同时也给公民权利自由的实现带来了现实的威胁。无数的经验和教训表明,只有加强对政府权力行使的程序控制,才能充分发挥其保障民权实现的有利作用方面,抑制其侵害民权的威胁。可以说,没有正当的程序,政府的权力滥用就不会遇到任何障碍,从而一切公民的法定权利都将因其不可操作性而变得毫无意义。

2. 行政程序法

(1)含义和特点。一般来说,行政程序有广义和狭义之分。"广义上的行政程序,是与立法过程中应遵循的程序即立法程序和司法过程中应遵循的程序即司法程序相对立的概念,是指行政过程中所必须遵循的一切程序。从狭义上讲,行政程序是指行政机关在采取行政行为时所应遵循的程序,即行政行为的事前程序。"[1]行政程序也就是行政行为的程序,即行政主体在依职权所实施的、影响行政相对人权利和义务行为时应当遵守的基本原则、时限、步骤和方法所构成的一个连续过程。[2] 历史发展到近代,程序法已经冲破司法范畴,扩大到一个更为广阔的领域。这种扩大,使现代程序法发展为立法程序法、行政程序法和司法程序法三部分。国家管理从司法型向行政型发展,是由于社会生活的进步,程序法从司法领域向行政领域拓展根源于并且反映了这种进步,体现为人们在行政程序法上对民主公正有更高的认识和要求,使行政程序法区别于司法程序法。同时,我们也应当看到,通过制定行政程序法规范

---

① 杨建顺著:"市场经济与行政程序法",《行政法学研究》1994 年第 1 期。

② 参见章剑生著:《行政程序法学原理》,中国政法大学出版社 1994 年版,第 2 页。

行政权力是很多国家防治腐败的重要经验。如德美日等许多国家纷纷制定行政程序法,使行政机关及公务人员行使权力的每一步骤及形式都有严格的法律约束,任何违反程序的行为都将受到制裁。利用程序限制政府权力是20世纪世界上的法治发达国家纠正违法行政的最重要成果之一。

从特点上看,第一,行政程序法调整的对象是行政行为。行政行为主要是指行政主体一方的行为,不包括相对一方的行为。行政程序法也常常涉及相对一方的行为,但相对一方的行为不构成行政行为是否合法的决定条件,它不会导致行政行为无效,只有行政主体自己违反程序法的行为才会导致行政行为无效。

第二,它只是重要行政程序的法律化。现实中,许多行政程序都不是法定的,而是由行政主体的行政人凭其主观能动性、个人智慧和工作经验,凭机关的工作习惯等加以运用的,只有同当事人权益和行政效率有关的重大的行政程序,才由法律规定,其目的是强行要求行政主体及行政人遵循一定行政程序,以保证行政工作的科学性和民主性,因此,从行政程序是否被上升为法律来区分,可分为法定行政程序和非法定行政程序。

第三,行政程序的内容表现为过程、次序或步骤,核心是"公开"和"听证"制度。行政程序是一种过程,是一定时间的行政权运行过程即行政过程。时间是有序的,占有时间的行政过程也是有次序的。同时,行政权运行在不同的时间和空间必然呈现出不同的特点,因而行政过程就具有相应的阶段性或可分为若干步骤。与司法行为相比,行政行为呈现为连绵不断的状态,行政主体对行政相对人进行着长期的管理。而行政程序法则在行政行为的连续性中通过程序制度划分出行政行为的阶段性,使行政行为能够根据程序来划分阶段。同时,政府的管理活动让公民了解,在管理过程中听取公民的意见,是行政程序的关键。

第四,在保持行政主体自由裁量权,注重效率的同时,注意维护行政相对人的程序权利。现代社会行政权力的扩张,是社会生产和生活需要高效率地维护社会秩序的结果,因此,行政程序法把保护当事人的程序权利同提高行政效率紧密地结合起来。

（2）行政程序法的基本原则

总结概括各国实定的行政程序法基本原则,根据适用于行政程序的社会生活原则和上位法的基本原则,进行逻辑的分析判断,认为行政程序法有以下几项基本原则：

第一，公开原则。它是指行政主体实施行政行为的过程应向行政相对人公开，使行政相对人了解。行政公开是现代民主的当然要求，是公民参政、议政的要求。现代民主已由间接民主发展到直接民主，公民行使自己的权利已不是简单地行使选举权、罢免权，间接地由代表们行使自己的权利，而是要通过自身的行为参政、议政来行使，在行政管理方面，只有行政公开，才能实现真正的民主。公开的内容有：一，行政依据公开，行政机关根据哪些规范性文件做出行政行为应该公之于众，无论是行政立法行为还是具体行政行为，公民有权利得知行政主体作出行政行为的依据。二，行政信息公开，除非涉及国家秘密、商业秘密或个人隐私，行政机关应该把掌握的行政信息予以公开，公民有权利得知行政主体作出行政决定所掌握的信息情况。三，行政主体作出的行政决定公开，无论行政主体作出何种决定，都应该说明事实根据及理由，并应告知行政相对人诉权。

第二，公正原则。公正原则是指行政相对人在行政程序中应得到平等的对待。行政主体在实施行政行为时，在程序上要平等对待各方，排除各种导致不公平和偏见的因素。主要内容包括：一，平等无偏私，即行政主体应该平等地对待各方当事人，不偏不倚，给各方当事人平等的参与机会。二，行政主体应使公民确信其行为公正，这也是信赖保护原则在程序上的体现。公正原则不仅要形式上做到公正，还要求行政主体遵守一定的程序制度使行政相对人确信其行政行为是公正的，增加行政相对人对行政机关的信任，这主要通过审裁分离、听证等制度来体现。

第三，参与原则。它是指利害关系人有权参与行政行为的过程，对行政行为发表意见并得到应有的尊重。其主要内容有：一，行政主体应当贯彻公开原则，让利害关系人能够及时了解相关情况。只有利害关系人知道行政主体将会作出某种决定，才能够决定是否参与行政行为的作出。二，行政主体应当保障实现行政相对人的听证权、陈述权和申辩权，在行政主体作出行政决定之前，公民有权利陈述自己的意见，并举出证据，可以针对对其不利证据进行质辩。行政相对人行使这些权利的过程也就是积极参与行政行为的过程，行政主体应当确实保障行政相对人能够真正地实现这些程序权利。

第四，效率原则。它是指行政主体在不损害行政相对人合法权益的前提下应该确保行政程序提高行政效率。行政效率从某种意义上讲是行政的生命。如果效率低下,行政目的就根本无法实现。其基本内容是要求任何行政程序都应有期限的规定;此外还要求行政主体能够利用行政资源,以最小的投入获得最大的收益,不仅表现在期限上,还表现在行政程序的步骤、顺序、方式等各个方面。

3. 行政程序法的基本制度

对于行政程序法的基本制度,首先要从行政行为的过程入手,所以我们首先看一下一般的行政行为过程。一个行政行为,从开始到结束都要经过几个阶段,这种具有共性的步骤主要有以下几点:

(1)行政程序的进行。行政程序就是行政行为的过程的表现,由方式、步骤、顺序、时限构成,通常有行政程序的开始、进展、终止三个阶段。

行政程序的开始有两种情形:其一,依职权开始行政程序。一般而言,是否开始行政程序以及如何开始行政程序,由行政机关裁量决定。但如果法律规定了行政机关必须开始行政程序时,行政机关必须遵守。依职权开始的,通常是负担行政行为,如吊销营业执照等。行政机关依职权开始行政程序,应在法定期间内通知相对人及利害关系人。其二,以相对人申请开始的。依照法律规定,行政主体应基于行政相对人申请而开始行政程序的,相对人已提出申请的,行政主体应该审查相对人的申请,以决定是否受理进而开始行政程序。申请应具备法定条件,如在法定权利存续期间、符合法定方式、具备法定实质条件等等。行政主体应在法定期间内完成对相对人申请的审查并作出是否受理的行政处理决定。

行政程序的进展是指行政主体开始行政程序之后,作出行政决定之前所采取的一系列程序行为。主要是为了作出正确的决定而进行的调查、收集证据、认定事实等行为。无论以何种方式开始的行政行为,行政主体都有权决定调查的种类、方法、范围,不受行政相对人请求范围的限制。

第一,行政调查机关、方法与范围。行政主体可以自己进行调查,也可以委托其他机关代为调查,委托其他机关调查的,属于公务协助的应符合行政协助的一般条件。行政主体可以采取多种调查方法与手段,可以检查、询问证人、作出鉴定、要求相对人或利害关系人提供必要的文件和资料,甚至可以进行现场勘验、听取相对人的意见等。行政主体作出的每一种调查措施,都应在其职权内进行。行政主体进行调查的范围不受当事人申请的限制,一切与作出行政决定有关的事实,行政机关都应当调查,以便得出正确的结论。

第二,行政相对人在调查中的权利与义务。行政相对人在行政主体正式作出行政决定之前,有权利陈述自己的意见,在法律规定的情况下,有权要求举行听证,并且受到应有的尊重;同时,在行政主体要求下,也有义务提供证据,并向行政主体陈述事实。

行政程序的终止是指行政主体在查清事实的基础上,应依法作出行政决定。作出行政决定应符合审裁分离制度,做到公平、公正。一般而言,行政决定应符合行政行为的合法要件,即由有权行政机关在职权范围内并在法定期限内作出;行政决定的内容必须明确,并有行政主体的签章;在行政决定中,应有具体的行政相对人,并说明理由,告知行政相对人诉权;行政决定作出后,应在法定期间内通知行政相对人。

(2)行政相对人的程序权利

在具体行政行为中,行政相对人享有一系列程序权利:

第一,陈述申辩权。行政主体作出行政决定,涉及行政相对人的合法权益时,应在法定期间内告知行政相对人,行政相对人有权对行政程序以及作出的决定的事实与法律问题向行政主体陈述自己的观点,并为自己的利益而进行辩护。如有法律规定,行政主体还应举行听证。

第二,隐私、秘密受保护权。行政主体在行政程序中,除非经法定程序,不得公开行政相对人的隐私及商业秘密,否则要承担法律责任。

第三,阅卷权。行政程序的当事人在行政程序过程中,为了维护自身的合法权益,必须对行政程序中的有关事项进行了解。因此,有权利向行政主体要求阅览有关资料,行政主体应当允许。行政相对人可以手抄、复印或摄影。

第四,询问权。与行政主体的告知义务相对应。由于行政事务的复杂性和专业性,许多行政相对人因不熟悉法律及行政程序而不能正确行使权利,从而不能维护自己的合法权益。因此,行政相对人有询问行政主体的权利,行政主体有给予行政相对人提供指导、信息和建议的义务。

(3)行政程序的基本制度

行政程序的基本制度,相对于行政相对人的程序权利来讲,它更带有行政主体义务的特色,这些确定性的制度,行政主体不履行将影响行政行为效力,进而行政主体必须承担法律责任。行政行为的程序,因为行政主体的具有法律后果的行政活动分为制定规范性文件(包含行政立法和不具备国家法性质的行政命令等其他行政规则)的抽象行政行为和针对特定主体行使行政管理

权的具体行政行为,所以其具体的程序制度有所不同:

就制定规范性文件的抽象行政行为而言,其程序制度主要有:第一,规划制度。即制定行政规范的抽象行政行为应当事先列入计划的制度。也就是说,未经享有行政立法规划权的机关同意,任何制定行政规范的活动不得启动。规划制度加强了行政立法权的集中化,有利于对行政立法进行制约,防止行政机关随意制定行政规范,加强行政立法的系统性。

第二,起草制度。这是确定由谁来承担行政规范起草任务的制度。通常,行政规范应当由主管行政机关负责起草。但是往往有这样的情况,有的行政规范涉及几个方面的事项,并且这些事项分别由几个行政机关主管,这时应当由政府指定一个主要事项的主管机关牵头,组成起草组,其他主管机关参加起草工作;有的规范事项尚无主管机关,那就需要由政府根据"业务相关"原则指定一个行政机关起草,或者由政府法制部门负责起草。

第三,形式统一制度。即要求行政规范采用统一形式的制度。它有利于法规的汇编或编纂,也有利于法规的使用。行政规范的格式统一主要是:一是名称、标题统一,包括附题的统一;二是主文的统一,即统一用条文形式,以及章、节、款、项、目的统一;三是其他方面的统一,如数字、术语等。

第四,协调制度。即起草过程中和草案拟定后,征求国家有关部门意见的制度。其形式主要有:(1)公告或通报。将起草过程或草案的有关情况告知有关部门,并希望他们提出意见;(2)会议。召集有关部门开会以交流情况、交换意见;(3)会签。即请有关部门在草案上签署意见。它有助于消除国家有关部门之间的冲突、抵触。

第五,征求意见制度。即起草过程中和草案拟定后,征求广大公民、社会组织意见的制度。做法一,在传媒上刊登,并告知公民和社会组织提出意见的方式、渠道。做法二,召集有关各界代表举行一定规模的征求意见座谈会,即"公听会",是听证制度在抽象程序中的运用。做法三,将草案寄发给有关公民和社会组织书面征求意见。整理后,向通过或批准机关作出采纳与否的说明。

第六,审查制度。即政府法制部门对草案进行审查的制度。审查要点是:一,是否列入规划或经过批准起草;二,内容是否可行,是否同较高层次的法律法规相一致,是否符合行政机关的职权划分;三,形式是否符合统一要求;四,协调和征求意见情况是否符合法律规定,重要意见是否吸收等。法制部门有对草案作出处理的建议权。

第七,会议通过制度。即由有权颁布行政规范的行政机关以最高决策会议的形式审议通过行政规范草案的制度。

第八,批准制度。即将已经通过的行政规范报请上级行政机关审批的制度。法律规定需要经过批准的行政规范,虽已通过仍不能生效,必须经批准后才能生效。

第九,备案制度。即行政规范在通过或批准后报上级行政机关备案的制度。

第十,公布制度。即要求行政规范制定以后,必须通过法定媒体公之于众的制度。

以上各项制度,有的体现了行政程序法的参与原则、公开原则、复审原则、效率原则和正当原则,但通常不涉及公正原则。

就行使行政权力作出行政决定的具体行政行为而言,其基本行政程序制度概括起来就是正当程序。即行政主体作出和实施行政决定,在方式和程序制度上不能使相对人有理由怀疑行政决定的合法性和合理性。它的具体内容有:

第一,行政公开制度。即行政过程的公开化,也称行政透明度。其基本内容有:一是公开内容。行政主体在实施行政决定时,应公开下列事项:行政主体所举行的会议、所适用的行政法规范、应执行的有关制度、所处理的行政事务及其结果、应遵守的行政程序、应收取的费用标准及其依据、行政主体的基本情况(法定名称和法定代表人姓名、办公地点、联系方法和职责权限等)和承办的行政人员姓名、职责等。但是,涉及国家秘密或相对人隐私、商业秘密的内容,不得任意公开。二是公开的范围。取决于行政决定的效力范围和应公开的内容。一般说来,公开的范围与行政决定将发生法律效力的范围相一致,应与有关内容的重要性和特点相一致。同时,行政主体应将有关内容向上级行政主体和监督机关公开。三是公开的方式。行政主体可以按有关内容采用相应的公开方式。总之,行政公开化制度应具有相应的法律保障机制。

第二,回避制度。即在行政行为程序中,同行政相对人或行政事项有利害关系的公务人员必须避免参与作出行政决定,以防止出现偏私,从而保证行政决定的公正性。回避必须具备法定的事由:一是实施行政行为的人员本人为当事人,或是一方当事人的近亲属;二是行政人员与当事人有其他关系,足以影响公正作出行政决定;三是行政人员曾经作为鉴定人或证人参与过该项行政活动。回避的方式有自行回避和申请回避两种。具备法定回避情形而不回避的,该行政决定构成程序违法,应当撤销。

第三,表明身份制度。即执行公务人员在进行调查或作出行政决定行为时,应当向相对人出示履行职务的证明,表明其是在代表国家行使职权,证明自己有权从事该项活动。

第四,调查制度。即行政主体为查明与作出行政决定相关的事实所进行的检查、收集证据等活动。调查是行政决定程序的重要环节,任何行政决定的作出必须建立在一定的事实基础之上,而事实真相要由证据来证明,调查程序正是取得证据、了解相关信息的过程。调查的措施主要有检查、询问当事人或者证人、现场勘验以及对专门问题进行鉴定等。

第五,告知制度。即行政主体在实施行政行为时,将应该让相对人了解的事项及有关权利等,通过合理的途径予以告诉的制度。其内容一般包括:一是让相对人了解行政决定所认定的事实、适用的法律和决定的内容,以决定是否接受该行政决定;二是告知相对人享有的权利和寻求救济的方法,可以提起行政复议或诉讼的权利及时间。

第六,听证制度。听证是指作出行政决定之前,通过召开听证会的方式听取相对人意见的程序。它首先意味着听取相对人的意见更重要的是赋予利害关系人质证、辩论的权利。因此,听证制度是现代行政程序中的核心制度。

第七,说明理由和教示制度。行政机关依法作出不予行政许可的书面决定的,应当说明理由(即行政主体在作出行政决定时,要向相对人说明作出决定的事实、原因和法律依据);还应当告知申请人依法申请行政复议或者提起行政诉讼的权利,这在行政法上成为教示制度。其作用表现在一是促使行政主体对自己所作的决定充分考虑,使决定有充分的理由;二是满足公民的正当要求及公平待遇的愿望,改善行政主体与公民的关系,实现和谐行政;三是使公民有充分的根据考虑是否对决定提起行政复议或诉讼,以维护自己的合法权益。说明理由应作为处理决定的一部分,载入行政决定书中。

第八,行政案卷制度。即在行政程序中,行政主体在作出行政行为前通过调查、鉴定、举行听证等形式取得的和相对人提供的用以证明待证事实的各种记录、陈述意见、鉴定结论、证人证言、物证等证据,以及程序中作出、收到的各种法律文书按照一定的顺序组成案卷,行政主体的行政行为只能以该案卷为依据作出,卷外证据不能作为行政行为根据的一项程序制度。行政案卷是行政证据的组合体、行政行为法律依据和行政程序的真实写照,同时也是程序权利行使的归宿和约束机制。行政案卷具有真实性、封闭性、公开性和唯一性等特征。

第九,时效制度。即行政主体必须在法定的期限内作出行政决定,否则应承担相应的法律责任。时效一般由法律明确规定,有时也由行政主体根据具体情况指定。它不仅有助于提高行政效率,也有利于保障相对人的合法权益,使相对人行政法上的权利义务及时处于确定状态。行政主体超出法定期限作出行政决定,或逾期不作出行政决定,相对人可以行政主体违反法定程序或不履行法定职责为由提起行政复议或行政诉讼。

以上是针对在传统的国家三种权力领域内的程序控制国家权力的叙述,实际上在法治实践中,程序控制国家权力往往是基于立法、司法和行政三权的综合作用而实现的。比如,对行政权力尤其是自由裁量权的程序监督离不开司法保障,两者相辅相成。因为对行政行为的司法审查离不开该行政行为的程序化,如果对该行政行为的自由裁量没有程序要求,司法审查就没有标准。因而行政程序化是以司法监督为保障的,只有让行政机关及其工作人员面临违反程序就要受到司法审查进而面临承担法律责任的危险,行政官员就会谨慎地行使权力,自觉地审慎地使用手中的自由裁量权,相应地就减少了行政权滋生腐败的可能性,所以健全行政程序是防止腐败的一个重要途径。

(四)我国行政程序法治的完善

1. 中国行政法制建设面临的问题

我国从古代中华法系走向现代社会主义法制的民族国家,是 20 世纪初才正式开始的,标志就是清末法制改革。我国近代法律制度建立的正式起点就是 1912 年中华民国的正式建立。可是我国行政法治的建设不仅和整个法制建设一样命运坎坷,而且由于其本身制约公权力行使的本质特征,更加凸显其受到国家传统专断权力压制而得不到充分发展的曲折发展轨迹。比如 1979 年改革开放之初,恢复法制建设是以首先建立民事和刑事方面的基本法律制度为开端的,而行政法制建设只是到了十年以后的 1989 年才以行政方面的诉讼法律制度建设为标志得以开始。在这以后,才陆续出台了行政复议、国家赔偿、行政处罚、行政许可等方面的行政法律制度。

在当前世界上,法治发达国家所处的现代社会,随着科学技术和社会生产力的不断发展,人们之间的社会关系愈益复杂,政府的管理也日益专业化和复杂化,因此,在传统的三权中,司法和立法越来越经常地将自己领域的权力让渡给行政机关来行使。比如,行政立法等现象的出现和日益经常化。行政权力的不断扩张和集中,传统的实体控权模式逐渐丧失其应有的控权作用,于是不少学者开始探求控制国家权力的新途径。其中最具有代表性的人物是美国当代著名学者斯蒂芬·L.埃尔金、爱德华·索乌坦等人。他们在《新宪政论》一书中主张为美好的社会设计政治制度。虽然他们并没有设计出一套完整蓝图,但通过完备和完善的程序设计来控制国家权力,是新宪政论者的主要观点之一。例如,爱德华·索乌坦在《一般的宪政理论》一文中认为:"有意识的削弱专制的努力首先是针对政府的。它的主要工具是法治和正当程序制度,即一系列限制政府专横地侵犯个人的能力的程序。"[1]再如林德布洛姆主张,把限制政治权力这一传统问题作为对控制过程的分析而加以重新阐述;宪政设计的一般问题就是构造出一些手段,通过这些手段,领导人能彼此制约,下属能够制约上级,追随者能够制约领导者;在诸多程序构成要素中,他重点强调权威、交换和说服等三要素。[2]

当下,随着改革开放的不断深入,我们的行政法制建设不仅面临着传统的反封建专断权力的任务,切实建立起法治政府,让依法行政的观念真正落实到各级行政机关及其工作人员的脑海中去;而且面临着在给付行政下以程序规制强大的行政权力的任务。这两项任务同时并存,同等重要,凸显我国行政法制建设任务的长期性和复杂性。

2. 我国行政法理论基础之控权本质

在我国,由于自秦以降的专制统治历史长达两千多年,当下我国行政权与公民权之间关系性质只能是管理与被管理的关系,行政法的理论基础只能是控制行政管理权行使的法。尽管我们可以倡导政府行使行政管理权要以提供服务的形式,以公共利益为本位,让行政管理相对人自觉地配合和主动地要求

---

[1] [美]斯蒂芬·L.埃尔金、爱德华·索乌坦等编:《新宪政论》,周叶谦译,生活·读书·新知三联书店1997年版,第31页。
[2] [美]斯蒂芬·L.埃尔金、爱德华·索乌坦等编:《新宪政论》,周叶谦译,生活·读书·新知三联书店1997年版,第106页。

政府给予服务和管理,但是"管理"和"服务"毕竟不是相同性质的法律关系。"管理"的根本特征就是涉及行政权的运用,这种运用不以对方当事人的同意为前提,也不以对方当事人提供的"对价"为条件,是行政主体对行政权的主动运用。"服务"的本质特征不涉及行政权的运用,它是典型的民事法律关系,没有对方当事人的要求或同意,没有对方当事人开出的让服务提供者满意的"对价",行为主体是不会向对方提供"服务"的。因此完善我国的行政程序法治,不得将其理论基础确定为"服务论"。正像谢晖先生所说的:"私法通行,有赖于权力受制";相比较而言,"不论公法学说之'管理论'、'控权论'抑或'平衡论'在立论上如何相左,但近世公法之实践,无处不立意于控制公共权力"。① 无论是公权力的配置还是公权力的行使,都必须具有法律的依据,否则就不存在法治。这是为所有法治发达国家和一切现代文明国家所共同承认的普世的公权力运行的准则,中国也不例外。同时也应当承认的是,无论对公权力配置还是对公权力行使的宪法法律规制,都是为了将以行政权为主要代表的公权力控制在法律的轨道上,所以行政法的控权作用不容低估。同理,如果说行政实体法是配置公权力的话,那么行政程序法就是规定了行政权运行的法定程序。行政程序法就像制约行政权这个火车头的铁轨一样,是保障行政权力合宪合理合正义地规范运行的不二法门。

第二节　对行政权运行各阶段的程序控制

正像广义上的法的运行包含法的创制、修改、废止,法的执行和法的适用以及法的监督一样,广义上的行政权的运行也包含行政权的配置,行政权的执行和对行政权的法制监督。关于行政权力的配置,本书前文已经在国家权力配置的论述中多有论及,因此,这里仅就狭义上的行政权运行,即行政权力的执行和对行政权的法制监督进行论述,也就是对行政权力执行过程中程序法控制和行政权法制监督的程序规制进行讨论。

---

① 谢晖:"《公法研究》总序",载陈贵民著《现代行政法的基本理念》,山东人民出版社 2004 年版,第 1 页。

一、　行政权力执行的性质

行政权力执行的性质就是指行政权力执行活动的本质,就是探究行政活动的原因和动力。从法哲学上来讲,当一定时期的社会资源恒定时,将社会资源在各个社会集团或者个人之间进行分配,其中所蕴涵的正义就叫做分配正义,体现分配正义的资源配置以宪法法律的形式固定下来,这就是实体法所担当的任务。但是,仅仅依靠多数同意、多数认可的分配正义,并不能保证资源分配真正按时足量地得到落实,如果没有产生于社会而又外在于社会的有形力量对破坏分配正义的行为进行追究和制裁,对受损的分配正义进行抚慰和补偿,分配正义不可能真正得到实现。后者即"对破坏分配正义的行为进行追究和制裁"和"对受损的分配正义进行抚慰和补偿"就是法哲学上的"矫正正义"。在这其中的"产生于社会又外在于社会的有形力量"就是国家、就是政府!用马克思主义政治经济学的原理进行分析,我们就不难认识到,劳动者甘愿将自己的部分劳动果实(即部分剩余劳动价值)以税收的方式交给国家,以供养由军队警察监狱、社会保障机构、各种社会秩序保障机关和公益事业机构构成的国家公权力,并保障其运行;其目的在于为广大劳动者在内的民众提供安全、可持续发展的环境。政府正是为此目的才获得存在的合法性和合理性的。由此看来,行政权力的运行性质就在于维护社会的法治秩序,就在于保障社会资源的公平而合理的分配。

现代社会,随着科学技术的深入发展,人们之间交往和交际的手段越来越便捷和高效,因此,人们实现自己权利的愿望也在不断增长,以使自己真切地看到自己以自己的剩余劳动供养的公权力操控者是在为主人的利益而开展活动。行政程序法就是这样一种法:它在承认行政权力的支配力、拘束力和形成力的前提下,规定了行政相对人的程序权利,同时规定了行政主体负有拘束自己的行政权,保障相对人的程序权利实现的各种义务和职责。

二、　行政决定形成过程中的相对人参与

行政决定是行政主体行使行政权力所作出的影响行政权力相对人权利义务的具有法律效力的法律文书,是行政主体具体行政行为的固定化。既有增

加相对人权利和利益的行政给付行为的行政决定,如行政许可决定、发放抚恤金的决定等等;也有为相对人设置新的负担,即减损相对人权利利益的行政规制行为的行政决定,如行政处罚决定、行政强制措施决定等等。

相对人参与其中,使得行政主体形成行政决定的过程变得公开透明,使得行政权力运行过程中的程序正义成为让相对人看得见的正义,所以它就成为行政程序法中的核心内容。

以下我就以行政规划中的公众参与为例,探究行政程序正义形成过程中的经验和问题。因为行政规划问题反映了包括行政决定和行政规则制定等综合的行政权运用的行为,比较具有代表性。

(一)行政过程公众参与的目的

"参与是民主政治的基石"。参与也是行政程序的内在价值。公民的政治参与和行为参与促成了现代民主宪政和民主行政的成长。"真正的民主不能单靠数年度一次的选举制,而需要透过'公民不断地参与'方能领略什么是民主,在心理上融会和建立民主作风,在行为上获取民主办事的技巧和方法,这样才可能保证社会运作是真正由人民主宰"。① 所以,公民参与国家权力行使的过程,是民主的题中应有之义,是公民参与国家权力行使过程的一项权利,可归入政治权利的范畴。"把公民及其政府联系起来的功能是与合法性这个复杂概念密切相关的。承认政府具有合法性的公民更有可能遵守法律、支持政权以及接纳不同的观点,而立法过程中的公民参与对于培养这种合法性是至关重要的"。② 如果说公民参与使得他具有了国家权力主体的法律地位,那么公民是否掌握以及掌握了多少和参与事项有关的"信息",则事关公民参与的实效性。

行政规划是"行政机关为了实现国土或城乡规划、兴办公共事业或者公共设施等行政目标,对将来一定期限之内拟采取的方法、步骤、措施而对外作出具有法律约束力的规划"③,行政规划一经确定,就"成为行政机关在其确定

① 莫泰基著:《公民参与——社会政策的基石》,中华书局(香港)有限公司1995年版,第14页。
② 蔡定剑主编:《国外公众参与立法》,法律出版社2005年版,第4页。
③ http://www2.zzu.edu.cn/calaw/公法新闻/中华人民共和国行政程序法(最后访问时间2008年9月30日)。

的时空范围内从事其他行政活动的依据,具有与法律规范相似的功能"①,因此,如此重要的攸关国计民生的事项理应有公众参与,如此,人民当家作主才不至于虚置,这是宪法层面公众参与行政规划的意义。公众参与行政规划的制定是民主政治的体现。

就行政规划本身要实现其科学化合理化的诉求来讲,公众参与也是必由之路。因为现代社会日益层次化,公众的需求呈多样化的发展样态,规划部门为客观、准确地理解、概括公众的多样性需求,需要公众参与规划编制和决策过程;②反之,公众参与行政规划正是为了实现自己的民生需求。

公众参与行政规划的制定还是其监督行政的需要。公众参与行政,是行政民主的出发点和归宿,它意味着政府的开放性和服务性,目的和手段的统一性和正当性,相对人的主体性和自尊性。公众参与是现代行政法治的第一要求,行政规划制定过程中的公众参与是避免或减少行政规划实施过程中的纠纷,是避免或减少因行政规划而产生的侵权、滥权、腐败以及各种悲剧的第一屏障。尽管行政的最终目的是为公众谋幸福的,但是只有公众参与其中,才能保证行政机关从过程和结果两个方面真正吸纳公众意见,使行政规划的制定者能掌握和平衡各方利益,使之为各方利益代表所接受,从而实现规划目的,实现和谐行政。

(二)公众参与行政过程的方式及其评述

1. 发展各种方式的公众参与的必要性。实现公众参与行政规划的制定过程,就必须设计建立公众参与的正当程序,以实现公众的有序参与。公众的需求多种多样,有作为集体的公众需求,也有作为个体的个别需求;有眼前利益的需求,也有长远利益的需求等等。同时公众在行政规划方面的利益诉求还不时受到集团利益的影响,因为随着政府对企业的刚性约束逐渐淡化,企业为自身利益希望在决策中拥有更多的发言权,以与自己在行政规划实施中的各项开发活动的投资相适应。受资金制约的限制,各级地方政府也已经给予利益集团在决定建设项目选址、开发强度控制、用地性质变更等方面相当的发言权和决策权;编制实施城市规划在内的行政规划时,地方政府考虑集团利

---

① 章剑生:"行政规划初论",《法治研究》2007 年第 7 期。
② 陈有川、朱京海:"我国城市规划公众参与的特点与对策",《规划师》2000 年第 4 期。

益,规划部门重视集团参与,是现实的选择。但如何更好地平衡集团和公众的利益、平衡民众集体与个体、民众眼前与长远利益之间的关系,已经成为摆在行政规划决策者们面前的重要课题。

平衡各种利益诉求,还不可避免地涉及行政规划决策者们在决策过程中的公正性问题。政府利益就一定是公共利益的代表者吗?在行政规划过程中,驱动政府的是公共利益和政府私益两个部分。公共利益是各种利益共同的部分,政府私益则是不同于公共利益的政府工作人员、地方政府及其职能部门的利益。比如一些地方在城市改造中所造的"政绩工程"等等。这种政绩工程实际上就是当地政府追求政府私益的表现。比如,南方某经济重镇的市长升迁后,留下一片未开发完的开发区。新市长接任后,即请规划师杨某前往帮助作新开发区规划。杨问:"为什么不在已有的开发区基础上继续建设呢?这样,地方财政的负担小,见效也快。"新市长笑答:"你说得非常有道理。但是我把前任规划的开发区做得再好,那也是他的功绩,不是我的。我要重新选址建开发区,并且争取在任期内建成。"[①]

由于行政规划是一种对未来的预先筹划,它往往可以成为行政机关从事行政行为的依据,具有类似法律规范的功能。为保证结果的公正,有必要从源头上进行治理,即全面充分地吸纳各方利益主体,广泛吸收民众参与,认真履行包含防止偏见规则的正当程序,作出行政规划决定。只有如此,才会制约当地政府寻求以政府私益代替公共利益的冲动。

2. 公众参与方式举要和评述。行政规划的制定程序一般分为四个步骤:行政规划的提出、拟定规划的公开和异议提出、审查和批准等主要阶段,公众参与主要在中间两个阶段。参与方式主要是听证方式和提出建议及意见等两种方式。建议及意见的提出是在拟定规划公开后的异议期内进行的,是面向公众征求意见的方式,其程序不严谨,意见提出者也无从对决策者加以制约,其意见采纳多少和采纳与否听天由命,甚至于提出意见者得不到任何形式的反馈。虽然参与意见的人可以以"重在参与"来自我解嘲,但是毕竟长此以往会严重影响到参与者的热情和积极性。相对于此,听证方式的公众参与是形成行政规划决定的直接参与方式,若遵循正当程序原则,严格执行防治偏见规则,建立在听证结论之上的行政规划决定必定是平衡了各方利益主体诉求的

---

① 高海燕:"城乡规划呼唤法律的权威",《中国人大》2007 年第 23 期。

良好的行政决定。

"听证"一般是指在国家机关作出决定之前,给有利害关系人提供发表意见的机会,对特定事项进行质证、辩驳的程序。听证程序是行政机关在行政决定之前,公开举行有利害关系人等参加的听证会,对事实进行质证、辩驳的程序。听证程序的法理学基础是英国法中的自然公正原则。自然公正的一项内容就是:任何人或团体在行使权力可能使别人受到不利影响时,必须听取对方的意见,每个人都有为自己辩护和防卫的权利。我国的《行政许可法》、《行政处罚法》所规定的听证程序正是实现了此种功能。但是,2008 年 1 月 1 日实施的《城乡规划法》并没有单独规定听证程序,仅仅在第 26 条第 1 款规定:"城乡规划报送审批前,组织编制机关应当依法将城乡规划草案予以公告,并采取论证会、听证会或者其他方式征求专家和公众的意见。"2010 年春,广州城区连续遭暴雨袭击,使城建设施屡遭灭顶之灾,凸现事前的城市规划中缺少公众参与,形象和面子工程经不起大雨的考验。严格的听证程序一般必须具备以下程序要素:

(1)功能。具体是第一保护功能。听证在于给有利害关系的当事人发表自己意见的机会,允许当事人与案件调查人员当面对质和辩驳,这是给当事人享有的一种自卫权利,它同行政机关行使的行政权力相对应。

第二监督功能。行政机关经过听证,有机会直接倾听当事人对案件事实的陈述和质证,通过辩论,还可以了解当事人对将要作出的行政决定会有什么不同意见。这对于保证行政决定的公正性和合法形式十分必要,从而促进依法行政、减少行政争议、提高行政效率。

第三教育功能。公开听证,比如行政处罚中的听证,能够让相对人了解到什么样的行为构成行政违法,什么情况下要承担法律责任、受到法律制裁,以此起到积极的法制宣传教育作用;让其他与案件无关的人参加旁听,会在更大范围内提高公民的法律意识和法制观念。

(2)内容。听证程序是普通程序中的特殊程序。内容包括适用范围、主持人、参加人、操作规则等方面。

第一,适用范围和条件。单行法中凡是规定了听证程序的,都规定了适用的范围和条件。比如根据行政处罚法的规定,听证程序适用的案件范围是责令停产停业、吊销许可证或执照、较大数额罚款等案件;适用条件是有当事人听证的请求、听证前行政机关已将处罚依据、案件事实理由告知了当事人。

第二,听证的主持人和参加人。主持人即负责主持听证的人员,一般由拟作出行政决定的行政机关指派具有相对独立地位的本机关人员担任。他既不能是本案调查人员,也不得与本案有利害关系。否则,相对人可以申请主持人回避。该规定的法理是依据英国法上的自然正义原则,它的内容之一就是"自己不得作为自己案件的法官",据此,《行政处罚法》作出了追诉人与听证主持人分离的决定;《行政许可法》也规定,行政机关应当指定审查该行政许可申请的工作人员以外的人员为听证主持人,申请人、利害关系人认为主持人与该行政许可事项有直接利害关系的,有权申请回避。

听证参加人包括当事人及其代理人、有权作出行政决定的人员(或追诉人)、证人、鉴定人员和翻译人员。当事人的程序权利是第一,要求或者放弃听证;第二,认为听证主持人与案件有利害关系而申请其回避的权利;第三,可以委托1至2人作为代理人参加听证;第四,进行陈述、申辩和质证;第五,对听证笔录进行审核的权利。当事人的程序义务主要是按时到指定地点出席听证、遵守听证纪律、如实回答听证主持人的询问等。

有权作出行政决定的人员,就是案件调查或审查人员,是行政机关中具体承办案件的执法人员。他与当事人的权利和义务是平等的。听证时,案件调查人员有权提出相对人的事实、证据和行政决定建议,有权与当事人就案件事实和处理进行辩论。案件调查人员也有义务维护听证程序秩序的义务,服从听证主持人的指挥。

其他听证参加人,是指与案件相关的证人、鉴定人员和翻译人员等。他们协助听证,帮助搞清案件事实,与案件没有法律上的利害关系。

(3)操作规则。正式听证和非正式听证的共性在于,都包含当事人有得到通知和提出辩护的权利两项内容。操作规程具体是:第一,听证权的告知。如果属于听证适用范围的行政处罚,则应在正式作出行政处罚决定前,告知当事人有要求听证的权利。

第二,听证要求的提出。比如《行政处罚法》就规定当事人应当在收到听证告知书之日起3日以内,向行政机关提出听证要求。

第三,听证的准备。如确定听证主持人、确定听证方式以及举行听证的时间和地点等。

第四,听证的举行。由案件审查或调查人员提出当事人申请的条件或违法的事实、证据和行政决定的建议,然后由当事人陈述、申辩和质证。此外,听证以后,听证主持人应当对听证笔录进行审核,并对经过听证的案件事实是否属实、原有的初步行政决定是否合法、适当,提出自己的意见,最后报送行政机关负责人审核与处理。

公开正式的听证程序所得出的结论,应当作为行政决定作出的主要依据,否则听证程序的作用就形同虚设。关于听证笔录的重要作用,美国大法官范德比尔在马扎诉坎维奇亚一案中作了如下阐述:"在依法举行的听证中,行政法庭做裁决时,不得考虑听证记录以外的任何材料。……若不遵守这一原则,要求听证的权利就毫无价值了。如果做裁决的人在裁决时可以随意抛开记录不顾,如果听从了他人对事实和法律的裁决结论和建议……那在听证中提交的证据,论证其意义的权利又有什么实际价值呢?"[1]

朱芒在考察上海市行政处罚听证制度实施状况以后认为,在我国"当事人不仅仅将行政听证程序作为(从证明或确认合法性要件是否存在的角度)依法维护自身权益的途径,还常常将此作为一种可以向相应行政机关呈情或表达愿望的机会",把听证作为一种解决纠纷的机制。[2] 因此,当事人很可能会在"要件—效果"关联框架之外提出一些他自认为"合情合理"、要求行政机关考虑采纳的证据或者方案(比如企业亏损、实际承受能力、行政机关是否有责任、争议持续的风险等)。一旦行政机关"认真考虑甚至接受",就能够很顺利地解决问题,实现息诉止纷。因为"当这些理由或意见被采纳时,当事人自然对听证制度愈加认同,对听证程序的满意度愈加提高,由此导致使用事后救济程序的可能性降低"。[3] 因此,朱芒认为,严格的"案卷排他主义"会桎梏、妨碍上述实践,不利于纠纷的顺利解决。因为"案卷排他主义"意味着必须将与听证内容无关的事实、情节、证据与规范经过整理之后统统排除出去,不作为影响行政决定作出的相关因素。很显然,上述上海实践中当事人提出的很多意见和证据都在排除之列。而且,朱芒教授观察到,行政机关为了顺利解决争议,一般也不会自觉地选择"唯一论"来进行自我约束。也就是说,"案卷排他主义"建立起来的"唯一论"在行政实务中也没有得到支持。

余凌云却不同意朱芒的观点,在他看来,不是"唯一论"的"案卷排他主

---

[1]　罗豪才、应松年主编:《行政程序法研究》,中国政法大学出版社1992年版,第134页。

[2]　朱芒著:《功能视角中的行政法》,北京大学出版社2004年版,第16页,第20—28页。

[3]　罗豪才、应松年主编:《行政程序法研究》,中国政法大学出版社1992年版,第134页。

义"出了错,而是行政裁量考量体系有问题。相关考虑因素仅限于法定因素,过分狭窄,不周全、不科学。因此,在"要件—效果"关联框架之内应汲取更多的酌定相关因素,应当做适当的延展。实际上,上海听证中当事人提出的很多理由与意见都属于可以考虑的酌定相关因素。当然,行政机关在听证中可以考量的因素也是有限度的,必须只能是法定因素以及合理延伸的酌定因素,不能无限扩大。① 余凌云的看法有见地,关键是由谁、如何控制和限定这个"合理延伸的酌定因素"。

我认为,不能机械地理解案卷排他主义,案卷排他原则的灵魂,或者说其最重要的核心问题就是,行政决定的作出所依据的,无论是实体性由证据证成的事实,还是规范性文件依据,都必须严格遵循"先取证,后裁决"规则。上述朱芒提及的在行政听证过程中双方的交涉、利益的博弈,与案卷排他原则并不相冲突,其事实应当完全在案卷之内,而不是被排除于案卷以外的"酌定相关"因素。因为案卷排他原则并不等于听证笔录排他主义。就我国目前的立法和司法实践来看,应当在切实贯彻"先取证,后裁决"规则的同时,逐步加大引入案卷排他原则的力度,以达到未经双方当事人质证和知悉的案卷事实不得作为行政行为作出依据的理想境况。

第三节　程序控权增强政府公信力

一、 控制行政权以增强政府公信力

和谐社会,如同先贤提出的"理想国"、"大同社会"等等一样,都是人们对理想社会的称谓。我们每个人活着都为的是追求幸福生活,个人的幸福生活的实现确实取决于社会的稳定,特别是社会的和谐。因此,和谐社会就成为人们追求幸福生活的一部分。

实际上,人与人的和谐,人与自然的和谐,都可以落实到"无规矩无以成方圆"上来,即"无法律不成和谐"! 通过民主的程序,在人民充分参与的基础

---

① 余凌云:"对行政许可法第八条的批判性思考——以九江市丽景湾项目纠纷案为素材",《清华法学》2007 年第 4 期。

上立法,使有限的资源之原始分配和再分配做到公平正义,这种公认的法理学上的分配正义是由立法机关来完成的。但是,现代社会往往行政权力不仅负责秩序的维护,制裁不守法的主体,而且由于他掌握着巨大的公共资源,把握民生和社会投资的政策导向,进而控制经济发展的方向,所以,行政权力不仅负责实现校正正义的责任(从制裁违法的执行角度),而且负责国民财富二次分配方面的正义公平的实现。行政权力的运行方式和轨迹直接关系到社会和谐的实现,行政权力好比社会这列火车的机车,人民群众就是各节车厢组成的列车,掌握行政权力的政府,决定着整列火车的命运;道德是一种约束,孔子就曾说过为政以德,可是道德无形,有形的法制才是社会列车的铁轨。因此,人民必须将行政权力控制于法制的轨道。

二、 依程序控制行政权的独立价值

进入 20 世纪,新的控制行政权的措施被人们重新发现并日益重视起来,这就是行政程序控权。与上述的立法和司法手段等外在的控权不同,行政程序控权旨在发挥了立法司法控权的优点的基础之上,着重行政机关自身的自我控权、自我约束。制定行政程序法,与传统的程序法只规定诉讼程序、规制法院的审判执行等司法行为不同,新的行政程序法是规制行政权力运行、规范行政主体的行政行为。从这个意义上可以说,有立法控权的因素。同时行政程序法又在规范行政主体行政行为的同时,保证了行政相对人的程序性权利,从而为行政行为在事后接受司法审查给行政相对人提供了诉因。特别是其中的正式的听证程序,其程序构成的类诉化形式更为明显。从这个意义上说,它也有司法的因素。所以我认为,行政程序控权是兼采立法控权和司法控权之所长。但是,行政程序控权仍有自身独立的价值。

首先,行政程序规定本身就是对权力的限制和约束。季卫东先生就此指出:"程序的对立物是恣意","程序参加者在角色定位(roletaking)之后,各司其职,互相之间既配合又牵制,恣意的余地自然受到压缩。"①内容决定形式是不错,但是没有得体的形式,其内容也将不复存在。所以"关于权力的

---

① 季卫东:"程序比较论",《比较法研究》1993 年第 1 期。

真正问题更主要的是出现在权力的运用上,而不仅仅出现在权力的配置上。"①

其次,行政程序规定,不仅对行政权力的规范运行,而且对行政效率的提高都有切实的推进作用。"正是程序决定了法治与任意或反复无常的人治之间的大部分差异,使人们有理由相信一个严格遵守程序作出的行政行为,要比一个非严格程序得出的结论有更大公正的可能,更易于接受"。② 按行政程序规范进行的行政行为,使相对人充分享有程序性权利,既使相对人感受到了自己的被尊重,也让相对人充分地参与,这样相对人就会感觉到"看得见的正义"存在于行政行为的整个过程,因此,该行政行为对相对人来说就有很高的可接受程度,减少行政争议,提高了行政行为公定力和社会公信力,这实际上就是提高了行政的效率。否则,相对人因自己"被自愿"、未充分行使参与权,而致自己心有不平,于是又上访、又要打官司等等,不管行政主体是否胜诉,终至影响行政行为的公定力和公信力,总体上降低行政效率。而行政行为公信力的提高同建构和谐社会有着直接的重要作用。

最后,行政程序规定适应民主发展的新趋势,是人权新发展的表现。当今,人民政治性权利,即民主的发展在古典的竞争性民主(竞选立法机构成员或竞选国家或地方主要行政官员)之外,又发展出来一种新的形式——即协商性民主。协商性民主主要建立在行政行为的决策阶段和行政行为执行过程中,以相对人或利害关系人的全过程知情和实际参与为基本形式。比如征收土地的行政行为,在行政规划阶段就必须有利害关系人的充分参与,没有公众参与和一定时期的公示让公众充分知情,所作出的行政规划,特别是城市控制性规划和地段详细规划,不能发生效力。日本行政法规定,行政规划缺少公示和听取相关人意见的环节,将成为被法院撤销的重要理由。协商性民主的出现不仅是人民政治权利向纵深发展的一个标志,更是我国人民当家作主政治理念得到真正落实的重要体现。当然,也是人民依法控制行政权力,构建和谐社会的重要一环。

---

① 陈贵民著:《现代行政法的基本理念》,山东人民出版社 2004 年版,第 191 页。
② 翟晓蕾:"从公正与效率的关系透视行政程序法的价值取向",《黑龙江社会科学》2007 年第 4 期。

三、　社会和谐与政府公信力的提高

　　古往今来,不管你秉持何种价值观,政府失信于民会引起百姓的反抗,它是社会动荡的真实写照,是客观的社会现实。怎样才能实现上下一心,纲举目张,达到和谐样态,关键在于为官一方的行政行为能够取信于民,民众如果能够理解、甚至主动响应和配合领导干部的执政行为,那么和谐社会就来到了。

　　就改革开放以来,一些局部地区地方干群矛盾的发生和激化往往同政府不注重保护人民的信赖利益有关。对于当下正在热议的国务院拆迁条例的修改或废除问题,其实质在于行政规划阶段就缺少公众参与,自己的房产直到某一天被刷上"拆"这个大红字的时候,才知道这个地方已被规划为"公园"或高档写字楼群了。这种情况正像1795年美国最高法院在莱思诉道伦斯案中所描述的境况:"财产所有者靠边站,作为一个孤独、不受保护的共同体的成员,在没有他的同意、没有举行听证、没有通知、没有在其参与的情况下判定财产价值,也不经陪审团的干预,就剥夺了他的财产,并在同样的情况下认定土地对价物的价值。……按照这种理论,我们没有什么可声称为自己拥有或暂时为我们所有的东西了,我们都是被任意摆布的佃户,仅凭立法机构的一时高兴而持有我们的地产,多么悲惨的状况! 多么靠不住的占有权! 我们竟然还吹嘘拥有财产权和法律、法庭、宪法对财产权的保障,我们竟然还声称我们是自由的!"①

　　类似的实例在我们的现实生活中也时有发生。比如2006年9月2日,D市政府发布《关于开展城市广告牌匾清理整顿活动的通告》,要求户外广告牌匾由设置单位及个人限期自行拆除,逾期未拆除的,则强行拆除。根据《通告》,这次清理的范围涵盖了该市的全部市区,其中很多广告牌匾都在政府行政审批的3年时限范围内。其法律依据是《行政许可法》第8条,②据此,市城建局认为:"这些通过行政审批获得的(广告牌匾),政府有权依法撤销这些行

---

① See Vanhorne's lesses v. Dorrance,2Dallas[1795.],转引自北京大学法学院司法研究中心:《宪法的精神:美国联邦最高法院200年经典判例选度》,中国方正出版社2003年版,第11页。

② 《行政许可法》第8条中规定:"……准予行政许可所依据的客观情况发生重大变化的,为了公共利益的需要,行政机关可以依法变更或者撤回已经生效的行政许可"。

政审批"。但该《通告》的另一依据——《＊市城市户外广告、牌匾设施管理办法》第 13 条却规定：户外广告"在批准的设置期内，因城市建设、市容管理和举办大型活动等原因需要拆除的，设置单位或个人应当无条件服从"，这非常明显地在个人利益与城市市容公共利益的衡量中置个人利益于不顾："这些户外广告、牌匾设施是广告商通过行政审批获得的，政府有权依法撤销这些行政审批"，城建局党委副书记如此说。① 本案中，从通告的发出到补偿的确定，我们从中看不到任何相关公众的参与，也看不到政府公正合理地向相对人进行补偿的民主协商程序，政府失信竟然将人民至于没有发言权的地位！在这里，财产所有人真正成了"被任意摆布的佃户"。这种情况下，广大广告业户同政府的矛盾难道不是官方不注重保护相对人（人民）的信赖利益而造成的吗？类似的情况还有下述实例，某个农村的一处荒山经村委会决定，采取竞标方式承包给甲村民，由于担心开发成本太高预期收益不高，当时的村委和其他村民较少参与竞标，标底也定得不高，在签下为期十年的承包合同后，甲村民精打细算、投工投劳，到第三年，收益开始明显起来。及至第五年，可观的收益引来无数双通红的眼睛，这时的村委会并不是局限于收取当初定的承包费，更不是出面遏制影响荒山经营的种种障碍，而是在第六年擅自决定终止承包合同，提高承包费高价转包他人。而对于甲村民的补偿问题仅仅免收余下几年的承包费，于是引起甲村民的上访，导致地方不稳定。这种事情当然也是同政府失信于民密切相关。八十多年前张君劢就说过："人民对于政府之一举一动，无往而不以恶意相推测。……而此种恶意之推测，其不幸而言中者，又恒十居八九"，②这是张先生 1923 年所做的演讲中的话语，当时的政府是北洋政府，可是有此情形存在的又何止北洋政府？政府不守信，不守法，更是导致政府威信丧失的根本。

　　近年来，这方面的事情有所改观。比如通过政府部门内部的执法质量考评、执法监督检查和对执法部门的年终群众满意度测评等机制，执法部门加强了人性化执法的力度，逐渐注重相对人的参与权和知情权，在减少矛盾，树立政府公信力方面取得了一些进步。期望政府能够在具体的行政行为上，放低

---

① "大连拆除户外广告被指违法城建局称可撤行政审批"，《中国青年报》2006 年 11 月 19 日。
② 张君劢著：《宪政之道》，清华大学出版社 2006 年版，第 318 页。

自己的身段,同相对人耐心协商,更加注重做相对人的思想工作,将法理和人伦结合起来,自觉控制行政恣意。只有如此畅行民主法治,才能实现社会的公平正义和政府与社会的和谐,进而达到社会的持久和谐。

主要参考文献

1．王名扬著:《比较行政法》,北京大学出版社 2006 年版。

2．王名扬著:《法国行政法》,北京大学出版社 2007 年版。

3．王名扬著:《英国行政法》,北京大学出版社 2007 年版。

4．王名扬著:《美国行政法》,中国法制出版社 2005 年版。

5．季卫东著:《法治秩序的重构》,中国政法大学出版社 1999 年版。

6．张文显著:《法哲学范畴研究》,中国政法大学出版社 2001 年版。

7．章剑生著:《现代行政法基本理论》,法律出版社 2008 年版。

8．章剑生著:《行政程序法基本理论》,法律出版社 2003 年版。

9．余凌云主编:《警察许可与行政许可法》,中国人民公安大学出版社 2003 年版。

10．余凌云著:《警察行政强制的理论与实践》,中国人民公安大学出版社 2003 年版。

11．余凌云著:《行政法案例分析和研究方法》,中国人民大学出版社 2008 年版。

12．孙笑侠著:《法律对行政的控制——现代行政法的法理解释》,山东人民出版社 1999 年版。

13．关保英著:《执法与处罚的行政权重构》,法律出版社 2004 年版。

14．陈贵民著:《现代行政法的基本理念》,山东人民出版社 2004 年版。

15．王宝明、赵大光、任进、高秦伟著:《抽象行政行为的司法审查》,人民法院出版社 2004 年版。

16．陈振宇著:《城市规划中的公众参与程序研究》,法律出版社 2009

年版。

17．李煜兴著:《区域行政规划研究》,法律出版社 2009 年版。

18．胡建淼、江利红著:《行政法学》,中国人民大学出版社 2010 年版。

19．李鹏著:《立法与监督:李鹏人大日记》,新华出版社 2006 年版。

20．顾昂然著:《回望:我经历的立法工作》,法律出版社 2009 年版。

21．谭智华著:《法治与社会和谐》,人民法院出版社 2009 年版。

22．杨小君著:《我国行政复议制度研究》,法律出版社 2002 年版。

23．朱新力著:《司法审查的基准——探索行政诉讼的裁判技术》,法律出版社 2005 年版。

24．周佑勇著:《行政裁量治理研究——一种功能主义的立场》,法律出版社 2008 年版。

25．王学辉、邓华平著:《行政立法成本分析与实证研究》,法律出版社 2008 年版。

26．王学辉主编:《行政诉讼制度比较研究》,中国检察出版社 2004 年版。

27．应松年主编:《中国行政法之回顾与展望》,中国政法大学出版社 2006 年版。

28．应松年主编:《外国行政程序法汇编》,中国法制出版社 2004 年版。

29．应松年主编:《比较行政程序法》,中国法制出版社 1999 年版。

30．罗豪才主编:《现代行政法制的发展趋势》,法律出版社 2004 年版。

31．马怀德主编:《行政诉讼原理》,法律出版社 2003 年版。

32．王锡锌主编:《行政过程中公众参与的制度实践》,中国法制出版社 2008 年版。

33．顾丽梅、陶东明主编:《政策创新与政府治理》,复旦大学出版社 2009 年版。

34．由嵘主编:《外国法制史》,北京大学出版社 2003 年版。

35．吴庚著:《行政法之理论与实用》,中国人民大学出版社 2005 年版。

36．翁岳生编:《行政法》,中国法制出版社 2002 年版。

37．陈新民著:《德国公法学基础理论》,山东人民出版社 2001 年版。

38．[美]德沃金著:《法律帝国》,李常青译,中国大百科全书出版社 1996 年版。

39.[美]德沃金著:《认真对待权利》,信春鹰、吴玉章译,中国大百科全书出版社 1998 年版。

40.[美]罗伯特·E.勒纳、斯坦迪什·米查姆、爱德华·麦克纳尔·伯恩斯著:《西方文明史》,王觉非等译,中国青年出版社 2003 年版。

41.[美]斯塔夫里阿诺斯著:《全球通史:从史前史到 21 世纪》,吴象婴等译,北京大学出版社 2005 年版。

42.[美]古德诺著:《比较行政法》,白作霖译,中国政法大学出版社 2006 年版。

43.[美]E.博登海默著:《法理学——法律哲学与法律方法》,邓正来译,中国政法大学出版社 2004 年版。

44.[美]汉米尔顿、杰伊、麦迪逊著:《联邦党人文集》,程逢如等译,商务印书馆 2006 年版。

45.[美]哈罗德·J.伯尔曼著:《法律与革命——西方法律传统的形成》,贺卫方等译,中国大百科全书出版社 1993 年版。

46.[美]约翰·罗尔斯著:《正义论》,何怀宏等译,中国社会科学出版社 1988 年版。

47.[德]米歇尔·施托莱斯著:《德国公法史》,雷勇译,法律出版社 2007 年版。

48.[德]奥托·迈耶著:《德国行政法》,刘飞译,商务印书馆 2002 年版。

49.[德]哈特穆特·毛雷尔著:《行政法学总论》,高家伟译,法律出版社 2000 年版。

50.[德]哈贝马斯著:《在事实与规范之间》,童世骏译,生活·读书·新知三联书店 2003 年版。

51.[德]卡尔·拉伦茨著:《法学方法论》,陈爱娥译,商务印书馆 2005 年版。

52.[德]马克斯·韦伯著:《论经济与社会中的法律》,张乃根译,中国大百科全书出版社 1998 年版。

53.[日]南博方著:《行政法》,杨建顺译,中国人民大学出版社 2009 年版。

54.[日]盐野宏著:《行政法》,杨建顺译,法律出版社 1999 年版。

55.[日]谷口安平著:《程序的正义与诉讼》,王亚新等译,中国政法大学出版社 2002 年版。

56.[英]威廉·韦德著:《行政法》,徐炳等译,中国大百科全书出版社 1997 年版。

57.[英]L.赖维乐·布朗、约翰·S.贝尔著:《法国行政法》,高秦伟、王锴译,中国人民大学出版社 2006 年版。

58.[英]T.R.S.艾伦著:《法律、自由与正义——英国宪政的法律基础》,成协中、江菁译,法律出版社 2006 年版。

59.[英]丹宁著:《法律的正当程序》,李克强等译,法律出版社 1999 年版。

60.[英]戴雪著:《英宪精义》,雷宾南译,中国法制出版社 2001 年版。

61.[奥]凯尔森著:《法与国家的一般理论》,沈宗灵译,中国大百科全书出版社 1996 年版。

62.[法]卢梭著:《社会契约论》,何兆武译,商务印书馆 2005 年版。

后　记

　　本书是我承担的山东省社科规划项目"程序控权与官民和谐"（批准号08CFXZ05）的最终成果。本课题的前期部分成果已经在《前沿》等刊物上发表。

　　2007年9月至2008年6月，作为访问学者，我在浙江大学光华法学院进行了为期一年的访学活动。期间，在章剑生教授的指导下，围绕着章老师的国家社科规划课题"行政规划中公众参与的原理与制度"进行了研究，并承担了其中部分研究工作。受章老师言传身教的影响，我对行政程序法产生了浓厚的兴趣。与此同时，我还选修了胡建淼教授的博士生课程——行政法专题、林来梵教授的有关宪法学博士生课程。经过一年的学习，使我对行政法的功能和作用有了深刻的认识，并初步形成了将程序控权与构建和谐社会相结合的思想。访学归来后，正好赶上申报省社科规划课题，我就整理了自己的一些想法，形成了"程序控权与官民和谐"这样的选题，并取得了章剑生老师的支持。于是，以此选题进行了申报，结果是一举中的。能够以此为选题展开研究，我非常感谢我的导师——章剑生教授。

　　在本课题的研究和写作过程中，得到了潍坊学院丁子信教授、王家忠教授、苗金春教授；山东大学肖金明教授等专家的指导和帮助。为此，真诚地向以上各位老师和同仁致以深深的谢意。同时，我还要感谢在浙江大学学习期间结识的光华法学院的博士生吴亮同学、李伟同学和潘云同学，感谢他们为我的研究工作在资料和方法上给予的无私帮助。尤其感谢章剑生教授对书稿所提出的宝贵意见，这是本书得以最终定稿的关键。

　　最后，必须指出的是，由于作者的知识和视野的限制，再加上日常的教学及管理事务缠身,本书中的疏漏和不足在所难免,敬请专家和读者给予无私的批评和指正。

赵宝华

2010 年冬于潍坊·潍大花园清河居